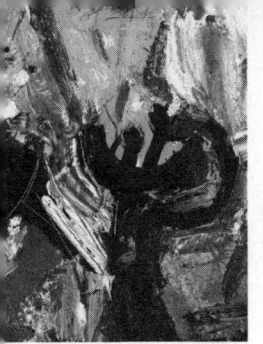

中国名校名师大讲坛

接受一种艺术是艺术，
就意味着接受了赋予这种艺术以权力的哲学。

INTRODUCTION TO THE PHILOSOPHY OF ART
艺术哲学导论

中国人民大学　余开亮 ◎著

西南交通大学 出版社

· 成都 ·

图书在版编目（CIP）数据

艺术哲学导论 / 余开亮著. —成都：西南交通大学出版社，2014.9
ISBN 978-7-5643-3389-8

Ⅰ. ①艺… Ⅱ. ①余… Ⅲ. ①艺术哲学 Ⅳ. ①J0-02

中国版本图书馆 CIP 数据核字（2014）第 205002 号

艺术哲学导论
余开亮 著

责 任 编 辑	吴　迪
封 面 设 计	严春艳
出 版 发 行	西南交通大学出版社 （成都市金牛区交大路 146 号）
发 行 部 电 话	028-87600564　028-87600533
邮 政 编 码	610031
网　　　　址	http://press.swjtu.edu.cn
印　　　　刷	成都蜀通印务有限责任公司
成 品 尺 寸	170 mm×240 mm
印　　　　张	16
字　　　　数	269 千字
版　　　　次	2014 年 9 月第 1 版
印　　　　次	2014 年 9 月第 1 次
书　　　　号	ISBN 978-7-5643-3389-8
定　　　　价	36.00 元

课件咨询电话：028-87600533
图书如有印装质量问题　本社负责退换
版权所有　盗版必究　举报电话：028-87600562

目 录

绪 论
　　艺术这个难题　　1

第一章
　　模 仿　　8

第二章
　　再 现　　22

第三章
　　象 征　　47

第四章
　　表 现　　77

第五章
　　形 式　　124

第六章
　　接受者　　150

第七章
　　新的挑战　　177

第八章
　　何为艺术　　195

第九章
　　艺术何为　　225

参考文献　　248

后 记　　250

绪论　艺术这个难题

什么是艺术？当我提出这个问题的时候，也许会得到很多的答案。如达·芬奇的绘画是艺术、贝多芬的交响曲是艺术、罗丹的雕塑是艺术、王羲之的行书是艺术、陶渊明的田园诗是艺术、苏州园林是艺术、杨丽萍的舞蹈是艺术，等等。"什么是艺术"的问题似乎只是一个最为简单明了的问题。但如果我接着问，这些绘画、音乐、雕塑、书法、诗歌、建筑、舞蹈是如此的不同，为什么都能被称为艺术呢？到底是什么东西才使它们都能被称为艺术呢？这个苏格拉底式的提问也许就不是那么容易回答了。看来，艺术绝不是我们想象中那样简单。

设想一下你去美术馆参观绘画展览的情景吧。当你站在古典主义或现实主义绘画展厅的时候，你会发现那些作品是如此的令人惊羡，以至于你在凝视的过程中会体验到一种美的陶醉。转过身，当你来到现代主义绘画展厅的时候，你看到的却是另一番面貌。乱七八糟的画面上，扭曲的线条、鲜亮的色块、残缺的躯体给你的是美的享受还是难看的恶心呢？你不禁会心生疑惑，这两种绝然不同的东西都是艺术品吗？它们都美吗？

柏拉图说过："美是难的。"这句话衍生一下就可以说："艺术是难的。"艺术作为美的典型让千百年的理论家伤透了脑筋，至今还仍然如谜一般地困扰着思索的追问者。

艺术似乎遥不可及，高不可攀。它以其绚烂的华章让历朝历代的人为之痴迷，为之咏叹。它是高贵古典的交响乐章，流连于达官贵族的休闲时光中；它是飘逸沉郁的美文诗篇，慰藉着高士文人的复杂心绪；它是静谧风雅的绘画风景，展示着教养一族的独特品味。"席珍流而万世响"，艺术恰似文化中的奇葩、文明中的珍品。

艺术似乎又无所不在，俯拾即是。它以其平凡的质朴让形形色色的人都在创造它，拥有它。它是激情劳动中的号子，响彻了整个无边的天际；它是真情实意的恋语，回荡在村夫渔妇的耳旁；它是商业包装上的些许创意，传递着机械时代的温情。"贲象穷白，贵乎反本"，艺术又恰似历史中的寻常物、尘世里的家常事。

既是珍品，又是寻常物；既高雅，又平常；既熟悉，又陌生，这些矛盾的属性与生俱来地与艺术这一词汇纠缠在一起，倍增了追问艺术本性的难度。在人类追问艺术本性的过程中，随着时代的不断推移，一次次的理论定位又一次次地被艺术实践所突破。这种汤因比式的挑战——应战文化模式形成了一种时代历史—艺术活动—艺术理论的互动关系，吸引着无数的理论家皓首穷经地去追问艺术的本性。

从历史的角度看，不同的理论模式对所有各种艺术作品所共同具有的东西曾经提出过各不相同的尝试性说明。模仿、再现、表现、形式、审美经验等范畴都是用以区别艺术和非艺术本质的理论之花。理解和辨析这些艺术范畴，事实上就进入了对艺术的哲学思索领域。套用黑格尔"哲学史的研究就是哲学本身的研究"的著名论断，我们也可以说："艺术范畴史的研究就是艺术哲学的研究。"

不过，这种艺术范畴不是空洞地逻辑演绎，而是有着具体鲜活的艺术实例，有着深厚的时代文化背景，有着可供感悟的生命心绪。揭示这种艺术范畴与文化历史、生命心绪的互动，能让人站在一个新的起点去面对历史的艺术宝库，能多一份尊重、多一份宽容。可以说，艺术的发展乃至突变是人类文明里最活跃的灵魂，它不是一个自然的范畴而是来源于文化的建构。它不仅仅是时髦的引领者，而且裹杂着鲜明的时代精神和突破常规的无限勇气。有了这份对艺术的同情的理解，你会发现诸如现代主义艺术绝不是庸俗、恶心、丑陋的代名词，而是美得如此绚烂之极、如此令人荡气回肠。

揭示艺术范畴与文化历史的互动，还能让人去评价和反思当代的艺术新变。如今，艺术看起来是如此的熟悉，但思量起来又是如此的陌生。面对所谓的"一切都是艺术，人人都是艺术家"时代中眼花缭乱的艺术实践，艺术理论多少有点显得力不从心、无所适从。于是乎，"艺术的终结、艺术理论的失语"的无奈叹息成为时尚的说辞。但是，艺术的终结毕竟不是艺术的死亡，艺术理论的失语也不是艺术理论的无语。"苟日新，日日新，又日新。"以一种历史的眼光来看，只要人类存在，艺术就不会消亡，艺术创新的可能性就不会终结，而要么作为艺术创新先导，要么作为艺术创新总结的艺术理论也总会有其表达的场所。

面对艺术历史和现实的困惑，也许哲学的引入就显得极为必要了。美国著名艺术史家、艺术理论家阿瑟·C.丹托在《艺术的终结之后》一书中写道："只有当任何东西都可以成为艺术品是显而易见的时候，人们才会对艺术进行哲学思考。"①事实上，对艺术的哲学思考是任何时候都需要的。打开人类艺术的画卷，哪一个经典流传的艺术品不承载着深刻的思想与生命内涵？艺术品成为经典的过程恰恰就是其深刻的哲学文化与生命精神内涵被无限显现的过程。没有感性的生命体贴和理性的哲学反思，就没有艺术的经典，就没有永恒的艺术！打开生命感性的艺术和打开生命理性的哲学本就是连贯一体，共同在筑建人类的生命之河。更何况哲学本身也不一定是纯粹理性的而是一个关乎安身立命的身心合题。

"接受一种艺术是艺术，就意味着接受了赋予这种艺术以权力的哲学。"②可见，艺术与哲学的联姻，一方面本就具有共同的生命根基，另一方面也更能使我们去整理混乱的艺术现象，收拾之后更好地出发。所以，面对当今的艺术万象，对艺术的理论考察显得是如此的重要。与从经验现象层面考察艺术的"艺术学"不同，"艺术哲学"是从概念层面和哲学思辨层面来追问艺术的本质。也许，关于艺术的哲学追问不一定有着固定的答案，但没有答案依然是一种答案，因为追问的过程才是追问的意义所在。

本书对艺术的哲学追问按照现代西方艺术哲学通用的艺术范畴的写作方式予以展开，试图对纷繁复杂的艺术现象进行带有分析哲学性质的"剖情析采"。其中，"剖析"仅是进入艺术迷宫的路径，"情采"才是艺术的本源。

为了简便起见，我借用了美国文论家 M.H.艾布拉姆斯在《镜与灯》中提出的艺术四要素说来构架一个方便实用的理论框架。艾布拉姆斯认为："每一件艺术品总要涉及四个要点，几乎所有力求周密的理论总会在大体上对这四个要素加以区辨，使人一目了然。"③这四个因素就是作品、艺术家、世界和欣赏者。艾布拉姆斯用三角形把这四个要素以作品为中心构成了一个分析图式，如下：

---

①② [美]阿瑟·C. 丹托:《艺术的终结之后》，王春辰译，南京：江苏人民出版社，2007：17、33。

③ [美]艾布拉姆斯:《镜与灯：浪漫主义文论及批评传统》，郦稚牛、张照进、童庆生译，北京：北京大学出版社，1989：5-6。

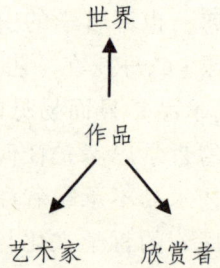

艾布拉姆斯认为，虽然任何理论都会考虑到这四个要素，但几乎所有的理论都倾向于偏重某一个要素，因而形成了艺术理论中的四个理论范畴。其一是作品与世界事物或题材关联的模仿说，其二是作品与艺术家关联的表现说，其三是作品本身的客观说，其四是作品与欣赏者关联的实用说。这四个要素可以看作是分析艺术现象的四个角度或层面。为了和艺术理论中的术语和理论主题相一致，本书把艾布拉姆斯的四个理论范畴用模仿论、表现论、形式论和接受论来予以概说。

模仿论倾向于将艺术解释为对世界万事万物的反映，其重心在于说明艺术品和艺术题材的关系；表现论倾向于将艺术解释为艺术家感受、思想、情感等内心世界的外化，其重心在于说明艺术品和艺术家的关系；形式论倾向于将艺术从外在参照物中孤立出来，而直接去关注作品具有的比例、结构、节奏等形式因素本身，其重心在于说明作为自足体的艺术品自身；接受论是通过欣赏主体的审美经验、审美阐释来解释艺术的生成，其重心在于说明接受者的审美经验以及对艺术的影响。

艾布拉姆斯的四要素分析图式无疑为我们进入艺术领域特别是艺术范畴史的思考提供了一个方便法门。本书的探讨正是从这个图式出发，以理论范畴为主题配合艺术史的演变有序地进入艺术哲学诸问题的探索，特别是对艺术哲学理论中出现的核心热点问题，诸如艺术表现与情感、审美经验、艺术定义论争、艺术与道德等都进行了中国学术语境下的批判性哲学思考。

本书前六章围绕着模仿论、表现论、形式论和接受论中所展现的模仿、再现、象征、表现、形式、审美经验与审美阐释几个理论范畴，展示艺术史和艺术理论范畴之间的互动关联并反思其中的理论问题。通过对这些核心概念的分析，我们发现，这些理论范畴的演进和转换实际昭示的是艺术边界不断被拓展延伸的过程。

在艺术理论上，首先出现的是模仿论。模仿论因其模仿对象有着实然、应然和精神构造世界的不同，而引申出狭义模仿论、再现论和象征论三种艺术理论形态。第一章对忠于自然的狭义模仿论进行了考察，最后从理论分析和艺术实践例证中对这一理论进行了推翻，认为忠于自然的模仿论在理论上是不可能成立的。在第二章再现理论的考察中，对中西再现理论发展、创造性技巧和艺术普遍性认知进行了梳理，特别是对中国文化中的"以形写神"命题进行了理论辨正，并认可了该命题在中国艺术理论中的重要性。同时，结合贡布里希的幻觉论和布洛的距离说对再现艺术带来的审美幻觉效应进行了肯定。在第三章的象征理论中，在结合中西宗教性艺术实例的基础上对再现艺术的象征及其体现形态进行了考察，认为再现象征艺术反映了人类精神从神性世界到宗教世界、礼制世界逐步理性化的发展历程。

第四章对中西表现理论进行了考察。在西方表现理论的论述中，特别揭示了西方文化中的浪漫主义、现代主义艺术实践形成的哲学基础以及表现理论的美学建构。同时，本书提出了关于中国艺术诗言志、意境说、唯情论三种表情模式，并考察了三者在情感表现上的不同之处，特别是对意境论中的情感表现特性进行了一种新的理论定位。本章还对当代西方分析美学中关于艺术情感表现的热点问题进行了回应，花了一定篇幅对"艺术何以能表现情感"的理论问题进行了初步探讨和反思。

第五章对形式理论进行了考察，在总结西方形式主义理论和艺术实践的基础上，对形式主义理论中的两大核心问题形式与内容、形式与情感进行了批评，认为在实践上形式主义的主张是很难真正得到实行的。

第六章从艺术接受者的角度考察了欣赏者的审美经验和审美阐释两大层次中出现的理论问题。在结合当代西方分析美学关于审美经验论争的基础上，结合中国学人多年来的实践美学研究成果，对审美经验的辩证内涵予以了揭示。在审美阐释中，梳理了相关的艺术批评方法论。

第七章对现当代艺术实践如何挑战前六章的艺术理论范畴予以了揭示。这种揭示主要围绕着先锋派"艺术的生活化"倾向和流行文化"生活的艺术化"倾向两方面展开。这两种挑战，呈现出了与传统美学和艺术理论完全不同的艺术观念，传统的艺术理论在其面前处于失语困境。于此，文中对"艺术的终结"以及"流行文化是否被看作艺术"两大问题进行了思考。

第八章对当代艺术哲学反本质主义和新本质主义关于艺术定义争论的核心问题进行梳理。通过当代艺术哲学家的争论，得出的一个结论就是：要给艺术下一个准确的一劳永逸的定义确实是难之又难了，但不能下一个一劳永逸的定义并不意味着不能对艺术进行辨识。本书在借鉴新的艺术理论基础上进一步对艾布拉姆斯的四要素分析图式进行扩展和深化，提出了一种在历史语境、艺术理论语境、文化语境和交互性语境的开放语境下的艺术框架，并阐释模仿、表现、形式和接受论、文化历史和艺术理论之间的互动关联。最终把"何为艺术"的问题转化为"艺术是如何呈现"的问题。这种转化虽然没有给艺术的定义提供一个明确的答复，但给艺术的归类打开了一个可能言说的开放场域。正是在这种网络状的艺术框架中，艺术因自身特定的语境（包括何时、何地、何种创作者、何物、何种欣赏公众、何种理论、何种文化）而得以出场。

第九章则对艺术的现实功能问题，诸如艺术和真理、艺术和道德等问题进行论说。在承认艺术外在价值的基础上，更主张哲学的使命是去探讨艺术的内在价值问题。内在价值表明的是某物自身所具有的一种价值，这种价值是缘于事物自身固有因素而产生的。这种价值可能并不与实际的功用直接结合，但对人生却有着非凡的意义。由此，书中对真善美三者关联进行了重新考量。特别是结合当代分析美学关于艺术与道德关系的讨论以及中国传统美学智慧，提出了美善的内在关联说，以此来彰显艺术的内在人文价值。

在资料的选取上，本书尽量做到学力所能及的中西兼顾、史论结合，特别是融合了当代西方分析美学和中国古代美学关于艺术问题的思考，以期展示不同文化中艺术的统一性和差异性。

在我看来，中西文化交流平台本就是在承认中西文化差异基础上为谋求对话而铺设的，如果台上的演出者都在自我的民族语言中独白，观众无疑看到的是一场滑稽荒诞的闹剧。所以，中西艺术理论与艺术哲学的比较一方面要做中西文化异质性因素的梳理、清查任务，从而为自身定位和参与演出做准备；另一方面更应该站在同质性的立场以自身的独特魅力开始与其他演员同台演出。只有这样，才既不破坏剧情又能让观众感受每个角色独特的演技。可以说，后一方面的演出阶段远比第一方面的准备阶段要更具有意义。

所以，对中西艺术理论的比较与分析，最终要达至的学术目的是去寻求一种差异中的求同。求同不可能是完全的一模一样。西方谚语说："世界上找不到完全相同的两片叶子。"中国孔子也云："君子和而不同，小人同而不和。"中西艺术比较和分析中的求同实际讲的是差异中的求同，是一种"和同"。这就要求在中西艺术理论比较中，应从中西艺术理论资源中提炼出一些共同关注的命题、范畴、具体问题来进行或宏观或具体而微的讨论。

首先，这些命题、范畴和一些具体问题应该是按照当代艺术体系建构，并在中西艺术理论中具有可通约性，具有相同或者相似的意义指向。其次，中西艺术理论对这些命题、范畴和具体问题的论述是允许存在差异的，而这种差异在交流中是可以被双方理解的。在去除西方中心主义和民族中心主义的中西互看的视域中，通过对这些共同关注的艺术命题、范畴、具体问题的比较，就能看到各自文化对该艺术理论问题的论述，从而打开了对该艺术理论问题扩展理解的可能性。比如，对于一个中西都关注的艺术范畴，西方文化有着自己的理解，而中国文化又有着另外一种理解，相互一比较，这一艺术范畴的内涵就得到了扩展和延伸。这种扩展和延伸既有助于中西艺术发现各自理论的局限性，促进中西艺术借助对方唤醒和突破自身，又有助于更全面的理解艺术的全貌，更逼近于艺术的真理。正因如此，本书在展开各个艺术范畴论述的时候，文化历史因素一直是贯彻其中的一条红线。

在阐释心态上，本书也尽量做到兼容并蓄，各采所长。即使如此，对于本书以西方的理论范畴来接纳、收编中国的艺术理论资源给人带来的"中学西解"之嫌，也就只能任人论说了。

第一章　模　仿

　　既然诗人和画家或其他形象的制作者一样，是个模仿者，那么，在任何时候，他都必须从如下三者中选取模仿对象：（一）过去或当今的事，（二）传说或设想中的事，（三）应该是这样或那样的事。

——亚里士多德：《诗学》

　　艺术的哲学追问往往伴随着艺术实践而生，它呈现的是人类关于自身生存世界的智慧。当人类的思维试图在具体事物的多样性中把握某种统一性时，哲学智慧就得以产生。面对具体多样的技艺和美的东西，哲学的智慧最先对这些现象中是否存在着某种统一性的本质产生了好奇的追问。

　　这种好奇最初可能包含着如下的疑惑：艺术是如何出现的？对这一问题刨根问底的思索和回答形成了各式各样的有关艺术起源与本质的理论。在形形色色的艺术起源与本质论中，模仿论因其广泛的影响力而成为最古老的一种关于艺术本质的理论。

　　在古希腊时期，艺术泛指一切需要技能的实践活动。因而，织布匠、医师、建筑师、诗人等都可以称为是艺术家。对于古希腊理论家来说，这些人之所以被看作是艺术家，是因为他们从事的都是有关模仿的实践行为。从今天的艺术观念来推导的话，在古希腊理论家那里，虽然模仿的行为不必然就是今天的艺术行为，但是一件东西要成为艺术品，它必然是出于模仿的行为。

　　模仿也写作摹仿，在希腊文中是 μιμησις，在拉丁文中是 imitatio。由此二者的源出，模仿被写作 mimesis 或 imitation。同时，英语世界把 μιμησις 也翻译为再现（representation），不过用以指涉的不是被动机械的模仿论而是经亚里士多德修正发展后的模仿论。所以，广义意义上的艺术模仿论大致可以分为忠于自然的模仿论（狭义模仿论）和再现论两类型。前者即上引亚里士多德《诗学》中所说的第一种模仿，体现为对外在世界事物或题材（包括物体、人、事件和行为等）的抄录，认为艺术的模仿就是如镜子般去对外在现实世界进行客观真实的反映，追寻与外在对象的逼真度为其艺术旨趣；后者即上引亚里士多德所说的第三种模仿，体现为既坚持客观真实，又加入了个人的创造，模仿中的创造性为其艺术旨趣。再现论在发展中还衍生出了一种关于超验或虚构世界的模仿象征理论，大致和上引亚里士多德所说的第二种模仿一致，往往以宗教艺术为典型代表。超验世界的模仿论不是用艺术去再现感官经验世界，而是去再现、象征一个超出经验的虚构世界。在这种模仿论中，这种超验世界虽然是出于一种精神的构造，但在人的观念中，这种超验世界却不是纯然抽象的，而也是具有真实可感性的（如在宗教信仰中，神是真实可感的），是一种客观唯心的形象模拟世界。

所以，不管是忠于自然的模仿论、具有创造性的再现论还是超验世界的象征论，都是以尊重真实而可感的世界为基本前提的。真实自然的现实世界、加工创造过的可能性世界和设想中真实存在的想象性世界三者构成了模仿论艺术观的真实而具有可感性的指称世界，故都可称为广义的模仿论。本书前三章将对艺术理论中广义模仿范畴的三种表现形态——狭义模仿论、再现论、象征论进行批判性思考，以展开对艺术模仿范畴的深入探讨。本章标题意指的是忠于自然的模仿论，为一种狭义的模仿论。

第一节　求真写实与赋形夺真

模仿论是出现最早的一种艺术理论，它追求艺术对外在自然世界（物体、人、事件和行为等）的临摹、反映，并在这种求真写实中获得一种快乐。在早期的模仿理论中，人们主张对外在自然世界进行忠实的刻画描摹，具体表现形态则是主张对自然的逼真抄录。

一、欺骗人的眼睛

按照模仿论，人都有一种模仿的天性，而模仿的天性则根源于一种本能快感的冲动。亚里士多德就说：“首先，从孩提时候起人就有模仿的本能。人和动物的一个区别就在于人最善模仿，并通过模仿获得了最初的知识。其次，每个人都能从模仿的成果中得到快感。”[①]

---

① [古希腊]亚里士多德：《诗学》，陈中梅译注，北京：商务印书馆，1996：47。

按照模仿论的说法,当史前的人类看到动物、植物、石头、木头等各式各样的东西时,很可能出于某种本能的冲动而在岩石上照葫芦画瓢,于是艺术就产生了。德谟克利特就认为我们在艺术中模仿自然,在织布时模仿蜘蛛,在建房时模仿燕子,在唱歌时模仿天鹅和夜莺。当人们看到外在世界的万事万物在自己的创作中得以重现,那种快感肯定是不言而喻的。虽然我们不同意把艺术的起源简单的定位为模仿的天性,但模仿是史前人类生活中一项重要活动应是没有问题的。这就表明,即使模仿不是艺术起源的唯一原因,它至少是与艺术的产生紧密相关的。事实上,把艺术与模仿活动关联起来在艺术实践中有着大量的例证。

旧石器时代　西班牙阿尔塔米拉洞窟壁画中活灵活现的野牛

贡布里希在《艺术与错觉》中,曾记载了这样一则古希腊的画坛盛事:

希腊画家宙克西斯和巴尔拉修比赛,看谁画画的本领最高。宙克西斯画的葡萄很逼真,以致引动飞鸟来啄食。巴尔拉修拿出了自己画的画,一层帘布遮盖着画面。宙克西斯迫不及待地想看对方画的是什么,当他转身去拉画面的帘布时,才发现帘布本身就是一幅画。这样，比赛奖品就被巴尔拉修拿去。因为宙克西斯的画只骗过了动物的眼睛，而巴尔拉修的画连人的眼睛也骗过了。①

从这个至今令人津津乐道的故事不难看出，忠于自然的模仿论是如此的诱惑人心，以致成为了古希腊画坛比赛盛事的评判标准。巴尔拉修之所以胜过了宙克西斯获得了绘画桂冠，其原因就在于欺骗人眼睛的绘画相比欺骗动物眼睛的绘画要更逼真。由此可以看出，准确、精细地描摹出能欺骗人的眼睛的外物面貌成为了当时很多艺术家毕生的向往，也是艺术水准是否高超的最重要尺度。

从理论形态上对这种忠于自然的模仿论进行总结的要属古希腊的智者柏拉图了。虽然柏拉图本人对这种模仿论是嗤之以鼻的，但他在事实上却用"明确的形而上学方式"（英国著名美学史家鲍桑葵语）对模仿说进行了阐述。

文艺复兴时期巨匠拉斐尔的油画《雅典学院》，正中左侧手指上方的为柏拉图，右侧手指下方的为其学生亚里士多德。柏拉图和亚里士多德恰成思想的对比：一个指向超验的理念世界，一个指向现实的经验世界。

---

① [英]贡布里希：《艺术与错觉》，林夕、李本正、范景中译，长沙：湖南科学技术出版社，1999：149。

柏拉图在他的《理想国》中道出了这样一个事实：从荷马起，一切诗人都只是摹仿者。在柏拉图看来，这种以模仿论来进行艺术创作的艺术家在他的理想国中没有多少地位，因为他们通过强调外表而使我们的注意力从本质的东西上移开而引向了一个错误虚幻的方向。柏拉图借用苏格拉底的话不无讽刺地说如果你想成为画家，最简单的方法就是："拿一面镜子四方八面地旋转，你就会马上造出太阳、星辰、大地、你自己、其他动物、器具、草木，以及我们刚才所提到的一切东西。"① 在柏拉图看来，模仿艺术家所做的事情和拿着镜子到处反照没有什么区别。显然，对于追寻最高智慧的柏拉图来说，模仿艺术家所从事的事业不值一提。

在《理想国》中，柏拉图通过三种床的比喻对模仿艺术家的地位进行了极力贬损。在柏拉图看来，世界上有三种床，其一是上帝制造的床，为床的"理念"（idea），即普遍性的床；其二是工匠制造的床，为现实的具体的床；其三是画家画的床，为艺术品的床。按照柏拉图的一切事物都是对理念的模仿的哲学观念，工匠制造的床是对上帝制造的床的"理念"的模仿，而画家创作的床则是对工匠制造的现实的床的模仿。这样，画家的床离"理念"世界或者真理世界较远，它和真理隔了两层，是"摹本的摹本"。因而，模仿艺术的美"时而生，时而灭"，恰是不完美的，是对永恒的、无始无终、不生不灭、不增不减的美的"理念"的偏离。模仿艺术家执著于对现象世界的精确临摹，给人带来了一种"信以为真"的欺骗效果而妨碍了人们对于理念真理的探寻。在柏拉图看来，现象界的人们往往把模仿的影像当作事物本身，殊不知他们正如面壁的囚徒一样，永远无法触及事物的真理。

同时，柏拉图认为，模仿艺术不仅是偏离真理的虚幻谎言，而且还纵容人性罪恶的情欲。柏拉图说："摹仿诗人既然要讨好群众，显然就不会费心思来摹仿人性中理性的部分，他的艺术也就不求满足这个理性的部分了；他会看重容易激动情感的和容易变动的性格，因为它最便于摹仿。"② 正如此，出于政治和道德的考虑，柏拉图对模仿诗人进行了攻击和驱赶，要求把他们"洒上香水，带上毛冠，请他到旁的城邦去"。当然，柏拉图并没有对艺术家赶尽杀绝，他主张以希腊人的智慧、勇敢、节制、正义四德的塑造为艺术取舍标准，提倡那些模仿善的内容的艺术形式。在理想国的城邦里，柏拉图认可了一种诗人和故事作者："他们的作品须对于我们有益；须只摹仿好人的言语，

---

① ② [古希腊]柏拉图：《文艺对话集》，朱光潜译，北京：人民文学出版社，1963：69、84。

并且遵守我们原来替保卫者们设计教育时所定的那些规范。"①"除掉颂神的和赞美好人的诗歌以外,不准一切诗歌闯入国境。"②

通过古希腊盛传的宙克西斯和巴尔拉修的绘画比赛故事和柏拉图对模仿论的批评,我们可以得出古希腊艺术模仿论观念的基本特征:第一,模仿论在古希腊柏拉图时期或柏拉图之前时期的艺术实践中十分盛行。按今天"美的艺术"观念来说,模仿是艺术品形成的必要条件;第二,模仿论是以现实经验世界(现象界)为模仿对象的;第三,模仿论艺术判断的标准在于逼真刻画,以假乱真;第四,模仿论的心理根源在于天性的本能快感。

在西方艺术理论史上,虽然忠于自然、毕肖自然的模仿论在亚里士多德的修正下被一种更合理的再现论所替代,但并没有因此成为绝响。这种理论主张在 19 世纪下半叶法国自然主义(naturalism)那里重新获得生机。自然主义受到实证主义哲学的影响,按照科学试验、拒斥形而上学的精神,在尊重事实和经验的基础上进行艺术创作。自然主义模仿论在左拉那里得到系统的表述:"自然主义意味着回到自然,科学家们决定从物体和现象出发,以实验为工作的基础,通过分析进行工作,这时候他们的手法便意味着自然主义。相应地在文学方面,自然主义是回到自然和人,它是直接的观察、精确的剖解,对存在事物的接受和描写。"③自然主义要求艺术家像科学家追求真实一样,做一个冷漠的解剖学者,摒除先入为主的观念而客观真实的、精确的、事无巨细的描摹生活中的本来面目。由于一般的本然现象往往是普通、平常、琐碎的,所以艺术就应该去精确的记录那些平凡、细碎的日常事件。

虽然忠于自然的模仿论在西方艺术理论中从未占据过主流,但认同这种理论主张的艺术实践至今也没有退出历史的舞台。20 世纪兴起于美国的照相写实主义(photorealism)可以看作是对这一古老艺术主张的再次招魂。照相写实主义又称作超级写实主义(hyperrealism),艺术家往往先借助于照相机拍摄对象,再对着照片把形象复制到画布上。经由照相机"机械之眼"的精确拍摄或幻灯机的放大,原来的外在事物就被客观真实地在画布上刻录下来,就连极小的细节也不例外。这样,其艺术复本(copy)就能最大限度地保持与外在对象之间的逼真性。

总体而言,作为西方文化中产生最早的一种艺术理论,忠于自然的模仿

---

①② 柏拉图:《文艺对话集》,1963:56、87。
③ 伍蠡甫主编:《西方文论选》下卷,上海:上海译文出版社,1979:246。

论由于其理论的不成熟性，其自身在西方艺术理论中的地位并没有被真正提升到引人瞩目的层次。但由这种理论所开启的艺术模仿自然的主张却一直支配着西方的艺术哲学、艺术批评以及艺术实践。

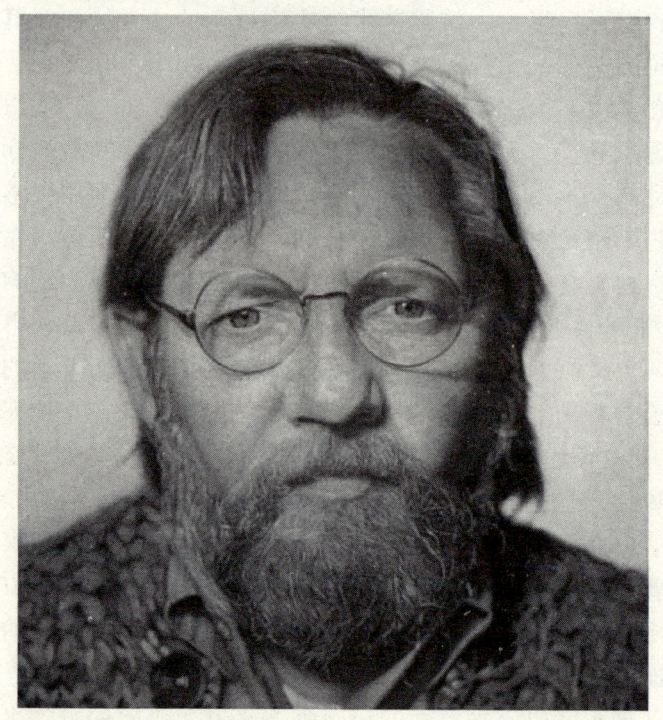

美国照相写实主义画家查里·克洛斯的几乎和照片一样的作品《约翰像》

二、赋形夺真，莫辨真伪

无独有偶，在中国画史上也有着和古希腊的画坛盛事类似的故事。据宋代黄休复《益州名画录》记载：西蜀有一位画家黄筌（？—965年），他的作品能曲尽物态，逼肖其真。他曾在蜀宫殿壁上画了六只不同姿态的仙鹤。栩栩如生的仙鹤活灵活现，居然把真的仙鹤招引到了壁前活动。他还在八卦殿壁上画花竹雉鸡，使皇帝行猎的白鹰误认为是真的雉鸡而向壁间扑啄。

张彦远在《历代名画记》还记录了一则"误笔成蝇"的典故。东吴画家曹不兴善于写生，一次他为孙权画屏风，不小心多了个墨点，于是画家就顺势把这个墨点画成了一只苍蝇。孙权见了屏风后，以为有一只苍蝇待在上面，想举手把它弹去。

可以说，黄筌的壁画是如此的逼于动植、穷形尽相，以致欺骗了动物的眼睛。而曹不兴的苍蝇更是逼真得欺骗了人的眼睛。

黄筌准确精到、栩栩如生的《写生珍禽图》

虽然没有系统的理论总结，但在中国文化中也有着忠于自然模仿论的创作实践和创作主张。《吕氏春秋·仲夏纪·古乐》有如下记载：

昔黄帝令伶伦作为律……听凤皇之鸣，以别十二律。

帝颛顼生自若水，实处空桑，乃登为帝。惟天之合，正风乃行，其音若熙熙凄凄锵锵。帝颛顼好其音，乃令飞龙作，效八风之音，命之曰承云，以祭上帝。

帝尧立，乃命质为乐。质乃效山林溪谷之音以歌。

这些记载表明了中国文化对音乐起源的一种看法就是：音乐是人通过模仿动物鸣叫、自然风声或自然山水之音而产生的。可见，中国文化中也确实存在过把艺术本质看作是模仿自然的理论主张。

这种理论主张在北宋院体画中得到了极高的弘扬。虽然，我们不能说北宋院体画都是在贯彻这种艺术创作理想，但院体画家把求真写实作为艺术的创作标准却是事实。前引西蜀、北宋初期的著名画家黄筌的例子就是一个证明。在北宋神宗熙宁之前，整个北宋画坛为诸黄之体所控制。黄筌父子的画风一统画坛，开创了北宋"赋形夺真，莫辨真伪"的写实主义画风。《东斋纪事》卷四记载:"其家养鹰鹞,以模写之,故得其妙。"黄筌画的花鸟画有着深厚的写实功底,能达到以假乱真的效果,独步北宋初期画坛,被作为当时图画院评论绘画优劣的标准,即所谓的黄氏体制。除黄筌父子外,赵昌的画风也是精于设色,酷肖物类。他作画时,一边精确观察对象,一边描摹写生,故号为"写生赵昌"。

赵佶《红蓼白鹅图》

赵佶《桃鸠图》

虽然北宋写实主义经过崔白、崔慤、吴元瑜等人的"熙宁变法"后，绘画由写物转向印心，由穷形尽相转为穷理尽性，但北宋末期的徽宗赵佶又进一步把写实之风推向高潮。与士人对逸、神、妙、能的推崇不同，赵佶绘画对形似和着色方面有着独特的兴趣。邓椿《画继》载宋徽宗："专尚法度，乃以神、逸、妙、能为次。"据《画继》记载，宋徽宗赵佶是一位极为注重对自然进行细致描摹的艺术家。当一座宫殿修筑完成后，赵佶亲自去视察殿内的壁画。名手画家们绘制的全部壁画都没有引起赵佶的重视，他只把注意力集中到了某殿前柱廊拱眼中一个年轻画家画的斜枝月季花。最后他认定斜枝月季花是所有画中画得最好的。在赵佶看来，月季花四时朝暮，花蕊叶都不相同，没有细致入微的观察和刻画是不可能把月季花的形态和时间恰当配合起来的，而这枝月季花正好描摹出了春季中午时候的特有姿态。又一次赵佶叫画家们画孔雀升墩屏障，画了几次都不满意，问他为什么？他指出：孔雀升墩一定先举左脚，而画家们画的都是举右脚。这都表明，逼真的刻画、忠于自然的模仿是北宋徽宗时代的审美旨趣。

可以看出，北宋院体画写实主义的艺术创作理想与文人画的创作理想迥然有异。从理论上把握的话，大致可以算作是中国文化中主张忠于自然模仿论的艺术代表。

第二节　模仿论是否可能

忠于自然的模仿论以准确描摹外在题材为艺术理想，以是否最逼近于自然形状作为衡量艺术品优劣的准则。这种模仿论的艺术标准就是看其与客观事物的相似性（resemblance、likeness）。如果对外在客观事物模仿得愈相似，其艺术价值就愈高。可以看出，这种艺术观念是以外在事物而非通过艺术本身来衡量艺术价值的，故显得比较粗鄙而简单。这种理论既经不起语言的分析，又经不起艺术实践的检验。

一、语言的分析

忠于自然的模仿论以相似性作为艺术评判的标准和充分必要条件，其理论概括为"X和Y相似，则X模仿了Y；X模仿了Y，X和Y必须相似"。但从语言分析的角度看，相似和模仿的内涵是不同的，不能把模仿等同于相似。布洛克就说："'相似'是一种'对称关系'，模仿则是一种非对称关系。"[①]我们可以说一块石头和张三相似，也可以说张三和一块石头相似，但不能说石头模仿了张三或者说张三模仿了石头。所以，相似性不是模仿的充分条件；同样，我们可以说在军事地图中，一个图钉模仿或象征了一只装甲部队，但图钉和装甲部队却不存在相似性。所以，相似性也不是模仿的必要条件。而且外在事物有高级和低级事物的区分，比如说人要比猴子高级，但我们并不能说模仿人的作品的价值就高于模仿猴子的作品。

同时，把模仿作品和题材的相像性作为评价艺术成就的标准，实际上是把作品的评判权放到了一个与作品无关的外在对象上，这个标准对艺术品而言其实是外在的。如果真是这样的话，外在世界或外在自然已经是一个自然全美的世界，又何需艺术的存在呢？不管你的模仿是多么的毕肖，总比不过外在世界本身，我们去欣赏外在世界就已经足矣！正因如此，柏拉图所说的要"拿一面镜子四方八面地旋转"之类的话其实是基于这种思考而展现的一种对模仿论艺术家的揶揄嘲讽。"如果妙肖自然是艺术的最高的成就，则艺术纵登峰造极，也终较自然为减色。"[②]法国画家卢梭在模仿一棵橡树时，一个路过的乡下人疑惑地问他在做什么。卢梭告诉乡下人说自己正在临摹橡树。

---

① [美]布洛克：《现代艺术哲学》，滕守尧译，成都：四川人民出版社，1998：35。
② 朱光潜：《文艺心理学》，合肥：安徽教育出版社，1996：132。

乡下人诧异地说:"那有什么用处呢?橡树不是已经长在那儿么?"退一步说,按照模仿论的这种艺术标准,如果我们实在还要去模仿外在世界的话,在众多的模仿艺术中,机械的快照和记录影像的艺术价值会远高于其他艺术。科林伍德就此指出说:"如果一个再现艺术家的作品不是原物刻板准确的复本,那并不是他无能的标志;否则,照相机就有充分的理由胜过肖像画家了。"①

同样,忠于自然的模仿艺术也面临一个无法识别其艺术价值的问题。一味追寻相像性、逼真性的绘画理念在这种情况下必然难以解决如下的理论困境:比如一个模特死了或者不在当场,我们应如何来衡量这幅肖像画是否逼真呢?所以,仔细推敲的话,这种忠于自然的模仿论实际蕴含了取消艺术的可能。

二、艺术实践的检验

从艺术实践的角度看,这种"不带眼色看世界"的理论主张更加不可能得到真正的实践。贡布里希在《艺术与错觉》里记载了德国插图画家路德维希·里希特在自传中写的一件事情。18世纪20年代他和一帮美术朋友一起去风景胜地蒂沃利画素描。他们看到一批法国艺术家也在那里画画,而且这些法国艺术家正使用巨大、粗糙的画笔把颜料涂在画布上。他们被这种自以为是、附庸风雅的做法激怒了。于是,他们决心反其道而行之,挑出最硬、最尖的铅笔,决定要客观细致地把眼前的风景精细入微地画下来,努力把自己所看到的东西绝对精确地转录下来。"我们对每一片草叶、每一条细枝都爱不忍弃,坚持巨细无遗。人人都尽其所能把母题描绘得客观如实。"②但是,当他们到傍晚比较劳动成果时,他们的转录稿差异之大仍然令人吃惊。情调、色彩,连母题的轮廓在每一幅画中都发生了微妙的变形。虽然里希特他们力图做到精细入微、绝对精确的转录风景,但里希特最终不得不承认他们的艺术主张事实上是行不通的,因为每幅作品都不可避免地打上了个人性格的烙印,比如忧郁气质的人不自觉地会把原本弯曲多变的轮廓修整成直的,并在色彩上突出蓝色。

不但个人性格对艺术的模仿发生微妙的影响,而且不同文化背景下的人对自然的观看也是不同的,必然也影响到他们在对如何才是精确转录自然理

---

① [英]科林伍德:《艺术原理》,王至元、陈华中译,北京:中国社会科学出版社,1985:54。
② 贡布里希:《艺术与错觉》,1999:44。

解上的差异，而这种差异有时候是巨大的。比如面对同样一个树木围绕的池塘，如果让埃及艺术家和西方艺术家尽量真实的描摹下来，我们会发现二者之间的巨大差异。埃及艺术家的画作和小孩的画作比较相似，把树木画得四面倒开等距离排列，看上去都像是躺在地上似的。而受透视学影响的西方画家则会把有些树木画到池塘里并把有些树木画得比较倾斜和高低不一。[①]到底哪种画法更加写实呢？很明显，这是两种不同文化背景下的写实，二者都不可能做到绝对准确、精确的写实。这表明，模仿也受到不同文化背景的制约，无法真正做到客观中立地毕肖自然。

野兽派画家马蒂斯的轶事也说明了这一点。有一位妇人参观他的画室，看到马蒂斯的画像说："这个女人的手臂肯定太长了。"马蒂斯在旁文雅的答道："夫人，您弄错了。这不是女人，这是一幅画。"超现实主义画家马格利特曾画过一幅作品《形象的叛逆》，作品上明明画的是一只烟斗，但作者在画下方写着一行法文：这不是一只烟斗。"这不是女人"和"这不是一只烟斗"要昭示的是艺术绝不是简单的求真写实，我们不能总是以外在的描摹对象来评论艺术。艺术还有着比外在描摹对象更多的东西，它邀请我们时刻对隐匿于事物表面下的深度保持思索。

马格利特《形象的叛逆》，画下方法文为：这不是一只烟斗。

因此，我们在观看外在事物时，不可能是完全机械地对事物和题材做出反映，不管你想做到如何的客观和真实，人都会在观看过程掺杂个人、文化历史等因素对事物的判断和选择，这是艺术家主体能动性的体现。那些力主忠于自然抄录的艺术家在艺术实践上做的远不是这么回事，实际上他们并不

---

① [美]阿恩海姆：《艺术与视知觉》，滕守尧、朱疆源译，成都：四川人民出版社，1998：135。

能做到真正的抄录自然,只能够再现自然。拿照相写实主义来说,他们实际上对照片形象进行了放大或冷色调的处理,虽然作品和照片酷似,但其中又蕴含了艺术家意欲表现现代社会人情冷峻、疏离的艺术意图。深受照相写实主义影响的罗中立的《父亲》之所以打动人心,也绝不是仅仅因为它的逼真性,而更是在这种写实之中蕴含的生命深情。因此,布洛克说:"我们眼睛看到的永远不是物体自身的样子,而是从我们的生物学立场和我们所在的文化背景出发看到的样子。"①

通过以上的检验,我们发现主张这种追求绝对真实的忠于自然的模仿论在历史上虽然不乏其人,但其理论主张只能停留在理想状态,在艺术实践上实际是不可能的。"观察总是渗透着理论",他们可能没有意识到,虽然他们尽可能地意图实现自己的艺术理想并以为自己实践了自己的艺术理想,但事实上他们根本无法真正地做到忠于自然的模仿,他们做到的还是再现自然。

到此为止,我们宣告了忠于自然的狭义模仿论的破产。既然艺术无法做到绝对忠于自然的模仿,其模仿必然受到创作者主体能动性的影响,那么,只有这样一种模仿理论在艺术上是可能的:既坚持客观真实,又加入了个人创造性的模仿。这样,我们转入了模仿理论的第二种形态:再现。

---

① 布洛克:《现代艺术哲学》,1998:47。

第二章 再 现

艺术家所要做的并不是对现实生活中的情景原原本本复制下来，而是将自己以独特的观点所观察到的现实生活的某些方面或性质加以再现。

——布洛克：《现代艺术哲学》

再现理论（representation）①对忠于自然模仿论的替代源于亚里士多德对柏拉图模仿论的修正。这种修正既坚持了柏拉图模仿论的艺术模仿现实世界的合理内核，同时又加入了对如何进行模仿的创造性内涵。在关于感性经验的再现理论那里，艺术是镜子，但不是机械的镜子，而是具有创造色彩的幻化的镜子。忠于自然模仿的外在题材经由这种创造色彩而转化为艺术的内在内容，从而使得衡量艺术的外在标准转化为艺术的内在标准，显示了其合理性的一面。

第一节 幻化的镜子

亚里士多德说："吾爱吾师，吾更爱真理。"虽然是柏拉图的学生，亚里士多德走的却是和老师不同的哲学之路。柏拉图的目光仰望的是玄妙的理念世界，而亚里士多德的目光俯瞰的是客观的感性世界。在柏拉图那里，现实世界和理念世界是脱离的。亚里士多德则认为理念世界本身就是存在于现实世界的，不能脱离现实世界而存在。这里实际涉及的就是哲学上的一般性和个别性的关系。对柏拉图而言，一般性和个别性没有关系。而对亚里士多德来说，一般性只能存在于个别性之中。这样，与柏拉图从理念世界追问美的

---

① representation，在文化研究中，往往被译为"表征"。表征相比传统的再现，意义更为丰富，它以可见与不可见的关联性打破了再现与表现的分界，把文化符号变成了一种意义生产、增殖、交换与流通过程。

来源不同,亚里士多德开始从客观现实感性世界中去追问美的来源。所以,和柏拉图对艺术模仿理论的批评态度不同,亚里士多德高扬了艺术模仿理论。

一、再现论对模仿论的修正

亚里士多德在《诗学》中认为诗人的模仿对象有三种,第一种是按照事物原来的样子去模仿,对已经存在的事物作忠实的描写。第二种即按照人们所说的或以为的样子去模仿,主要是以神话和传说为题材的作品。这种模仿可以在原有素材基础上进行加工和创造。第三种则是按照事物应有的样子去模仿。这种模仿是艺术家在不违背艺术真实的前提下,力求创作出比现实事物更好或者更坏的艺术形象。亚里士多德认为这种模仿应该成为悲剧诗人创作的典范。

第一种模仿实际上就是上一节忠于自然的模仿论,亚里士多德认为这种模仿既不可能也不符合艺术创作的本质和目的。亚里士多德最为推崇和认可的当属第三种模仿理论,即再现理论。在这种理论中,艺术家不但对事物的感性经验进行描摹,而且还对这些经验进行创造性的综合整理,以达到对事物普遍性的认识。也就是说,真正的模仿应该是按照事物应该有的样子或者说可能的样子进行模仿。正是在这个意义上,亚里士多德认为诗人比历史学家更加接近真理。因为历史学家谈论的仅仅是已经发生的事情,是事物本来的样子和已然事实,因而缺乏创造性;诗人则谈论那些应该或可能会发生的事情,记载的是必然普遍的事情,更具有自由度,所以诗比历史更富有哲理和严肃性。

艺术去模仿可能的事情,这就赋予了艺术更大的超越现实的自由性,它不再被动地服从艺术品之外的事物的特征。相反,艺术家可以在自己的作品中改变"现实"或"真实"的东西,并去寻找事情的普遍规律,使之更加符合艺术品本身的完整性、统一性。

艺术再现的形象是从个别的、特殊的现实世界中抽象归纳出来的一种普遍性,这实际就是通过艺术来塑造典型形象的问题,这种典型形象也就是亚里士多德说的力求创作出比现实事物更好或者更坏的艺术形象。再现的典型形象源于生活又高于生活,体现了艺术与生活的辩证关系。黑格尔的《美学》第一卷对这种特殊与普遍的关系曾举例道:"关于阿喀琉斯,我们可以说:'这是一个人!高贵的人格的多方面性在这个人身上显出了它的全部丰富性。'荷马所写的其他人物性格也是如此,例如俄底修斯,第阿默德斯,阿杰克斯,阿伽门农,赫克托,安竺罗玛克,每个人都是一个整体,本身就是一个世界,每个人都是一个完整的有生气的人,而不是某种孤立的性格特征的寓言式的抽象品。"[1]黑格尔所举的每个英雄人物,既是个性生动的,又是具有普遍代表性的。

这种源于生活又高于生活的再现论实际上提出了一个关于现实的真实性和艺术的真实性的关系问题:不是现实的真实性而是艺术的真实性才代表了再现理论的实质内涵。在亚里士多德修正过的模仿理论中,虽然艺术的真实依赖于现实的真实,但艺术的真实和现实的真实已经有了很大的区别。按照柏拉图的忠于自然的模仿论,艺术的真实就是现实的真实,其作品的好坏通过作品与现实的比较来判断。而在再现理论中,现实的真实不一定就是艺术的真实,同样艺术的真实也不一定是现实的真实。现实生活中真实发生的事情,艺术家如果没有去发现其间的普遍性或规律性,其在艺术上可能也是不真实的。比如像流水账般的作文,虽然真实地记载了发生的事情,但基本上没有艺术性可言;而在现实生活中不合理、荒唐的事情,艺术家如果给予恰当的处理使之在艺术上合情合理、符合普遍规律性,读者和观众就能认为这在现实世界也是可能发生的,其在艺术上就是真实的。像一些虚构图案(如龙、独角兽、美人鱼等)、魔幻小说、科幻电影,虽然脱离现实,但吸引了成千上万的读者和观众。比如说艾默里奇拍摄的科幻电影《2012》,虽然里面的关于世界末日的场景在现实中还没有发生,但却是可能发生的事情。艾默里奇恰恰是对人类现实世界中的环境恶化现象进行了合情合理的归纳概括,从而造就了这部影片的成功。从现实来看,这部影片是虚构的,但从艺术上来看,它却是极为真实的。

同时,亚里士多德对艺术情感的看法也与柏拉图不同。在柏拉图那里,模仿艺术给人带来的情感具有负面的意义,它不利于理性的完善。亚里士多德认为,艺术虽然可以给人带来恐惧、怜悯等非理性情感,但这种情感可以具有积极的意义。亚里士多德提出了"卡塔西斯"(catharsis)一词来描述艺术的情感效果。"卡塔西斯"具有"净化"(purifying)和"宣泄"(evacuating)的双重意义。与柏拉图主张对情感进行驾驭和压制不同,亚里士多德认为模仿再现艺术给人带来的情感体验使得人的情感得以宣泄和净化,维持心理的

---

[1] [德]黑格尔:《美学》第一卷,朱光潜译,北京:商务印书馆,1979:303。

平衡，因而是一种无害的快感，具有一种积极的作用。所以，在亚里士多德那里，看戏的人并不如柏拉图所担心的那样，其灵魂与理性受到破坏；相反，这些人可能是最冷静和有智慧的人，因为他们的非理性一次次地被戏剧得以宣泄和净化。

电影《2012》剧照呈现的是一种现实的非真实，但却是一种艺术的真实。

这样，经过亚里士多德的发展，创造性再现理论作为一种真正的、成熟的模仿理论开始登上历史舞台，直到18世纪，这种艺术本质观念依然处于艺术理论的最核心位置。18世纪，当法国美学家查理斯·巴托把美的艺术（fine arts）从技艺（arts）中分离出来时运用的一种标准就是这种成熟的模仿论。在巴托看来，绘画、雕塑、舞蹈、音乐、诗歌之所以被看作是美的艺术，其原因就在于它们分别通过色彩、雕刻、姿态、声音、话语来模仿美的自然。对巴托来说，一种技艺要成为美的艺术的成员，其必要条件就是它应该是模仿性的。[①]19世纪后，再现理论逐渐被表现理论替代，但并没有退出历史舞台。直到今天，我们在解释诸如绘画、电影、照相、电视等图示艺术时，依然在运用这种理论形态。20世纪，虽然彼得·基维和阿瑟·丹托等人还提出过新再现主义（neo-representationalism）理论来定义艺术，但我认为这种新再现主义已经脱离了再现理论。新再现主义认为任何艺术都是"具有相关物"的（about something, aboutness），并把这种"具有相关物"的共性称为再现。至于相关物是什么，则需要通过阐释来获得。[②]虽然，新再现主义通过把阐释概念拉进来试图维持住再现的理论核心地位，但这种对再现内涵的拓展却恰恰可能偏离了再现自身。因此，这种新再现主义不再是传统关于艺术的本质性定义，而更多的是一种有关"艺术是如何可能"的问题。因为，在丹托那里，阐释的来源正是他的"艺术界"理论。

二、再现论的艺术实践

事实上，再现艺术理论的应用在亚里士多德之前的古希腊就已经存在。毕达哥拉斯学派极为推崇的比例、对称、节奏等数量关系被广泛应用在古希腊的音乐和建筑、雕刻等造型艺术领域。黄金分割率在那时也得到了艺术家的认同。"高贵的单纯和静穆的伟大"的古希腊艺术已经是一种创造性的再现了。

尔后，再现理论在希腊化-罗马时期、文艺复兴时期、近代新古典主义和现实主义时期的艺术实践中得到了一贯的执行。古罗马建筑学家维特鲁威说："真实的东西也可以看成是错误的，不真实存在的某些物体也会由眼睛认可下来，所以我不认为适应场地的状况或场地的需要对均衡施以加减是应当怀疑

[①][②] Noël Carroll: *Philosophy of Art: A Contemporary Introduction*, London: Routledge, 1999: 22, 26.

的。"①这种建筑观念简直就是亚里士多德再现艺术观念的翻版。

文艺复兴时期,美学理论家一直喜欢用镜子来比喻艺术的本质。达·芬奇经常用镜子来说明画家的心灵和自然的关系。在他看来,画家的心灵应该像一面镜子,它的颜色应该同它所反映的事物的颜色相一致,并且它面前有多少事物,就反映出多少形象。虽然达·芬奇的镜子论看似是一种机械反映论,但其实不然,他是要以镜子为标准去反映自然界中的比例关系。达·芬奇主张师法自然,但反对单纯的模仿。他认为画家在创作中,对形象布局、明暗色调、比例的配合等方面应该有自己妥善的安排。达·芬奇说:"那些作画时单凭实践和肉眼的判断,而不运用理性的画家,就像一面镜子,只会抄袭摆在面前的一切东西,却对它们一无所知。"②可见,达·芬奇的镜子说和机械的被动模仿说是完全不同的。文艺复兴时期关于镜子的隐喻还有很多,如在文学中,有卡克斯通的《世界之镜》、巴尔克莱的《心灵之镜》,以及加塞瓦涅的《政府之镜》和《钢之镜》,等等。③

为了更好地进行创造性再现,使得艺术的镜子更加具有幻化的色彩,技法的创新极大地推动了艺术的进展。文艺复兴时期透视法、短缩法、明暗法等技法将整个艺术特别是绘画艺术的发展提上了一个新台阶。特别是15世纪兴起的透视法的广泛运用,使得绘画的二维空间幻化成为了由一个中心焦点集聚的三维立体空间。透视法的创作注重对视网膜成像的科学原理研究,往往以观看者水平视线的灭点作为构图中心,强化虚构空间作为真实空间延伸的视觉效果,以制造出一种感官幻觉。如在达·芬奇《最后的晚餐》中,画作框架、景物和空间的中心都集聚在耶稣所在位置之上,使得整个画面以耶稣为聚点呈现为和谐、对称和稳定的构图面貌。在透视画法中,艺术家会根据描摹物体距离的远近而对物象、色彩进行模糊或淡褪的处理。根据焦点透视,在一个固定的视角,远处的事物在画面上呈现出来总会比近处的事物小,虽然实际上它可能比近处的事物大。在运用透视法创作的绘画中,有些绘画必须站在一个固定的焦点才能进入一个幻化的空间,如普佐的教堂天顶画;而有些高明的画家则让人在不同视点都能看到一个保持着的立体空间,如拉

---

① [古罗马]维特鲁威:《建筑十书》,高履泰译,北京:中国建筑工业出版社,1986:135。
② 伍蠡甫、胡经之主编:《西方文艺理论名著选编》(上卷),北京:北京大学出版社,1985:164。
③ 艾布拉姆斯:《镜与灯:浪漫主义文论及批评传统》,1989:44。

斐尔的《雅典学院》和达·芬奇的《蒙娜·丽莎的微笑》。在拉斐尔和达·芬奇这些巨匠那里,由于他们创造性地对画面进行了微妙的处理,从而使得画面保持了一种神奇的视觉效果。在《雅典学院》中,拉斐尔对画面各种形象做了有意地变动和扭曲,而达·芬奇则使用了渐隐法(sfumato)或纱遮形式(veiled form)的技法,消减了画布上的信息,以此来激发想象投射机制,使轮廓隐显于可见与不可见之间。正是这种可见与不可见的显隐之道,才造就了蒙娜·丽莎那令人永看不厌、隽永经典的神秘微笑。

    医学解剖学的发展也使得画家能更好地去再现人体的比例、肌肉和骨骼形状。不过,对于创造性的艺术家来说,要过于忠实于人体解剖学是件无法完成的任务。他们会有意地在人体解剖结构之外游离,而正是这种游离给后人留下了令人兴意盎然的艺术经典。在波提切利《维纳斯的诞生》中,虽然维纳斯的脖子长度不合理,双肩直削而下,左臂跟躯干的连接也很奇特,但她的轮廓却是那么的优美!在法国新古典主义画家安格尔的《大宫女》中,虽然那位宫女的背部至少多了三节脊椎骨,但这段秀长的腰部却使得她显得如此柔和,能一下子慑服住观众。假如她的身体比例绝对地准确,那就很可能不这样诱人了。

《维纳斯的诞生》中人体比例不合现实却美妙无比的经典造型

    在再现理论的技法中,实际上包含了艺术家对艺术构图、形象、线条、色彩、语词的使用,情节的安排等方面的创造性处理,从而使得艺术这面镜子呈现出多样的幻化效果。这种创造性最少应该与艺术家本身的个性气质、艺术风格、所使用的艺术材料和不同的文化背景紧密相关。不同气质的艺术家在反映现实世界时，难免会打上自身精神气质的烙印，从而使得其作品具有个性化的色彩。而不同艺术家以及同一艺术家不同阶段的艺术风格也会影响到他们艺术的再现面貌。如我们一眼就能看出洛可可风格和巴洛克风格作品的差异，而精细的批评家也能区分出伦勃朗早期作品和晚期作品的差别。在再现同一事物或行为时，艺术材料的使用也相当重要，如同用油画和水彩去画同一风景就会有很大区别。而不同的文化背景和艺术惯例则更体现了艺术的多元差异性。这些也更进一步表明了艺术绝不是对外在世界的转录、复制，而是一种"翻译"和创造性的转化。

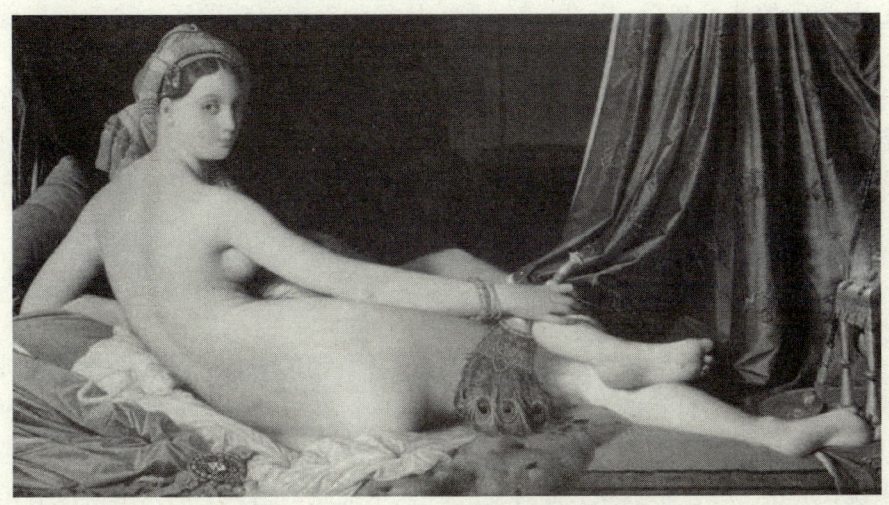

《大宫女》中修长的腰部是如此的摄人心魄

总体而言，再现理论对狭义的忠于自然的模仿论进行了令人信服的理论发展。它不再把艺术的评判权交给一个艺术品自身之外的外在事物，而是把外在的题材经由创造性的形式技巧转化为艺术品的内容，并把艺术的评判权内定于艺术品自身所具有的创造性，属于一种真正触及艺术本质的理论主张。

第二节　形神关系论

在比较中西艺术差异时有一种理论认为，西方艺术注重再现、写实，而中国艺术注重表现、写意。事实上，这种大而化之的比较对于说明中西艺术差异没有多大的意义。中西艺术因艺术理想、时代精神的不同既有注重再现写实的一面，又有着注重表现写意的一面。所以，中西艺术比较只有深入到具体艺术层面才有比较的可能。

再现理论中包含着两个要点：其一是感性经验的现实世界，其二是创造性的主体和创造性的技巧。再现理论恰是游走于二者之间，使二者保持一种必要的张力。其中感性经验的现实世界是艺术创作的基础和前提，而创造性的主体和技巧则能使得现实世界转化为一种艺术世界。在中国文化中，前者被称为形的来源，后者被称为神的来源。依此来看，中国艺术中既存在侧重于形似、写生、以造化为师的艺术观念——以形写神，又存在着侧重于神似、以心源为师的艺术观念——以神写形。从理论上来定位的话，前者可以看作是一种中国式的再现理论。虽然，中国艺术中的形神关系和西方艺术中的再现理论有着很大的不同，不过就注重创造性的主体和注重形似而言，两者又有着差异中的相同性。这里，姑且把以形写神的理论看作中国式的再现理论，以期来表明中西艺术理论的相通性。中国式再现理论要处理的问题就是师造化与师心或者形神关系的张力问题。

一、以形写神观念辨正

一般而论，中国艺术更为注重胸中情感和意趣的表现，但这种主体精神的表现是建立在师法自然的基础上的。中国艺术恰在一种"外师造化，中得心源""形神兼备""似与不似""惟妙惟肖"的张力中呈现了中国艺术的民族特色。如果说，形是一种艺术具象，而神是一种艺术抽象的话，中国艺术既没有走向具象的一端也没有走向纯粹几何抽象的一端，而恰是在二者的辩证关联中确立了自身的艺术天地。正如有学者指出的："在抽象与具象的二极之间，中国艺术找到了自己的表现天地，当然这个天地是受两极同时控制的，它不可能把全身心献给任何一极。所以人们可以看到中国艺术既没有对视觉的破坏达到极端的地步，也没有对抽象观念的热衷到了纯粹数学化的地步。"①

在造化与心源、形与神、似与不似、肖与妙的辩证关系中，前者绝不是一个可有可无的方面，而是艺术精神得以彰显的基础。"身即山川而取之"（郭熙）、"到处云山是我师"（赵孟頫）、"吾师心，心师目，目师华山"（王履）、

---

① 冯晓：《中西艺术的文化精神》，上海：上海书画出版社，1993：203。

"搜尽奇峰打草稿"（石涛），这些名言都表明了感性经验的现实世界在艺术创作上的重要性。

明代王履的《华山图册》体现了作者"吾师心，心师目，目师华山"的创作观念。

按照中国文化的概念，我们可以把感性经验的现实世界看作是"形"的来源问题，而所谓"求形似"就是要对感性经验世界进行创造性再现。虽然中国艺术的主要审美标准是传神，但对于如何传神，不同的艺术家则有着不同的看法。其中，"以形写神"的艺术观念讲的即是在保持艺术面貌与外在对象一致性的同时如何呈现艺术家的创造主体性问题。所以，在中国艺术上，再现艺术实际上就是如何做到"以形写神"的问题。

"画，类也""画，形也"，从最早对绘画的释名不难看出中国艺术和感性经验世界的密切关联。《韩非子·外储说左上》里就说，绘画中，最难画的是犬马，因为有一个可以参照的外在对象来看你画得好还是不好；而最容易画的是鬼魅，因为鬼魅是想象出来的，没有一个外在对象来看你画得好与不好。这里实际上强调的就是绘画的形似问题。而"以形写神"命题的提出，更加集中地阐明了这种艺术观念。

东晋画家顾恺之虽然注重人物画的"传神写照"，但他认为这种传神是建立在形的基础上的，所谓"形具而神生"（荀子语）。所以，顾恺之对形似也

极为注重,并在一篇谈论摹拓妙法的文章《论画》①中明确提出了"以形写神"的命题:

> 人有长短,今既定远近以瞩其对,则不可改易阔促,错置高下也。凡生人,亡有手揖眼视而前无所对者。以形写神而空其实对,荃生之用乖,传神之趋失矣。空其实对则大失,对而不正则小失,不可不察也。一像之明昧,不若悟对之通神也。

关于这段话,历来有两种解释,一种是说顾恺之在这里否定了以形写神,因为形对传神意义不大,所谓"四体妍蚩,本无关于妙处"(语出《世说新语》和《历代名画记》)。其意是说人的形体是无关紧要的,那些试图通过形来写神的人由于过于去描绘形体,而忽视了眼睛注视所对应物的神态,最终导致了作品无法传神。另一种是说顾恺之在这里肯定了以形写神,因为传神的基础是形,所谓"四体妍蚩,本无阙少"(语出《晋书·顾恺之传》)。其意是说绘画要做到以形写神,如果忽视眼睛注视所对应物的神态,就会导致以形写神的失败。可见,不管是哪种解释,"传神写照"都是顾恺之最为推崇的。分歧在于,顾恺之到底是提倡在注重形体刻画的基础上来传神还是不注重形体刻画来传神?从东晋当时玄学的发展和注重形似的艺术风尚来看,顾恺之所说的传神应该是建立在形的基础上的传神。

言意之辨一直是玄学的主题。王弼在《周易略例·明象》就提出了"夫象者,出意者也"和"寻象以观意"的命题。"象"在这里既指的是外在世界的客观形象,又指的是对客观形象的摹写比况(即像)。王弼在这里已经把"象"看作了把握"意"的一个重要前提。到了郭象那里,象的地位进一步提升。在王弼那里,"有"生于"无","无"是有之上更高的本体。但郭象则认为"无"并不是"有"之上的一个更根本存在,"有"不需要"无"来生成,"有"是"自生"的。也就是说,万物的"有"就已经是本体了,而"无"并不在万物的"有"之外。郭象再三讲到"物"之"自生""自造""自得""自然""自尔""自建",其目的即在于揭示"无""有"不二,"道"在"物"中。根据这种玄学观念,艺术观念上在形的基础上的传神也就顺理成章了,因为神就在形中。正如宗炳《画山水序》言:"神本亡端,栖形感类,理入影迹,诚能妙写,亦诚尽矣。"其意就是说神只能栖居在形之中,理也只能在影迹中,这样才能画出美妙的作品。

---

① 唐代张彦远以《魏晋胜流画赞》作标题,为误植。

事实上，顾恺之本人就极为注重在形的问题上作创造性处理以达到传神的目的。顾恺之《论画》谓："小列女，面如恨。刻削为容仪，不尽生气。"其意并不是否定形似，而是批评那些仅仅耽情于形似的作品。顾恺之的意思是要求人不为形似所局限，而应去呈现神遇之形或聚神之形，最终达成形神相融的生气之全貌。更有力的证据是顾恺之在《论画》中评价卫协画说："美丽之形，尺寸之制，阴阳之数，纤妙之迹，世所并贵。"这里，顾恺之明确提出了形神并贵的观念。正因如此，《世说新语》记载顾恺之在给裴楷画像时，特意在裴楷脸颊上增添了三根毛，从而达到了"如有神明，殊胜未安时"的审美效果。他在画谢鲲的时候，为了传达谢鲲爱好山水的气质，特意把谢鲲安放在丘壑的环境之中。这都表明顾恺之本人是非常注重通过外在形象来表现人物的整体精神风貌的。如果形体没有画好，即使是丝毫的差错，所谓"荃生之用乖"，那神的传达也就失去了基石。所以顾恺之在谈摹拓妙法的文章中还说："若长短、刚软、深浅、广狭与点睛之节，上下、大小、醲薄，有一毫小失，则神气与之俱变矣。"郑为先生在评价顾恺之的《女史箴图》时就说："《女史箴图》以西晋张华《女史箴》为主题，一题一图的形式，表现了当时贵族妇女的生活真实。从这个画卷可以看出，讲究神韵的顾恺之具有惊人的写实能力。"①

形神兼备的顾恺之作品《洛神赋图》（局部）　宋摹本

---

① 郑为：《中国绘画史》，北京：北京古籍出版社，2005：95。

从整个魏晋南北朝的艺术实践来说,"存形莫善于画""巧构形似之言"可以说是一种时代潮流。关于这种注重形似的艺术时尚,刘勰在《文心雕龙·物色》概括道:"自近代以来,文贵形似,窥情风景之上,钻貌草木之中。吟咏所发,志惟深远,体物为妙,功在密附。故巧言切状,如印之印泥,不加雕削,而曲写毫芥。故能瞻言而见貌,即字而知时也。"谢赫《古画品录序》中提出的六法中,"应物象形"和"随类赋彩"也是创造性形似的问题。正是在注重对外在对象进行"巧构"的过程中,晋、宋时期出现了中国历史上最辉煌的状物山水诗。谢灵运的"白云抱幽石,绿筱媚清涟"、谢朓的"余霞散成绮,澄江静如练"、何逊的"林密户稍阴,草滋阶欲暗"等名句无不出于一种对自然的创造性再现。读这样的诗,确实能给人一种"诗中有画"的优美意象。

二、形与神的张力

在中国艺术的形与神的张力中,根据张力的重点可以把形神关系划分为两种类型:其一是以形写神,侧重形似的地位,它以中国早期绘画以及宋院体画为代表;其二是以神写形,侧重神韵、意态的地位,它以宋元文人画为代表,本书将其归于表现范畴将在第四章具体阐述。应该说,这两种类型都存在形与神两个方面,最理想的状态是去做到形神兼备、"形神相亲"的完美统一。但具体到艺术实践中,不同的艺术家对于形神的地位会各有侧重。对于中国的再现艺术来说,讲究的是以形写神,侧重在形似的基础上追求摹拟之真趣。

中国艺术对形似的注重在北宋院体画中得到了极致的张扬。如果说北宋"熙宁变法"之前的艺术风气在于刻意描绘的话,"熙宁变法"则使得花鸟画变琐碎、呆滞的诸黄之体为系统、灵动的新画格,从而使以形写神的绘画主张得到了进一步发展。"熙宁变法"除了是出于对黄氏体制变革的考虑外,还受到了理学格物穷理观念的影响。穷理需格物的观念进一步催生了艺术家对绘画形似的重视。不过他们心中的形似不是黄氏体制下的零碎和单调,而是有意识地把绘画之形整合到一个生动活泼的有机整体之中,呈现一种理学家程颐所说的"脱然有贯通处"。这一点早在五代的荆浩那里就得到了宣扬。荆浩在《笔法记》中对"画者,华也"的只重形似的绘画之风曾经做过批评,认为这是一种"似者,得其形,遗其气"的不良风气。荆浩进而提出了"画者，画也，度物象而取其真"的绘画主张，要求艺术家在物象的基础上去创造性呈现自然造化的"气质俱盛"的生动画面。荆浩这里的真与气，实际就是指事物的本性或者本质，是大自然的本来面目。亚里士多德要求艺术家发挥创造性去体现事物的规律和普遍性，荆浩则要求艺术家"肇自然之性，成造化之功"，去发挥创造性，透过事物的表象领悟宇宙自然的"物象之原"。这种"物象之真"和"物象之原"就是自然万物的规律和普遍性，即大自然气韵生动的本质性根源境地。

所以，"熙宁变法"中的崔白、崔悫、吴元瑜等人的画风一方面保持了对画面物"形"的准确刻画，同时在这种形似中又讲究去把玩其物"理"，注重绘画形象之间的万千意态，去"曲尽物态之妙"。如崔白的《双喜图》不但活灵活现地画了两只喜鹊和一只野兔，而且使得三者之间形成了一幅戏剧性的画面。其中一只喜鹊对树下有可能侵犯自己的野兔据枝俯向鸣叫示威，另一只喜鹊则飞来助阵。受惊吓的野兔则伫足回首张望，显出机警的眼神。三者之间形成一种紧张动态的呼应关系，构成一种好似弦正绷紧的弓箭造型。在此戏剧性的紧张关系中，树木和竹子的枝叶、杂草也有力地在摇晃，为画面增添了更加逼真生动的气氛。张怀在《山水纯全集》后序中对这种绘画观念总结道："人之合于画，造乎理者，能尽物之妙，昧乎理则失物之真。"这说的就是要求艺术主体发挥个人创造性"以理观物"，以求真妙兼备。

院体画渐趋衰退后，宋元文人画意趣开始成为中国绘画的主流。形神关系发展到宋元，形神的张力倾向于注重神韵、意趣，形神关系开始转为"以神写形""离形得似"。宋苏轼说："论画以形似，见与儿童邻。"元倪瓒谓："仆之所谓画者，不过逸笔草草，不求形似，聊以自娱耳。"这些说法本是为了突出绘画应该写胸中意气，并不是一定要放弃形的地位。但有些人在这方面走得过远，以至于对形完全轻视，导致意趣没有着落。

为救此流弊，明初王履对重意轻形、离形得似的观念进行了反拨，对形似的地位进行了高扬。他在《重为华山图序》中写道："意在形，舍形何所求意。"因为"形尚失之，况意"，所以王履批评了那种只停留在纸上临摹古人画作而不到自然山水中去写形图貌的画家，说他们的作品是"愈远愈伪"。所以，王履提出"吾师心、心师目、目师华山"。艺术家只有走出书斋，置身于活泼的大自然中，去赏玩瞬息万变、生动万千的造化，才能幻化出笔下的神奇。

崔白《双喜图》：喜鹊与喜鹊之间以及喜鹊与野兔之间形成一种紧张呼应的趣态。

清代邹一桂在《小山画谱》中也强调了绘画形似的意义。他说："譬如画人耳目口鼻须眉，一一俱肖，则神气自出，未有形缺而神全者也。"他对苏轼提出的"论画以形似，见与儿童邻"的说法提出了批评："此论诗则可，论画则不可。未有形不似而反得其神者。此老不能工画，故以此自文。"此可谓中国形神理论的总结之言。

顾炎武在《日知录》云："不似则失其所以为诗，似则失其所以为我。"可见，虽然大多数中国古代艺术家，特别是士人艺术家或多或少有着轻形重神的艺术倾向，但认为艺术要对外在感性经验世界进行创造性模仿的人也大有存在。再现和写实的艺术观念一样能在中国艺术中找到对应的位置，其并非是西方艺术所特有。二者共同点都是通过创造性的技法、形式去再现物象，以把握事物的普遍性；二者的差别，一方面是中西方再现艺术的技法、形式和艺术媒介不同，另一方面是中西方关于事物普遍性的理解不同。西方再现艺术侧重去把握一个数的"逻各斯"宇宙，偏于科学、理性的普遍性秩序，而中国再现艺术侧重去把握一个气韵生动的宇宙，偏于心灵的剪裁与整全生命的本质性超越。

第三节 再现与审美幻觉

再现艺术以感性经验世界为基础，配合人的视觉、心理需要营造了一种与现实事物外表相似的①但又更具艺术真实性的艺术世界。当人在观赏再现艺术时，极易在一种现实真实性和艺术真实性的虚实相生效应中，产生一种仿佛真实、真假莫辨的审美幻觉（illusionism）。这种审美幻觉极大地激发了人的想象力，给生命情感带来了诗化的沉醉。"扮假作真的奇迹是一个充满希望的基础，我们驻足其上来解释再现艺术——它们的力量、它们的复杂性和多样性、它们丰富我们生活的能力。"②

---

① 虽然相似性理论不是模仿论的充分必要条件，但在传统图像再现中，相似性依然是理解再现很重要的一个方面。这种相似性不同于忠于自然模仿论的抄录，而是与想象力紧密关联的。从分析美学角度说，X 再现 Y，意思是 X 指示（denotes）Y，并且观者也能意识到 X 意图指示 Y。同样，虽然当代西方一些分析美学家也对幻觉论提出过批评，但我认为，审美幻觉可能并不出现在所有再现艺术审美中，但它能在大量的再现艺术审美中出现则是事实。

② [美]肯达尔·L. 沃尔顿：《扮假作真的模仿》，赵新宇、陆扬、费小平译，北京：商务印书馆，2013：88。

一、审美的太虚幻境

审美幻觉的理论根源可以追溯到柏拉图。不过,幻觉理论在柏拉图那里是一个消极意义,柏拉图认为正因为幻觉使得人远离事物的本质和真实。

柏拉图说:"从荷马起,一切诗人都只是摹仿者,无论是摹仿德行,或是摹仿他们所写的一切题材,都只得到影像,并不曾抓住真理。像我们刚才所说的,画家尽管不懂鞋匠的手艺,还是可以画鞋匠,观众也不懂这种手艺,只凭画的颜色和形状来判断,就信以为真。"①

正因如此,柏拉图认为模仿的艺术恰恰是对真理的背离,对神的亵渎,是"为醒着的人所做的虚假的梦"。在柏拉图看来,观众越是对荷马诗歌信以为真,荷马渎神的罪过就越严重。这种幻觉如同柏拉图在《理想国》中提到的"洞穴隐喻"。面壁的囚徒往往把洞壁的影像当成了真实,并为之鼓舞或悲伤。柏拉图是从知识论的角度来反对艺术的审美幻觉效应的,但这一理论却对后世再现艺术的美学性予以了启迪。

后世理论的发展恰恰是把幻觉的审美特征发掘了出来。在古希腊人看来:"艺术乃至高无上的成就,乃是以足以欺人的方式产生事物,使创作出来的假象酷似真实的模型……在悲剧中的情形,就跟在绘画中的情形一样,最伟大的艺术家,乃是最能引人入错,产生出似真而假的东西的人"。②

再现艺术的审美幻觉性可以通过中西方文化中的几则著名的故事得到更加广泛性的说明。先看纳喀索斯(narcissus)情结:

纳喀索斯是希腊神话中河神的儿子,长得美俊不凡。有一天,他看到了自己水中的影子,顾影自怜,并为这个水中幻影深深迷惑。于是,他终日面对湖面,欣赏自己的倒影,并彻底爱上了水中的那张英俊的脸,最终为自己的幻影憔悴不堪,香消玉殒。

再看皮格马利翁(pygmalion)效应:

皮格马利翁是个民间雕刻家,他想雕刻一个符合自己心意的女子,最后他深深地爱上了他所制作的雕像。于是,他请求维纳斯以这个雕刻为模型给他找一位新娘,女神就把这件冷冰冰的雕像变成了活生生的人。

中国文化中也有此类的故事。北宋隐逸诗人林逋酷爱梅鹤,隐居在杭州

---

① 柏拉图:《文艺对话集》,1963:76。
② [波兰]瓦迪斯瓦夫·塔塔尔凯维奇:《西方六大美学观念史》,刘文潭译,上海:上海译文出版社,2006:285。

西湖小孤山，以纵鹤植梅为人生快事。他一生无妻无子，终生与梅鹤"微吟相狎"，人称其"梅妻鹤子"。正是出于这种痴狂，他才写下了"众芳摇落独暄妍，占尽风情向小园。疏影横斜水清浅，暗香浮动月黄昏。霜禽欲下先偷眼，粉蝶如知合断魂。幸有微吟可相狎，不须檀板共金尊"这样的旷世名诗。

不管是纳喀索斯的自恋还是皮格马利翁与林逋的痴迷，他们都对一个影像产生了幻觉，而且深陷其中不能自拔。这种混同现实和影像的引人入错、真假莫辨的心理实际上就是再现艺术给人带来的审美幻觉心理。可以说，再现艺术之所以几千年不衰，在很大程度上应归功于这种审美幻觉的吸引力。

18世纪，审美幻觉成为美学理论的中心概念之一，对幻觉论的积极阐述在E. H. 贡布里希的《艺术与错觉》一书得到了集中阐发。贡布里希认为正因为艺术具有一种错觉或幻觉的力量，它才是其他事物所不可替代的。贡布里希认为，从心理学上来说，艺术幻觉的产生必须具备两个条件："一个条件是必须让观看者确知怎样填补遗留的空白；第二个条件是必须给观看者一个'屏幕'，即一块空白或不明确的区域，使他能向上投射预测的物像。"[①]

幻觉理论给艺术的朦胧性作了最好的诠释。西方再现艺术中的以透视为核心技巧的绘画中，各种技巧手段和模糊化处理都给审美幻觉的产生提供了条件。

针对透视绘画的幻觉性，布洛克指出："透视绘画从美学上说有如下几个好处：① 通过赋予观看者一个确定的空间位置，便使观看者有了一种参与或置身于其中的感觉，就好像自己是一个亲眼见证人一样；② 通过选择一个特定的'空间—时间'点，就使观看者感到，自己似乎置身于某一历史事件中的一个确定的时刻，它看上去就像是为这一事件拍下的快照。"[②]再现艺术的魅力恰在于给人营造了一种美轮美奂的审美效果。

荷兰版画家埃舍尔更是用审美幻觉再现了一个不可能的世界，它的透视法看上去是如此正确，只有更仔细的观看，我们才发现这样的空间结构不可能出现在我们这个世界中，在他眼花缭乱的艺术空间中，高低、上下、左右这些词语都失去了其意义。

中国艺术中"留白"的大量使用，也给观赏者提供了想象的空间，进而导致了虚实相映、真真假假的奇幻效果。如齐白石先生画的虾，就存有大量

---

① 贡布里希：《艺术与错觉》，1999：149。
② 布洛克：《现代艺术哲学》，1998：73。

的"留白"。欣赏者可以发挥自身的想象力去填补这些空白,去领略齐白石画面上似与不似的美妙效果。

埃舍尔的《瀑布》营造了一种令人眼花缭乱的审美幻觉

艺术家和观赏者正是在这种审美幻觉中让自身沉醉在艺术构建的美轮美奂世界中,去与艺术意象同命运、共呼吸,并在这种艺术的陶冶中,获得一种情感的贴切感悟和心理平衡。这种贴切感悟既可以是亚里士多德意义上的灵魂的"净化",也可以是庄子意义上的"物化"。在亚里士多德看来,观众在观赏悲剧艺术中,在心理上被艺术的魅力所感染,产生出一种情感的共鸣。他身临其境地经历着剧中主人公的不幸和灾难，并因这种对痛苦和灾祸的贴切感悟使得因观看悲剧引发出恐惧和怜悯之情得到净化。在庄子的梦境中，到底是庄子梦为蝴蝶还是蝴蝶梦为庄子已经是无法区分的事情了。在这种"物化"中，人超离了世俗世界而进入一个自由世界。不管是"净化"还是"物化"，都表明了再现艺术的幻觉审美效应。

人生是需要幻觉的，审美的幻觉不是一个科学的命题而是一个诗化的命题。从科学的角度讲，幻觉也许带有虚妄的色彩。但从诗化的角度看，幻觉何尝不是生命体验的有机构成。人都是会做梦的，弗洛伊德认为艺术家则是在做"白日梦"。通过艺术的梦境，生命之流得以宣泄和净化，得以超越个体去同情地感悟他人、感悟世界。在审美幻觉中，人涤除了科学实用的人生态度，进入一个生命体验的梦幻朦胧之境。在那里，生命之流在摩荡，在沉醉，在同情，在感受着人生在世的诸多经验。曹雪芹说："满纸荒唐言，一把辛酸泪。都云作者痴，谁解其中味。"只有在审美的幻觉中，我们才能撕开人生的表象，直抵人生的太虚幻境。

二、幻觉的心理距离

再现艺术的审美虽然呈现为一种幻觉的获得，但是，这种幻觉的获得必须有一种审美距离来予以保证，这就是前引布洛克说的幻觉的营造需要"通过选择一个特定的'空间—时间'点，就使观看者感到，自己似乎置身于某一历史事件中的一个确定的时刻"。从空间距离来说，一定的空间距离有利于幻觉的形成，如西方的焦点透视的焦点就有利于幻觉的形成，再如人们喜欢说的"这山望着那山高""生活在别处"等俗语也是体现了这一原理；就时间距离来说，历史或未来的艺术题材也往往因其距离而更容易引起美感。如古代的陶器和青铜器，正因为时间对其实用性的洗涤，遂成为后人不断回望的艺术精品。总之，恰当的时空距离能让人摆脱日常生活和纯粹技巧的纠葛而进入"惟妙惟肖""若即若离""不即不离""真真假假"的审美体验。

距离是一种物理时空状态，更是一种心理的时空状态，即一种"心理距离"（psychical distance）。所谓心理距离，指的是与现实时空保持适当距离的心理时空状态。如果没有适当的心理距离，就可能无法产生艺术情境或者混淆艺术情境和现实情境的区别而带来一些问题。心理距离过远，表明你根本没有一种进入艺术对象的心境，艺术情境自然无法进入你的心灵，审美更无从谈起。如一幅你漠不关心的风景画，是无法引起人的审美心理的。心理距离过近，艺术情境和现实情境混同为一，导致审美幻觉无法产生，审美也无从谈起。如当莎士比亚的《奥赛罗》上演时，就曾有人冲上舞台去阻止奥赛罗杀戴丝迪蒙娜；中国的《白毛女》在演出时，也曾有战士要拔枪射击舞台上扮演黄世仁的演员。这种就属于心理距离过近，无法真正入戏，也就无法产生审美幻觉。

亚里士多德就审美距离曾指出，怜悯和恐惧的对象既不能太亲近也不能太疏远。如观赏悲剧时，如果太亲近就只会产生恐惧而不会有怜悯；如果太疏远就不会产生恐惧。狄德罗认为，一个伟大的演员不应该是仅凭情感投入，而应该是一个冷静、安定的旁观者，能恰到好处的表演各种性格和角色。博克和康德的崇高论中，也是认为崇高经验得以产生的一个前提是外物不能真正地对人构成威胁。后来布洛在其著名的《作为艺术因素与审美原则的"心理距离说"》一文中对"距离说"进行了系统的阐发。布洛指出，当人在欣赏艺术的时候，距离不能太大，距离太大，主体与客体完全脱离关系，就引起不了审美经验。距离也不能太小，距离太小，主体与客体过分贴近，也引不起审美经验。"所以说，无论是在艺术欣赏的领域，还是在艺术生产之中，最受欢迎的境界乃是把距离最大限度地缩小，而又不至于使其消失的境界。"①这种最近距离而又没有丧失距离的最佳距离状况，就是布洛说的"距离的内在矛盾"。

布洛举了一个自然美欣赏的例子：海上航行的轮船遇上大雾，船上的人知道船极有可能出事，担心、焦虑自己的生命安全，因而所有的心思都在想着如何求生的问题，对身边眼前之景很少能产生美感；但如果人们能摆脱这种对潜在危险的恐惧，以爬山运动员不畏艰险的态度对待眼前所处的境遇，以欣赏的态度把周围的雾看作是层半透明的帷幕，则能使原来清晰的事物的轮廓变成一些奇形怪状的形象。在这种心态中，你将会观察到大气的负荷力量，处于一种如痴如幻的状态。你仿佛只要把手伸出去，就可以摸到远处能歌善舞的女怪。按照布洛的观点，正是距离使人（主体）成为审美的人（审美主体）。著名的英国海景画家透纳就有过这种体验。透纳为了更好地画好海景，经常让人把自己绑在船桅上去观察汹涌澎湃的海浪。当船上的水手们都

---

① [英]爱德华·布洛：《作为艺术因素与审美原则的"心理距离说"》，《美学译文》（2），北京：中国社会科学出版社，1982。

害怕时,他却在那里称赞着大海的神奇。

如果以一种"心理距离"来看俄国海景画家艾伊瓦佐夫斯基的《九级浪》,观察到的是骇浪、水雾、晨光、狂风共同交织成的一幅夺人心魄的梦幻画面。

布洛还举了一个艺术美欣赏的例子:一个丈夫在观看莎士比亚的《奥赛罗》时,距离太近就会让他把自己的生活世界和剧情联系起来而不会真的欣赏这出戏,因为个人会过多地介入舞台上的剧情。他就不会认为奥赛罗显然是被戴丝迪蒙娜出卖,而会感到是他自己与自己的妻子处于类似的境地。如果距离太远,个人就会对剧情完全处于漠不关心的冷漠状态,无法对剧中人物投入情感。所以布洛认为,由于专家和职业评论家们在观看戏剧时过多注重戏剧的技巧,距离太远,往往很难去与剧中人物共振共鸣,故都是很糟糕的观众。

中国古代诗人郭六芳在《舟还长沙》诗中云:"今日忽从江上望,始知家在画图中。""我们天天看得见的事物比较难以引起美感,就因为它和我们的'距离'太近,所带的实用的牵绊太多。"①由于诗人终日和家居环境相伴,距离过近,因而没有体会到家居美境。突然某一天,诗人以一种恰当的距离

---

① 朱光潜:《文艺心理学》,1996:30。

来观看自己的家时，一种美感就油然而生了。这时候的家居环境就不再是客观实用的一个居所，而成为了一卷美妙图画。确然，我们经常为了自己的营生在不断地忙碌颠簸，心中考虑的都是升官发财的事务，却忘记了停住自己前行的脚步来打量这个世界。若有那么一刻，我们突然把世俗的尘事抛到一边，以一种距离感来观看周边的一切，就会发现平素不打眼的事物陡然变得多姿多彩。若非一段距离，我们怎能体悟到"碧云天，黄叶地，秋色连波，波上寒烟翠"的美妙；若非一双慧眼，我们怎能在乔尔乔内《沉睡的维纳斯》前感到那上天赐予的生命会是如此的宁静悠闲，是如此的与宇宙韵律和谐一体；若非一段闲情，我们怎能在崔白的《双喜图》中玩赏鸟兔之间的相互呼达、自然之中的奇妙天趣。苏轼在《记承天寺夜游》中云："何夜无月？何处无柏竹？ 但少闲人如吾两人耳！"李渔在《闲情偶寄》中说："若能实具一段闲情，一双慧眼，则过目之物，尽在画图，人耳之声，无非诗料。"苏轼和李渔说的都是"心理距离产生美"这一命题。

南宋法常作品《远浦归帆图》，有陶潜《归去来兮辞》中"舟遥遥以轻飏，风飘飘而吹衣"之意境。远浦归帆实乃生活中一大平常事件，但艺术家却以审美距离在这一寻常事件中见出了生命的诗意。

西方马克思主义创始人卢卡契说："艺术的效果，即接受者沉浸于作品的行动中和完全进入作品的特殊世界中，全都产生于这样一个事实，即艺术作品以其特有的品质提供了一种与接受者已有的经验所不同的对现实更真实、更完整、更生动和更动态的反映,并以接受者的经验以及对这种经验的组织和概括为基础引导他超越自己的经验界限,达到对现实更具体的深刻洞见。"[1]可见,再现艺术正是在真实与幻觉的张力中,显现了自身的魅力。人们正是在似真似幻的再现艺术中,一次次真切地体验着那些永不消失的历史记忆。

归纳而言,再现论总结了艺术现象中的如下内容:

(1) 艺术的题材源于经验世界。

(2) 艺术品的内容为一种对经验世界进行了创造性转化后而形成的具有普遍性的艺术符号世界。

(3) 创造性转化出自艺术家主体以及多种技巧的灵活运用。

(4) 不同历史文化、惯例对创造性再现技巧以及事物普遍性等方面有着不同的理解。

(5) 再现艺术因一定的距离给人呈现为一种审美幻觉效应。

这里,再现论虽然以艺术品和世界为核心艺术要素,但艺术家、欣赏者要素依然在其中占据一席之地。

本章谈的再现主题都是围绕着艺术对经验世界的创造性模仿展开的。但艺术的再现却不仅仅限于外在的真实世界,还有一个现实中并不存在而又具有"真实性"的超现实世界。艾布拉姆斯说:

> 人们对理想中的特殊自然——即宇宙万物中被认为适于艺术模仿的那些成分——作了种种描述,然而描绘方式虽多,却不外乎两种主要类型。第一类是关于艺术理想的经验主义理论,以亚里士多德的《诗学》为代表;这种理论认为,艺术所模仿的各种原型和形式,是根据感知对象选择或提取出来的。另一类是先验主义理论,它源自柏拉图,更准确地说,是源自柏拉图以后的哲学家,他们的美学理论部分也是以柏拉图的文艺对话为材料拼凑而成的。这种理论认为,恰当的艺术对象是理式或形相,它们也许可以通过理念世界的途径而获得,但最终却是超越经验之上的,独立存在于它们自身的理想空间之中,只有心灵的慧眼方能触及。[2]

---

[1] [匈]卢卡奇:《艺术与客观真理》,见《文学批评理论——从柏拉图到现在》,北京:北京大学出版社,2003:54。

[2] 艾布拉姆斯:《镜与灯:浪漫主义文论及批评传统》,1989:49-50。

所以，模仿除了对经验世界进行再现外，还能对亚里士多德意义上的"传说或者设想中的事"和艾布拉姆斯意义上的"超越经验之上的理想空间"进行再现。这是一种关于超验世界的模仿论。

下面我们就由艺术对经验世界的再现转入艺术对超验世界的再现也就是艺术象征的论题。

第三章 象 征

> 就我们的心灵而言,除了运用物质手段,不可能进行复制,也不可能观照神明。对有思想的人来说,感觉到的美是不可见的美的影像。嗅到的芳香是理智的反射,物质性的光是非物质性光源的影子。
>
> ——伪狄奥尼修:《狄奥尼修书》

西方模仿理论发展到中世纪出现了一种新的理论主张,在教父哲学家伪狄奥尼修、圣奥古斯丁等人看来,如果艺术在模仿,就应当去模仿那不可见的世界,因为这个世界不仅永恒,而且比可见世界要更为完美。"如果艺术一定要把自己局限在可见世界的上面,那么就让它在其中探索永恒之美的踪迹好了。而欲达到此目的,与其透过实在之直接的再现,莫如借助于各种象征。"[①]所以,对超验世界的再现实际就是一种艺术象征论(symbol)。

第一节 象征释义

在艺术理论中,象征的含义是不断变化的,象征艺术的类型也多种多样。再现象征艺术、表现象征艺术、抽象象征艺术等都具有象征的美学风格。再现艺术的象征不同于以内心精神世界和抽象的概念世界为内涵的艺术象征。西方的象征主义艺术流派往往以艺术去象征或隐喻内心的精神世界,其象征内涵指涉的是人类难以言传的内在精神和欲望,属于一种表现象征艺术。而抽象艺术象征则把艺术指向一个抽象的玄理。再现艺术的象征和表现艺术、抽象艺术不同的是,再现艺术的象征世界不是主观的心灵世界也不是抽象的玄理,而是具有感性色彩的客观唯心世界或神性信仰世界。

---

① 瓦迪斯瓦夫·塔塔尔凯维奇:《西方六大美学观念史》,2006:277。

西方再现艺术象征说的出现源于新柏拉图主义对柏拉图模仿理论的发展。在柏拉图那里，因为模仿艺术作为"摹本的摹本"和真理相隔较远，所以艺术是有碍于真理的探寻，因而受到了柏拉图的轻视和反对。到了新柏拉图主义者那里，艺术在探寻真理方面地位开始上升。

新柏拉图主义者普罗丁对柏拉图的模仿论等级进行了改造。在柏拉图那里，作为理念第一级模仿层次的自然要高于第二级模仿层次的艺术。普罗丁则颠倒了这种地位，他认为自然对理念世界的模仿是不自觉的，而艺术家的模仿却是一种自觉的心灵活动。而在普罗丁那里，正如美国当代艺术史家罗伯特·威廉姆斯所评述的那样："艺术创作事实上是一种对自然或神的创造的再演绎——其结果，也就是艺术品，是一种象征。"①普罗丁说："假如有人贬低艺术，说艺术的创造不过是摹仿自然，我们要首先回答：即使自然的造物也是摹仿另一种存在；再则，应该知道，艺术也决不是单纯摹仿肉眼可见的事物，而必须回溯到自然事物所从出的理念这一根源。"②所以，在普罗丁那里，艺术模仿说不再是对感性经验世界的模仿，而是对不可见的神的世界的模仿。也就是说，艺术是对理念世界或者神的世界的象征性显现。这就是说，艺术的模仿不再是和真理隔膜了两层，而是直接能启示真理、显现真理、溢出真理。

一般而言，艺术上的象征包含三个要素，一是艺术品的感性形式本身；二是这一感性形式所蕴含的意义象征世界；三是感性形式与意义象征世界之间形成的习惯性关联。可以说，艺术品与象征世界经由约定俗成之惯例而非相似性来建立联系，是象征理论与再现理论的最大区别。借用语言学家索绪尔的观点，第一个要素是符号的能指，即艺术品感性形式自身；第二个要素是符号的所指，即艺术品符号指向的意义，主要为一种文化意义；第三个要素是能指与所指之间约定俗成的关系。能指和所指是符号（symbol，和象征同义）的一体两面，所以，象征实际也是艺术品感性形式和所指意义的一体两面。黑格尔就说："象征一般是直接呈现于感性观照的一种现成的外在事物，对这种外在事物并不直接就它本身来看，而是就它所暗示的一种较广泛较普遍的意义来看。"③迪基对象征的定义则为："某物是一种象征当且仅当对某个人或者某个群体来说此物以某种确定的方式表示另一其他的事物，并且该

---

① [美]罗伯特·威廉姆斯：《艺术理论》，北京：北京大学出版社，2009：29。
② 缪灵珠：《缪灵珠美学译文集》第1卷，北京：中国人民大学出版社，1987：251。
③ 黑格尔：《美学》第二卷，1979：10。

物（象征符号）没有描述或描绘出另一物（被象征物），其间能指和所指的关系要比自然信号能指和所指的关系复杂。"①

在艺术的象征中，虽然符号的能指和所指之间具有复杂的、多重的意义关联，但在特定的文化背景和特定的领域中，能指和所指的关联又是可以约定俗成的。索绪尔说："象征的特点是：它永远不是完全任意的；它不是空洞的；它在能指和所指之间有一点自然联系的根基。象征法律的天平就不能随便用什么东西，例如一辆车，来代替。"②在象征艺术那里，艺术家通过艺术品意图来表示其他事，而且读者经由习惯性联想也能通过艺术品认识到它意图表示的其他事。象征可以在感性形象和所象征的意义之间建立习惯性的联系而使得象征固定化。如宗教象征就往往如此，具有较为固定的象征内涵。这种习惯性关联只有在深入了解了不同的文化历史后，才能够得到昭示。所以，象征理论和再现理论一样，都与不同的文化历史有着紧密关联。

中国文化中的象征理论可以追溯到《周易》的"立象以尽意"观念。"意"作为不可见的意义世界，只能通过具有象征性的"卦象"来予以把握。这种"象"和"意"的关系实际就是一种象征关系。故王弼在《周易略例·明象》里说："触类可为其象，合意可为其征。"南宋罗愿在《尔雅翼》里对象征下过一个界说："形著于此，而义表于彼。"这种"立象以尽意"的对天地人生之道的开显方式，为后世把"易象"转化为艺术"意象"奠定了哲学基础。而中国艺术精神正是通过感性的意象去开启不可见、不可言说的天地人生之形而上境界。以此为思维模式，中国文化中也出现了一种以感性的艺术符号之象去传达一种符号背后的宇宙观念的象征艺术，体现了艺术符号与象征意义之间独特的双重艺术关联性。

就再现艺术的象征来说，其象征所指向的是一个超验性的、具有感性形态的意义世界。这个可感性的超验世界可以是文化早期的神灵世界，可以是宗教世界，还可以是准宗教性的世界（如儒家礼制世界中的天象信仰世界）。神灵世界、宗教世界和天象信仰世界虽然都有着超验的性质，但它们超验却并不抽象，都有着自身的神谱和秩序，是一种可感性的超验世界。这个可感性的超验世界，从根本上来说，它还是源自于对感性经验世界的构造。从这

---

① George Dickie: *Introduction to Aesthetics: An Analytic Approach*, New York: Oxford University Press, 1997: 108.
② [瑞士]索绪尔：《普通语言学教程》，高名凯译，北京：商务印书馆，1980：104.

个意义上说，再现艺术的象征理论是模仿理论的变形而已。

　　本章对象征艺术的说明，不是针对所有象征艺术，而主要围绕着再现艺术的象征进行。故下文主要围绕着神灵世界、宗教世界和儒家礼制世界中的天象信仰世界来看一下艺术是如何通过其感性形式来象征宗教神性世界的。相应地，再现的象征艺术也可以主要分为早期象征艺术、宗教象征艺术和天象信仰下的王权象征艺术。

第二节　早期艺术象征：神性的显现

　　人类刚出现时，在与自然打交道的过程中，对自然界的一些现象无法从理性上得以解释，于是就产生了一种对自然的恐惧之心。在恐惧的心态中，人类开始把自然当作一种膜拜的对象，认为那是一种神的力量。于是，自然在早期先民的眼中是一种神的化身，因而，在他们心中形成了一个想象的神灵巫术世界。为了从神那里得到庇佑，为了达成与神的交流，上古人类的一些艺术活动就变成了一个和神、巫术密切相关的活动。他们的艺术活动也成了一种对神性世界的模仿，是神性的显现。

　　在古希腊观念中，诗人是神的代言人，是神灵附体的。因而诗人的活动就成了一种对神的模仿。柏拉图在《伊安篇》就指出："诗歌本质上不是人的而是神的，不是人的制作而是神的诏语，诗人只是神的代言人，由神凭附着。最平庸的诗人有时也唱出最美妙的诗歌。"①在柏拉图看来，诗人的迷狂和巫师从事巫术活动的迷狂是相似的，都源自于一种神灵附体，都在传达着神的声音。在中国早期艺术中，对神灵巫术世界的再现尤其明显。

　　与世界文化相似，中国早期文化也呈现为一种巫术形态。除了日常劳作之外，巫术成为了早期人类最为重要的一种文化活动。《说文解字》云："巫，祝也。女能事无形，以舞降神者也。象人两褎舞形，与工同意。"这说的是巫通过舞蹈来与神相通，以此去把握那个超验的神性世界。《尚书·舜典》亦云："诗言志，歌永言，声依永，律和声。八音相克，无相夺伦，神人以和。夔曰：於！予击石拊石，百兽率舞。"这说的也是通过诗、歌、乐、舞合一的巫术活动去达成人神交流。这表明，人类早期的文化活动往往都打上了巫术

---

① 柏拉图：《文艺对话集》，1963：8。

活动的烙印，承载了与神灵巫术世界沟通的功能。所以，对早期的艺术品的理解，除了从日常生活经验角度（即"羊大为美"）外，还应该从当时的巫术思维角度（即"羊人为美"）来予以理解。①

从出土或发现的中国早期艺术品来看，原始岩画、彩陶纹饰、玉器、青铜器等都有着神性的象征功能，都是原始人想象的神灵巫术世界在艺术上的反映。当我们面对着早期那些神秘而抽象的艺术符号时，往往生发出一种敬畏之感。这种敬畏既源于那古老艺术的线条和造型，又源于这种古老艺术所呈现出的一种神秘意蕴。下面仅围绕着中国早期艺术的两大艺术高峰（以原始彩陶和夏商青铜器为例）来看一下早期艺术品的神性象征。

一、彩陶：神灵的在场

彩陶是中国原始社会最重要的器皿，承载了中国文化的丰富信息。陶器加"彩"体现了古人对器物有意识地进行艺术构造，有着特殊的审美意蕴。彩陶艺术构造的过程是先制坯，待半干时绘制图案，然后再烧制。这种工艺使得彩陶与彩绘陶器不同，也使得彩陶图案得以长久的保留。

彩陶是原始巫术活动中的祭天之器，其本身就是一种贯通天地、人神的法器。彩陶上面所绘的纹饰更是具有极强的象征功能。从出土的彩陶来看，彩陶纹饰的种类繁多，图案丰富，主要有植物纹、动物纹、人物纹等。植物纹以稻穗纹、叶纹、谷纹、花纹、树纹、荚实纹等居多，动物纹以鸟纹、蛙纹、鱼纹、鹿纹等居多，人物纹以人面纹、舞蹈纹等居多。从彩陶纹饰的艺术形式上来看，主要分有具象写实和几何抽象两种。

由于彩陶本身蕴含信息的丰富性和复杂性，故可以从多个角度对彩陶进行理解。这里主要围绕着彩陶纹饰的神性象征功能来展开。

先看一下具象写实形式的纹饰。彩陶纹饰中有很多是直接绘有具体的动植物形象，这些动植物形象的绘制一方面应该是源于古人对自己生存环境的一种认识，另一方面又应该有着对神灵巫术世界的象征功能。按照原始巫术

---

① 因对象形"美"字的不同解读，美学界对中国文化美的起源有着"羊大为美"和"羊人为美"两种典型说法。笔者认为这两种起源说并不矛盾，因为美的起源往往是多种因素（应该不限于这两种）形成的。从历史现实和逻辑来说，审美意识应产生于祖先应对自然挑战寻求生存的活动之中。不管是注重生理需要或日常实用性的"羊大为美"，还是注重文化超越性的"羊人为美"都属于生存活动。当然，笔者同时认为正是巫术文化才真正赋予了中国艺术和审美的深层次的文化意义。

思维，神和人一样，生活在天上的某个地方，人和神能够经由一些神山（如昆仑山、葆山、灵山等）或者神树（如建木、若木等）登临天庭。但随着颛顼令重、黎"绝地天通"之后，人不能再通过物质性的途径登临天庭，于是人神交流的重任就落到了具有通神能力的巫师身上。许慎《说文解字》云："巫，祝也。女能事无形，以舞降神者也。象人两褎舞形，与工同意。"巫师一方面具有特异功能，另一方面还可以借助一些神兽、图腾来辅助自己通天。于是，很多动物特别是像图腾一样的神性动物成为了原始人敬仰的对象。古人对自己生存环境中的某些动植物往往会产生膜拜心理，从而把这些动植物形象看作自身的庇佑神或图腾。所以，在祭天之器的彩陶上绘制这些动植物形象能够制造神灵在场的环境，就能更好地与自己的神灵进行沟通，以获取神灵的保佑。所以，彩陶纹饰上的很多动植物形象往往是部落或部落联盟的图腾象征。

如西安仰韶文化半坡遗址就出土有三种不同形状的鹿纹，其中著名的有四鹿纹彩陶盆。一般认为，鹿、鱼等曾是这里的图腾。1978年，在河南临汝阎村出土的用于丧葬的鹳鱼石斧纹彩陶缸，腹部绘有《鹳鱼石斧图》（或称鸟鱼石斧图），腹部左边画了一只高大肥硕、圆眼长嘴、两腿直撑的水鸟，它嘴上还衔一条大鱼；腹部右边则绘有一把被绳子缠绕的带柄石斧。从构图和远古彩陶纹饰的艺术象征性来看，这幅画表示的可能是以鸟为图腾的氏族合并或征服了以鱼为图腾的氏族，那柄石斧象征的则是氏族首领的权力。青海大通县还出土了一个仰韶文化时期的《舞蹈纹彩陶盆》，陶盆内侧绘有五人一组的舞蹈图案。这些人都是手拉手在那里舞蹈，但令人奇怪的是这些人的后面都长有一条小尾巴式的东西。一般认为，这些尾巴是因为这些人把自己打扮成自己图腾的样子在舞蹈，这正印证了《尚书·舜典》中所说的"百兽率舞"。原始人把自己打扮成图腾的样子就能在一种神灵莅临的气氛中，期盼神赐予来年五谷丰登。

另外，原始彩陶纹饰中最常见的形象有鸟、鱼和蛙三种动物。鸟、鱼和蛙是自然界生殖力很强的三种动物，因此也有人认为彩陶纹饰体现了古人生殖崇拜的观念。通过这三种动物的纹饰，古人认为能够给自己带来多子多福。不管是图腾崇拜还是生殖崇拜，都表明了彩陶纹饰具有一种对神性的象征功能。它通过自己的感性形式去实现与图腾、生殖神的接触互渗，从而获得一种神的庇佑与祈愿。

象征图腾与权力的《鹳鱼石斧图》彩陶缸　　　　　《人面鱼纹盆》

　　再看一下几何抽象形式的纹饰。除了具象写实的纹饰外，彩陶上还绘有很多抽象化的几何线条纹饰，如 S 形、Z 形、W 形、三角形和圆形等。这些几何纹饰往往经历了一种由具象写实图案到几何线条纹饰的抽象化历程。如半坡型彩陶中鱼体现了艺术的抽象化之路：一条完整的鱼，慢慢地变形，头尾缩小、消失，身躯线条逐渐转为几何图形。1955 年出土于陕西西安半坡村的一个内壁绘有人面鱼形纹样的彩陶盆距今已六千多年。这是新石器时代仰韶文化的先民所制，其图案应为巫师的面具形象。彩盆里的人面为圆形，而极为简单的两条黑线和一个倒"T"字生动地勾勒出了人的双眼和鼻子。人的头顶、嘴边和两耳边上都绘有带排刺的长三角，应当是头饰或者挂饰之类的东西，但这些东西却极像简化、抽象化了的鱼。另外，在人面的下方，还单画了一条较具象的鱼，交叉的直线使得鱼鳞很清晰。这说明鱼在当时确实是一种与他们生活最相近的生物。而且他们开始用一种特殊的方法即抽象来描绘人的形象了。圆形、三角形、曲线等几何形体对人面的构成，使得这个人面显得极有深意，它把人们带入了神秘感的原始艺术抽象之中。对这一寓意颇深的图形，学术界众说纷纭，这里明显地透出一种中国艺术由具体形象向抽象图案的演化历程。

　　马家窑文化马厂类型中的《蛙纹彩陶罐》　　马家窑文化马厂类型中的《蛙纹彩陶双耳罐》

　　具象向抽象的转化一方面源于早期人类艺术符号创作过程的变化，另一方面，是源于一种宗教心理的自觉选择。可以说，早期的艺术符号化过程往往与外界的物象具有密切关联，故大多呈现为具象艺术形态。但随着时间的推移，模仿逐渐摆脱外界物象的限制，而更多转向一种对以前艺术符号自身的模仿。这样，必然导致艺术创作过程中符号自身地位的提高而使得外界物象地位降低乃至消失。物象模仿向符号模仿的转变，使得艺术的创作在图像继承中呈现简化形式，遂导致了抽象风格的形成。

　　另一方面，当人类开始出现宗教心理后，如何用稳定的形式去把握对神的艺术象征，也成为艺术创作中面临的问题。抽象的艺术风格相比具象艺术风格，更有利于符合这种宗教心理的需要。德国美学家沃林格在《抽象与移情》中写道："困于混沌的关联以及变幻不定的外在世界，便萌发出了一种巨大的安定需要，他们在艺术中所觅求的获取幸福的可能，并不在于将自身沉潜到外物中，也不在于从外物中玩味自身，而在于将外在的世界的单个事物从其变化无常的虚假的偶然性中抽取出来，并用近乎抽象的形式使之永恒，通过这种方式，他们便在现象的流逝中寻得了安息之所。"①按照沃林格的说法，移情是基于人的空间信赖，抽象是基于人的空间恐惧。抽象冲动是比移情冲动更为原始、更为本质的艺术意志，它可以达成一种对神的体认。所以，

---

① [德]W.沃林格：《抽象与移情》，王才勇译，沈阳：辽宁人民出版社，1987：17。

这种几何抽象的艺术手法实际上是和图腾崇拜密切相关的，以几何线形方式来加以呈现，使物象脱离时间性、变动性，使之获得永恒的特点。抽象指向超验世界，不是愉悦，而是一种精神上的皈依，人获得的是一种心灵上的安息。摆脱自我、摆脱人类存在的偶然性、摆脱现象上的变动不居，从而进入一种必然性、获得神性的迷狂，这正是生活在空间恐惧中的远古人最为需要的精神食粮。

所以，无论是彩陶上的动物形象，还是彩陶上抽象的动物纹饰，在巫觋文化背景下，它们都具有艺术的象征功能，象征着人神的感通，再现着神性的想象世界。

二、青铜器：神权的象征

夏商青铜器造型凝重，纹饰狞厉，是继彩陶之后中国早期艺术的又一典型代表。在青铜器丰富多彩的艺术形式中，猛兽食人的饕餮造型和以饕餮纹为主的想象动物纹饰尤其令人注目。

根据《吕氏春秋·先识览》"周鼎著饕餮，有首无身，食人未咽，害及其身，以言报更也"的记载，后人一般把青铜器中猛兽食人的造型称作饕餮造型，而把青铜器上的神怪形的兽面纹称作饕餮纹。夏商青铜器这种奇特的动物形象把人带进了一个浑厚、庄重而又怪异的艺术世界，同时也把人引入了一种敬畏、恐怖而又神圣的象征世界。

张光直先生说："商周的青铜礼器是为通民神，亦即通天地之用的。"[①]青铜器出现后，逐渐替代陶器成为祭祀神灵的彝器，它进一步延续并发展了陶器的象征功能，成为帝王与神沟通的常用法器，并因此也成为帝王"君权神授"的权力象征。至少从夏代开始，中国历史结束了部落与部落联盟时代而进入到一个统一王朝的时代。不同部落和民族的融合也导致了象征图腾的不同"族徽"开始融合，从而出现了牛、虎、羊等多种动物形象重组的新的"国徽"的出现。而以饕餮形象为主的各种想象性动物形象恰是这种图腾重组的"国徽"的表征。按照巫术的互渗接触思维，夏商统治者把这种变形的动物形象作为青铜彝器造型或者纹饰，用它来祭祀灵神上帝，自然能更有效地通民神、通天地、通上下。

先看一下猛兽吃人的饕餮造型。猛兽吃人是在出土的青铜器中较为独特的

---

① 张光直：《中国青铜时代》，北京：生活·读书·新知三联书店，1999：433。

一种造型，目前出土的食人卣、食人刀、食人觥都是这种造型，另外安徽阜南的龙虎尊、安阳妇好钺和司母戊鼎的耳柄上也都有这种纹饰。对于猛兽食人形象，学界历来有很多种解释。按照张光直先生的分析，猛兽吃人实际上表明的是人借助神兽的力量沟通天地。他说："这几件器物所象的人很可能便是那作法通天中的巫师，他与他所熟用的动物在一起，动物张开大口，嘘气成风，帮助巫师上宾于天。"①《山海经》中有很多关于巫师"乘龙""珥蛇""践蛇""操蛇""载蛇""衔蛇"和"把蛇"上宾于天的记载，应该也反映了先民的这种观念。如《山海经》中"乘两龙"出现了 6 次，但更多的是持蛇，一共出现了 21 次，其中珥蛇 10 次，践蛇 5 次，操蛇 3 次，载蛇、衔蛇和把蛇各 1 次。针对这种普遍现象，张光直说："这些神，都是与蛇合为一体的，有的在耳边，有的在手中，有的在足下，无疑都是他们作法登天的工具。"②

商虎食人卣把人引入一种敬畏而又神圣的象征世界

---

①② 张光直：《中国青铜时代》，1999：445、446。

其实，猛兽食人的造型在良渚文化的玉饰中就已经出现，如浙江余杭反山出土的琮王就带有一类神人兽面纹。作为部落首领权力象征的琮王，外方内圆，取天圆地方之意，是一种贯通天地的法器。其神人兽面的纹饰传达的就是一种人兽交流、人神交流的宗教意义。到了商代，这种与人交流或者助人宾天的神兽就变成了造型更加糅杂（目前看到的都是似虎非虎的形象）、表情更加威严的饕餮形象。由于饕餮形象本身不是取自写实的动物而是商人想象出来的，故其功用应该不仅仅是通天的工具或手段，同时应该也是图腾糅杂变形后的化身。饕餮本身就能接受祭祀，并传达上帝的旨意。按照陈梦家等学者对卜辞的研究，在商代信仰中人不能直接与天神交流，而只能通过祭祀祈求殷人的祖先神上宾于天向上帝转达意愿。从这个角度来看，饕餮、图腾、祖先神可以说是三位一体的。之所以采用狞厉的形象，显然也昭示了商代的神虽然全能，但非全善，既能给人福祉，又能作祟的特点。

再看一下以饕餮兽面纹为主的青铜器想象纹饰。在夏商青铜器中，有一种兽面纹格外引人注意，其或为有首无身的兽面纹，或为有首有身的肥遗纹，金石学者把二者通称为饕餮纹。张光直说："商周青铜器上动物纹样乃是助理巫觋通天地工作的各种动物在青铜彝器上的形象。"① 饕餮纹的出现和饕餮造型一样，既有九州归一的王权政治象征，又有人神交流的神学象征。

《左传·宣公三年》记载："昔夏之方有德也，远方图物，贡金九牧，铸鼎象物，百物而为之备，使民知神奸。故民入川泽、山林，不逢不若。魑魅罔两，莫能逢之，用能协于上下，以承天休。"这种九鼎上的动物纹饰有可能就是饕餮纹的前身。作为被夏代征服的其他方国，把自身的"族徽"和夏代"族徽"相互铸造在铜鼎上，以表示自己对夏朝的臣服。而夏代的统治者则一方面把九鼎归属看作是王权的象征，同时又能告诉人民哪些是自己的神，哪些是被征服的方国的神，并通过对九鼎的祭祀，使人能"协于上下，以承天休"。

延续这种观念，商人把那些对自己社稷做出过很大贡献的方国的图腾和自己的图腾大量地以一种艺术抽象化的形式用在青铜纹饰上。如虎方就是商代的重要方国，也即传说中的"三苗""九黎"，主要活动于江淮、江汉一带。从金文铭辞可以看出，当时虎方力量相当强大，是商人征战羌人的主要军事

---

① 张光直：《中国青铜时代》，1999：435。

力量。饕餮纹的基本结构为双眼、犄角、鼻子、嘴和耳朵,或有双眉。其形象有的像牛,有的像人面,有的像虎或鹿,有的像龙,大多和龙的来历一样,是由不同动物的局部组合而成。可见,饕餮纹依然是一种图腾的重组变形,具有一种人神交流的象征意义。

作为人神交流象征的饕餮纹

除了饕餮纹,商代青铜器还有很多夔纹和凤鸟纹。夔纹为青铜器上头尾横列、中间仅一足的龙形兽纹。凤鸟纹为一种似鸡非鸡的一种鸟纹,有具象的也有抽象的。夔纹和鸟纹的大量出现可能也与殷商的祖先神崇拜相关。

《礼记·表记》云:"殷人尊神,率民以事神。"殷商对神灵特别是祖先神的崇拜是中国历史上最虔诚的了。《诗经·商颂·玄鸟》有云:"天命玄鸟,降而生商。"《史记·殷本纪》也记载:"母曰简狄,有娀氏之女,为帝喾次妃。三人行浴,见玄鸟堕其卵,简狄取吞之,因孕生契。"据王国维《古史新证》考究,殷人高祖帝喾和帝俊与夔是同一人,喾和夔读音相近、意义相同,而甲骨文的夔和俊字形极为相似。《史记·五帝本纪索隐》称"帝喾名夋",《帝王世家》称"帝喾生而神异,自言其名曰俊"。根据甲骨文夔的字形可以看出,夔是鸟首人身,而《山海经》也记载帝俊和鸟极具亲缘关系。同时,殷人还有崇日的宗教习俗和"日中有鸟"(日就是太阳鸟)之信仰,可得出帝俊(喾、夔)和鸟、日是合而为一的东西。所以,在殷人的信仰文化中,最为崇拜的夔、鸟、日(太阳鸟)都和祖先神帝俊相关。如果这样看的话,殷商青铜器出现大量的夔纹和鸟纹也就不足为怪了。

可以看出,中国早期艺术之所以出现如此的感性形式是和古人对世界的想象性构造紧密关联的。正是有了神灵巫术的存在，用以反映、再现、象征这个神灵巫术世界的艺术方才如此。

第三节 宗教艺术象征：彼岸的灵光

神灵巫术世界经过理性精神的发展，进入了雅斯贝尔斯意义上的轴心时代。雅斯贝尔斯认为，在公元前500年前后和公元前800—200年的精神过程中，在古希腊、以色列、印度和中国等国几乎同时出现了伟大的思想家，他们都对人类关切的问题提出了独到看法。古希腊有荷马、巴门尼德、赫拉克利特、柏拉图和一批悲剧作家；中国出现了众多的思想流派，出现了老子、孔子、墨子、庄子和诸子百家；印度出现了《奥义书》和释迦牟尼；伊朗出现了查拉图斯特拉；巴勒斯坦出现了以利亚、以赛亚、耶利米等先知。正是这些伟大思想家的出现，人类的精神状态由巫术思维上升到一种相对理性化的思维阶段。[1]

理性化的思维导致了人类文化进入了一个超越和突破时期。轴心时代文化的超越突破形成两大延续至今的文化成果：一是世俗的哲学伦理思想，二是宗教——以人类的救赎或来世的幸福为目的的宗教。前者以中国文化为代表，后者以诸多宗教文化为代表。以此理论为参照，人类精神的发展历程也由早期的神灵巫术世界进入到更高级形态的宗教世界和儒家礼制世界。

宗教艺术一般服务于自身信仰的需要，它的艺术形式往往是对信仰世界的尘世化再现。它通过艺术的象征价值要揭示其中隐藏的深刻真理，让人对信以为真的神性世界进行理解。所以，宗教艺术的象征可谓无所不在。黑格尔认为象征型艺术往往体现为物质形式对精神内容的压倒，所以，在诸多的宗教象征艺术中，又以物质性形式突出的建筑艺术最能体现艺术的象征功能，正如海德格尔所认为的：在建筑中，天地神人四元合一。故下文仅以基督教、伊斯兰教、佛教和道教为例来粗描一下象征是如何在其建筑艺术中得以运用的。

---

[1] [德]雅斯贝尔斯：《智慧之路》，柯锦华、范进译，北京：中国国际广播出版社，1988：70。

一、上帝的荣耀与真主的隐现

象征是基督教艺术最重要的维度。上帝之光普照万物，而人们借助万物去感受上帝的光芒和荣耀。在基督教的艺术中，绘画、音乐、建筑、唱诗等无不迎合教会的旨意，承载着上帝的倾身之爱。如在基督教绘画之中，圣徒头部的光环是神圣的象征，圣母怀抱中或者膝上的小孩是上帝荣耀、威仪和尊严的缩影。在诸多的基督教艺术中，作为上帝居所的教堂更是一个象征符号组成的精神世界。

作为"上帝流溢的宇宙"，基督教教堂的象征功能是无所不在的。教堂的拱顶代表了天堂，教堂的光线是上帝的光芒，教堂的尖塔是上帝的引力，教堂的祭坛是上帝的头部，教堂的唱诗台是上帝的胸怀，教堂的十字耳房是上帝的双臂，教堂的中殿是上帝的腹部等，对于信徒而言，进入教堂，也就是进入了上帝之居，人则洗除了自身的原罪，重返了快乐的天堂。

基督教教堂有罗马式、拜占庭式和哥特式三种风格。虽然三者样式不同，但一般都采取了具有象征性的拉丁十字形的建筑布局。拉丁十字形布局是指建筑整体上呈现为横向短、竖向长的造型，以象征耶稣钉死的十字架，具有极强的宗教意蕴。

拉丁十字形布局的罗马式建筑风格的比萨大教堂

拜占庭式教堂内部华丽的装饰

哥特式建筑风格的科隆大教堂

基督教美学是光辉的美学，光因此在教堂中格外赋予了特殊的意义。在圣经中，光往往被用来象征上帝、基督、真理、美德和救世主，而黑暗则往往被用以象征邪恶和妖魔等。所以，在教堂建筑中，光的出现往往关系到神性的莅临。罗马式教堂外观整齐庄重、严谨统一。由于壁面要负担顶部石头的重量，所以窗户很少。这种设计使罗马式教堂显现出沉重压抑之感。罗马式教堂一般只在屋顶上设一采光的高楼，窗户开得很小，这是唯一能够射进光线的地方。正是如此，罗马式教堂在幽暗的光线中营造了一种神秘的宗教气氛。人置身其中，意志在压迫感的挣扎中，经历着灵魂的洗礼。

拜占庭和哥特风格的教堂则把光的美学运用得美轮美奂。二者都改变了罗马式建筑因采光不足而沉闷压抑的景象，并表达了人们向往天国的内心理想。拜占庭的内部装饰是极为华贵的，彩色玻璃和石子组成的镶嵌画、密密麻麻的穹顶窗户、闪烁的马赛克墙面都在光上极尽象征之能事。以彩色玻璃和石子组成的镶嵌画是拜占庭教堂内部装饰的主要形式，既显示了神学的内涵，又彰显了世俗的权利和富贵。镶嵌画中的形象被不成比例地拉长，显得肃穆庄严。其色彩和明暗变化被简练化，似乎不强调立体感，让人们看到的是一种精神而非实体。密密麻麻的穹顶窗户里射入的光线，与其他窗户射进的光芒交织在一起，搭配上墙面闪烁的马赛克便形成一种神秘的幻影，让人感到了上帝的莅临。光线的妙用同时也使得整个教堂轻巧凌空、明亮洁净。

哥特式教堂有着以红、蓝二色为主的花窗玻璃，其蓝色象征天国，红色象征基督的鲜血。"正堂与耳堂的交叉代表基督死难的十字架；玫瑰花窗连同它钻石形的花瓣代表久恒的玫瑰，叶子代表一切得救的灵魂；各个部分的尺寸都相当于圣数。"①花窗玻璃上画满了依照《圣经》故事构思的图案，造就了哥特式教堂内部五彩斑斓、神秘灿烂的景象。当阳光透过玻璃射进来，斑斓的色彩便营造了一种神境的光芒。丹纳就此论述到："教堂内部罩着一片冰冷惨淡的阴影，只有从彩色玻璃中透入的光线变做血红的颜色，变做紫石英与黄玉的华彩，成为一团珠光宝气的神秘的火焰，奇异的照明，好像开向天国的窗户。"②

基督教美学也是一种崇高的美学，它通过艺术形式首先引领人的眼睛，然后引领人的精神飞向崇高的彼岸。黑格尔说："方柱变成细瘦苗条，高到一眼不能看遍，眼睛就势必向上移动，左右巡视，一直等到看到两股拱相交形

---

①② [法]丹纳：《艺术哲学》，傅雷译，合肥：安徽文艺出版社，1991：89。

成微微倾斜的拱顶，才安息下来，就像心灵在虔诚的修炼中起先动荡不安，然后超脱有限世界的纷纭扰攘，把自己提升到神那里，才得到安息。"[1]哥特式教堂的"尖"和"飞"很好地实现了其建筑的隐喻功能。高耸的尖塔似乎脱离了地心引力，像锐利的剑锋，直刺苍穹，将人的精神视野引向了无限高远的地方，无穷的升腾情绪被接引进入遥远的天国。进入哥特式教堂，在那些尖券结构飞腾的线条指引下，人会不由自主地往上仰望，心绪则充满了升华的力量，超离了物象和凡尘的羁绊，处于一种向上求索的状态，不和谐的身心因此升腾，拥入上帝那安宁崇高的怀抱。当所有的哥特式建筑语汇——尖顶拱、肋架拱顶、飞拱、拱廊、飞扶壁与各个角度的窗结合起来后，巨大的石头建筑就失去了它沉重的负荷，就像要随着人自由升腾的灵魂一起飞向无限的空间。教堂，以圣十字的名义，彰显了上帝的荣耀之美。

　　伊斯兰教的清真寺和基督教的教堂一样，依然是一种象征之美。在伊斯兰的信仰世界中，清真寺成为教徒膜拜真主安拉的圣地。清真寺一般由四周殿堂或护墙围成一个宽阔的方形院落，其建筑造型和装饰营造了一个极富象征内涵的艺术空间。殿堂或护墙隔绝了世俗的世界，而把人引向一个神圣的境地。清真寺独特崇高的建筑体制召唤着人离开世俗界而进入天国。进入寺内，人顿时进入一种使心灵净化并提升的神圣境域。院内空旷的空间，四周精美的修饰、殿堂半球形的穹顶、细长高耸的宣礼塔等都把人引向苍天，走入真主的怀抱。

　　与其他宗教建筑不同，清真寺建筑中对水的设计格外讲究。水在清真寺中是一种圣洁的象征。只有通过水的净身，人才能从世俗的不净地走向宗教的净地。在伊斯兰信仰中，真主是洁净的，是喜爱洁净者的。穆斯林在进入祈祷大厅之前，有一个由全身沐浴的大净或洗脸、漱口、摸头、洗脚的小净组成的洗浴净身仪式。通过大净或小净，穆斯林从世俗的世界中解脱出来。随着水在肢体上的洗涤，他的手、眼、口、耳、足所犯的罪就得到了减免而达到身心的洁净。

　　在伊斯兰世界中，麦加的大清真寺是穆斯林朝觐的圣地，是伊斯兰教的宇宙和精神的中心，是全世界穆斯林膜拜的方向。寺内的中心是克尔白天房，天房外是一圈圈的圆线。而世界各地的清真寺都如同矗立在这个圆线上的星座，环绕着麦加并朝向麦加。"这里有两种圆，一是可见的每一清真寺的建筑

---

[1] 黑格尔：《美学》第三卷上，1979：92-93。

主体的圆顶,二是不可见而又由朝向指出的伊斯兰世界的圆心。这两种圆在观念上的一体性,构成了伊斯兰美学一种独特的知觉与想象合一的虚实相生的感知式样。"①可以看出,清真寺实际是伊斯兰信仰世界在人间的投影和再现。对伊斯兰世界而言,真主安拉为万物之主,但又是无形的,是不可能形象化呈现的。但是,不可能形象化并不意味着不能够被体验到。这种对真主的体验恰恰是运用建筑艺术的象征功能来实现的。清真寺建筑的象征体系与繁复的抽象装饰图案无时无刻不在显现着真主的有形和在场,构成了对真主安拉隐现的独特体验方式。

作为伊斯兰教宇宙和精神中心的麦加清真寺和克尔白天房

二、佛陀的影像与神仙的居所

佛教也有自身的象征体系,绘画、音乐、建筑、手印、舞蹈、本生故事

---

① 张法:《美学导论》第 2 版,北京:中国人民大学出版社,2004:176。

等佛教艺术都弥漫着佛的吉光片羽。其中作为佛陀世界化身的建筑更是鲜明地昭示了佛陀的身影。

佛教在发展和流传的过程中,其佛教建筑有着佛塔、石窟、寺庙等不同形式。其中最典型的是佛塔和汉地寺庙。塔,在古印度叫"stupa",音译为"窣堵坡";中文叫浮图、浮屠或佛图,意译为方坟、圆冢等。塔在印度佛教建筑中是居于最重要地位的,是信徒顶礼膜拜的最神圣场所。佛塔就是佛陀世界的影像,既是涅槃的象征又是佛教宇宙的象征。印度的窣堵坡一般由台座(圆形或方形,最高二三层)、覆钵(半球形主体)、平台(覆钵之上的一个方形,放置舍利子)、相轮(圆锥体形状)和塔刹组成,为实心建筑。台座象征了佛教天圆地方的宇宙观念,半球形的覆钵是倒扣的托钵,也表征着无穷的天际,相轮象征"十三天",装饰有日、月及火焰花纹的塔刹,象征"佛法"像日、月、火焰那样光芒四射,永照大地。作为埋葬佛骨和圣徒骨骸的坟冢,窣堵坡体现了一种生与死的辩证关系。佛塔既是死亡的坟墓又是轮回的新生。它昭示着人超越生死的界限,进入不生不灭、不垢不净、不增不减的涅槃境地。

尼泊尔斯瓦扬布寺大佛塔

如印度尼西亚的婆罗浮屠就是一座极富象征性的佛塔建筑。婆罗浮屠没有门窗也无梁柱，是百分百的"石头方丘"，然而这些石头却像一部佛典一样，开启了凡夫俗子通达极乐世界之门。塔的构造根据佛教"天圆地方说""三界之说"设计，层层收缩。基层为欲界，第二层至第七层为色界，都呈四方形。第八层到第十层为无欲界，为圆形。最上面有一座主佛塔。佛教徒必须按照特定的路线，从东面进入，按照顺时针方向绕行，经过层层佛境的感受，最终走向塔顶。塔的各层都有回廊，回廊内视线封闭，人行其中不见外面，视线所及的只有头顶的蓝天和壁上的宗教图像。这象征了佛教徒闭门修炼的过程。这是一次精神的修行之旅，昭示着从一个欲望横生的世界进入佛教的崇高境界，从方形的凡尘世界走向圆形的净土世界。当人经过封闭压抑的漫长回廊后，登临上面三层圆台就会感到眼界大开，精神也随之豁然开朗，这里就是佛教中的最高境界。

佛教传入中国后，与中国的庭院式建筑相融合，形成了中国的汉地寺庙。寺庙开始代替佛塔成为汉传佛教主要的礼佛圣地。中国的佛教寺庙把佛陀世界搬到了人间，以殿堂式建筑形式构建了一个幽深的清净之域，呈现了佛教信仰的中国化模式。汉地寺庙虽然形制有复杂和简单之分，但一般都不会缺少中轴线上的山门、天王殿、大雄宝殿、法堂等建筑。这些建筑都具有自身的象征功能，是佛陀世界在人间的重现，是引领人皈依佛法僧三宝的表征。

寺庙的山门是凡俗界和佛界的隔离之门，象征佛教"三解脱门"的"空门""无相门"和"无作门"。这三座门常盖成殿堂式，或至少是把中间的一座盖成殿堂，叫"山门殿"或"三门殿"。殿内塑两大金刚力士（属护法神"天龙八部"）像，民间称其为"哼哈二将"。金刚力士是手执金刚杵守护佛法的护法神，其形象一般都是雄伟壮实，头上戴着宝冠，面带着怒容，赤裸着上半身，手上拿着金刚杵，两脚作张开状。左右神像一动一静，看护着佛陀的神圣之界。左边的神像是极富动态的，张口怒颜，以金刚杵做出打击的姿势；右边的神像是静态的，紧闭着口，杏眼圆睁，平托着金刚杵。

山门过去就是作为守卫佛陀的天王殿。天王殿中间供大肚弥勒菩萨（或天冠弥勒），面朝南，以接引众生进入佛国。弥勒菩萨的背后，供韦驮菩萨（护法神），面向北，弹压天界的混乱。弥勒东西两旁供四大天王像，防止俗世的侵扰，俗称四大金刚。东西南北四大天王或怀抱琵琶或手中持剑或手中缠蛇或托塔抱伞，象征了中国信仰中对风调雨顺的祈求愿望。

天王殿后面即为大雄宝殿，俗称"大殿"，是供奉佛陀的大殿。供奉的主要佛像，常见的有一、三尊二种类别，两侧多塑十八罗汉或二十诸天等护法天神，体现一种汉文化的等级排列方式。印度佛教的信仰以塔为中心，但汉传佛教的信仰则以中国式的殿堂为中心，其本身显示的就是佛教信仰的中国化历程。

大殿之后为"法堂"，亦称"讲堂"，是寺庙中仅次于大殿的主要建筑，是演说佛法、皈戒集会之处。法堂一般设有佛像、法座、钟鼓等设施，是对佛陀说法布道情景的象征性再现。法座后挂象征释迦佛说法传道的图像，法座前置讲台，台上供小佛坐像以象征听法诸佛。

此外，寺庙中轴线外还有东西配殿建筑，有的寺院还设罗汉堂、佛塔、地藏殿、文殊殿、普贤殿、禅堂（念佛堂）和藏经阁（楼）等建筑。

汉地寺庙从象征功能来分，可以大抵分为佛法僧三大区域，共同构成了与俗界相隔的佛教圣境。大雄宝殿前为佛区，大雄宝殿后为僧区，天王殿和法堂之间为法区。佛教徒进入寺庙，就意味着要心诚意正，把自己的身心皈依三宝，融入三宝去体证修佛。

和佛教寺庙一样，中国本土宗教道教的宫观也是象征的建筑。宫观是模仿神仙天尊的宫阙而修建的，是三清或神仙在尘世的象征性居所。在道家的信仰中，各路天神都在天上有着自己的寓所，如元始天尊居于玉清圣境清微天宫，灵宝天尊居于上清真境禹余天宫，道德天尊则居于太清仙境大赤天宫。而人间的道观则是"法彼上天，置兹灵观，既为福地，即是仙居"。这说明，道家宫观就是效法和模仿诸天尊神灵的宫殿楼阙所建造的。虽然各地宫观因时因地而各有千秋，但一般的宫观在其中轴线上都有山门、灵官殿、玉皇殿、三清殿等主要殿堂。

道教的山门为石砌的三券拱门，其三个门洞象征着"三界"，以示与俗界的隔离。人跨进山门就意味着跳出"三界"，进入神仙洞府。灵官殿主要祭祀道教护法神王灵官，其神像威猛，负责看管天门。玉皇殿则奉祀的是天帝玉皇大帝，处于宫观中央坐镇天中。玉皇大帝在道教世界中级别仅次于三清神，是仙界的行政首脑。但在民间信仰中，玉皇大帝被看作为天国主宰者。道教信仰的最高圣地则是三清殿，供奉着道教最高神三清真神元始天尊、灵宝天尊和道德天尊。

宫观既是各位天神的象征性居所，又是道士信徒的奉斋之处和祭祀膜拜之地。从观门到三清殿，随着地势的层层上升，道士信徒的精神世界也经历着由人到仙的发展历程。三清殿的道德、灵宝和元始圣境实际象征着道教内功修炼的三重境界：道德高尚之人，经过刻苦修行，获取灵感得到宝贵的修真秘诀，最终达至返璞归真的元始境地。三清尊神虽有区别，但在最高的精神境地上实际又三位一体，都为道的化身，是谓"道生一，一生二，二生三，三生万物"。

除了宫观，中国园林的"一水三山"水系也是对神仙居所的模拟。秦一统天下后，秦始皇极重方术之言，蓬莱神话遂在秦汉广泛流传。据史书载，在渤海东海一带存有蓬莱、方丈、瀛洲三座仙山。瀛洲，在东海中，地方四千里，大约在今天浙江绍兴东岸，离陆地七十万里。方丈，在东海中心，正方形岛屿，长宽各五千里，岛内有仙家数十万，耕田织芝草。蓬莱，在东海的东北方，周圆达五千里，三大神岛里面住着神仙并有长生不老之药。远远望去，仙山就像云彩一样；等你走近看时，三座神山反居水下。如果你临近想登上去时，风又把神山给吹走了。《列子》中也记载东海中有岱屿、员峤、方壶、瀛州、蓬莱五座仙山，五座仙山上住满了神仙，由于五山随波上下荡漾，神仙们整日惶恐不安，于是禀告了玉帝，玉帝派遣了十五只大乌龟来到这里镇山，至此神山固若金汤。后来一位法术高明的巨人来到这里垂钓，钓走了其中的六只，于是只剩下了蓬莱、方丈、瀛州三座神山了。《海内十洲记》记载：蓬莱周围围绕着黑色的圆海，即使在无风的日子也是洪波万丈；方丈岛上则有金玉琉璃之宫，是群龙聚首的地方；瀛洲岛上有神芝仙草，有高达千丈的玉石，还有如酒般的泉水，饮之数升就醉，喝了能让人长生不老。三座仙山的长生不老之药显然对秦皇汉武产生了极大的吸引力。最高统治者为了能永远享受舒适的生活，能长命，最好是不死，于是从上至下掀起了狂热的神仙信仰。他们不止一次地派人去寻找这些仙山，希望能得到不死之药。

这种狂热的求仙活动对汉代的园林景观产生了很大的影响，正是在蓬莱神话的影响下，中国园林中的一水三山体系得以确立。

一水即大海，指一个大的水体，以象征大海；三山则是水体环绕的三座山体，以象征蓬莱、方丈和瀛洲三座仙山。既然寻仙未果，秦皇汉武索性把梦寐以求的三座仙山搬到了自己家里，在自己游玩享乐的园林中修建了一座大海和三座仙山。既然自己的园林就是仙境，自己居住在里面也就能长生不死了。如汉代上林苑的太液池中，就筑有高达20丈的渐台，水中还堆有蓬莱、方丈、瀛洲三座海上神山。这种一水三山体系也就成了中国皇家园林的惯用手法。如北海公园从整个园林造型和建筑物的命名上都弥漫着一种浓厚的神仙幻想色彩，全园遵循了中国皇家园林"一水三山"（北海象征"太液池"，琼华岛象征蓬莱，原在水中的团城和犀山台则象征"瀛洲"和"方丈"）的造园观念，营造了一个梦幻仙境。其他如"瑶屿行宫""琼华岛""瑶光殿""广寒宫""鳌玉大石桥"等建筑命名都体现了园林建筑背后深厚的中国仙话内涵。

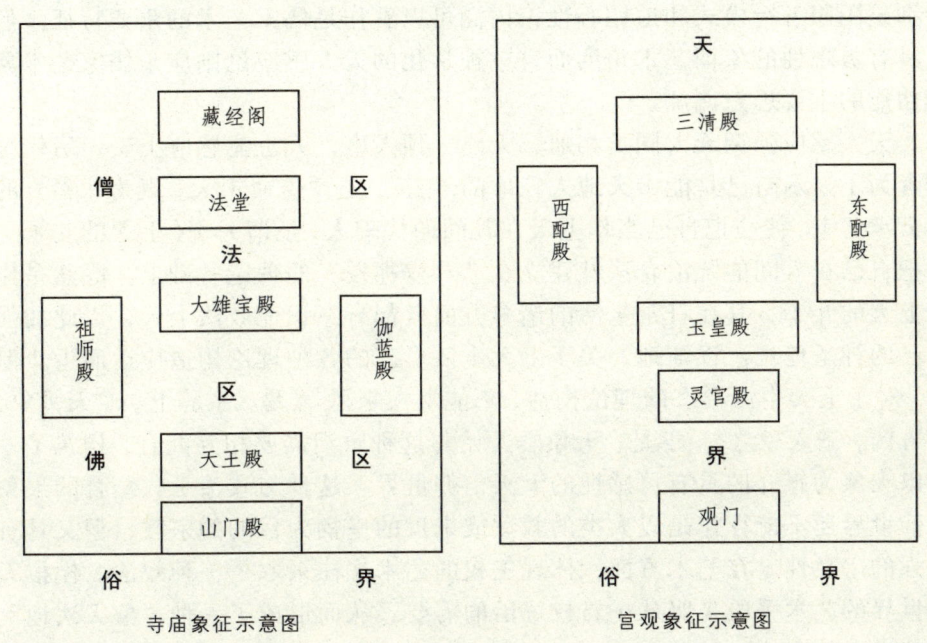

寺庙象征示意图　　　　　　宫观象征示意图

第四节　王权艺术象征：象天法地

在轴心时代的文化突破中，中国没有走世俗化的宗教之路，而是通过周公、孔子等人把中国文化带入了一条道德伦理之路。这条道德伦理之路是经由礼的制定而不断铺垫发展而成的。礼本自何处？这是儒家思想首先要回答的一个重要问题。虽然孔孟等人从内在的心性自觉上对礼的合理性进行了卓越的哲学探索，但对于强调治世的思想家和统治者来说，对礼之合理性的最简易说明莫过于比附到天意上去。《荀子·礼论》云："故礼，上事天，下事地，尊先祖，而隆君师。是礼之三本也。"《韩非子·忠孝》亦云："臣事君，子事父，妻事夫，三者顺则天下治，三者逆则天下乱，此天下之常道也。"董仲舒的《春秋繁露·基义》更是认为"仁义制度之数，尽取之天""王道之三纲，可求于天"，把"三纲五常"看作天意、天志的表现。

在这种哲学、政治和宗教的混杂中，中国的礼制文化包含着哲学化的阴阳五行模式、道德化的心性论内涵、制度化的赏罚性措施、神学化的天人感应等诸多理论形态。这些理论形态都对儒家的艺术产生了或多或少的影响，特别是阴阳五行模式和道德心性论内涵可以看作是儒家艺术的重要特征。但从具有再现性的象征艺术角度而言，神学化的天人感应论则应是儒家艺术象征功能的主要思想渊源。

天人感应强调天人同类相通，天能干预人事，人也能感应上天。历代统治者为了显示自己是能参天地人三才的"王"，是"受命于天，既寿永昌"的奉天承运者，往往把自己当作上天在凡间的代理人，是谓天子（上天的儿子），并把自己在人间的统治合法性建立在"君权神授"的理论基础上。既然是作为上天的儿子，其在日常生活的诸多方面就都有意识地效法上天，以此加强自己的神圣地位。逐渐地，关于上天生活形态的各种理论构造应运而生。但是，对于上天生活形态的理论构造，不能空穴来风。《易·系辞上》："天垂象，见吉凶，圣人象之。"于是，天象学开始与这种政治需要相互配合，构筑了一个以天象为媒介的具有可感性的上天信仰世界。这种与政治王权结合的天象信仰世界还不能算作是以人类的救赎或来世的幸福为目的的宗教，但又具有极强的宗教性。在艺术方面，体现王权的艺术往往采取了一种效法、模拟天象世界的艺术手段来服从于君权统治的需要，从而形成了一种"象天法地"的艺术象征形式。

应该说，王权艺术的象征在皇家服饰、绘画、园林、宫殿乃至《诗经》阐释学等诸多方面都有体现，不过作为天子居所的宫殿最集中地体现了"象天法地"的艺术象征功能。

一、天象世界的构造

《论语·为政篇》云："为政以德，譬如北辰，居其所而众星拱之。"孔子把人间道德秩序和天象关联起来的看法得到了后世的极大发挥。在史书《历书》《天官书》《天文志》《五行志》等星占学文献中，保留有很多对天象世界的感性描写。这些对天象世界的描写虽然着力于去描写天象变动对人事的影响，但其描写状况却对中国文化产生了很大的作用。

《史记·天官书》记载：

> 中宫天极星，其一明者，太一常居也；旁三星三公，或曰子属。

后句四星，末大星正妃，馀三星后宫之属也。环之匡卫十二星，藩臣。皆曰紫宫。

斗为帝车，运于中央，临制四乡。分阴阳，建四时，均五行，移节度，定诸纪，皆系于斗。

可以看出，《天官书》对天象的描写既有客观的"天文学"内容，又有人间化、拟人化、等级化的想象性内容，还有着神秘主义的神学内容。司马迁人间化、拟人化、等级化的天象描写方式恰应就是汉代天学观念的表达方式。

在汉代天学观念中，已初步具有三垣、二十八星宿、四象观念。三垣即紫微垣、太微垣和天市垣。每垣都是一个比较大的天区，内含若干星官（或称为星座）。紫微垣是三垣的中垣，居于北天中央，所以又称中宫，或紫微宫。紫微宫即帝宫，而北斗七星则是帝车。它以北极星（北辰）为中枢，东、西两藩共十五颗星，两弓相合，环抱成垣。太微垣是三垣的上垣，位居紫微垣之下的西南方、北斗之南。天市垣是三垣的下垣，位居紫微垣之下的东南方向。

二十八宿又称为二十八星或二十八舍，是古人作为观测天象时选择的二十八个星官。在唐代，二十八宿成为划分星官归属的二十八个天区。二十八宿每七宿又成一象，分为四象。这四象即是我们平常说的左青龙、右白虎、南朱雀、北玄武了。东方七宿为角、亢、氐、房、心、尾、箕，包括46个星座、300多颗星，其组成的形象好似一条苍龙。南方七宿是井、鬼、柳、星、张、翼、轸，计有42个星座、500多颗星，它的形象好似一只展翅飞翔的朱雀。西方七宿为奎、娄、胃、昴、毕、觜、参，计有54个星座、700多颗星，它们组成了白虎图案。北方七宿为斗、牛、女、虚、危、室、壁，共65个星座、800多颗星，它们组成了蛇与龟的形象。

简单地说，古人对天象的描述大致为天帝居住在北天极的中央北极星，其中有由至高无上的天帝太一神以及太子、王后等构成的天帝家族，而其他星座如同臣子一样环绕守卫着，形成一种"居其所而众星共之"的等级化天象。在其外围有银河亘空而过，众星环绕、"二十八星宿"镇守天门、四象分列东南西北。天帝则居临中宫，发号施令，并乘北斗巡视四方。山东武梁祠石刻壁画中有一幅"斗为帝车图"形象地再现了汉人的星官思想。图中央为北斗七星的星象，有个帝王模样的人正端坐斗魁。在其边上画有乘云气或长翅膀的仙人，正在向天帝朝拜。这种图像应该正是汉代人对天象观念的形象表达，也是王充《论衡》中所记载的"地之王者，官属备具，法象天官，禀取制度"之貌。

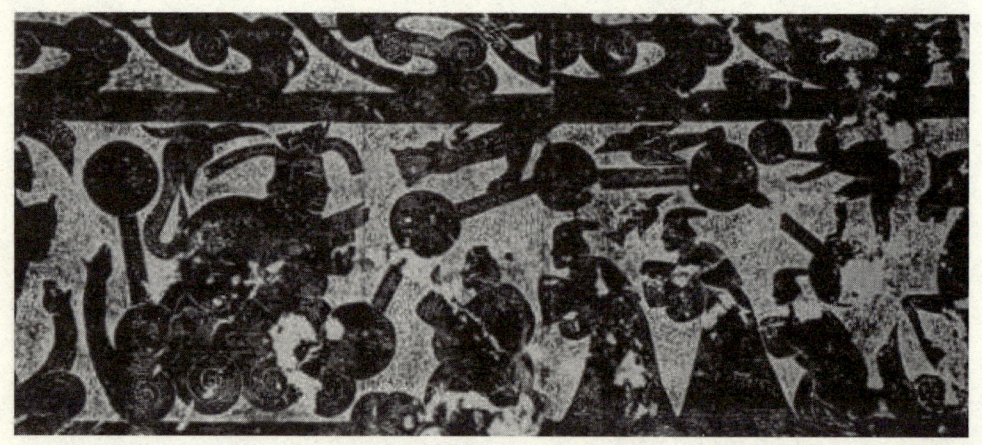

山东武梁祠画像石《斗为帝车图》

二、仿效天象的宫殿建筑

《周易·系辞传》曰:"法象莫大乎天地,变通莫大乎四时,悬象著明莫大乎日月。"有了对天象世界的形象把握,人间的帝王为了体现自己的神圣性,往往把自己的生活和天帝的生活比附起来。特别是在构建自己的宫苑建筑时,最高统治者喜欢把天上的图景搬到人间,效法天地精神:一方面显示君权神授,另一方面要树立主权的威严。这里,天国和尘世恰成对照,尘世是天国的翻版,天国则是尘世的构造。

阖闾曰:"善。夫筑城廓,立仓库,因地制宜,岂有天地之数以咸邻国乎?"子胥曰:"有。"阖闾曰:"寡人委计于子。"子胥乃使相土尝水,象天法地,造筑大城。(《吴越春秋》第四)

这种象天法地的建筑理念到了天学观念发达的秦汉更是得到了前所未有的发挥,使得人间阁道、明堂、帝宫、咸池、天街、天苑、离宫等建筑都具有了相应的星座位置。

二十七年作信宫渭南,已而更命信宫为极庙,象天极。(《三辅黄图》)

筑咸阳宫,因北陵营殿,端门四达,以则紫宫,象帝居。渭水贯都,以象天汉;横桥南渡,以法牵牛。(《三辅黄图》)

(阿房宫)表南山之颠以为阙,为复道,自阿房渡渭,属之咸阳,

以象天极阁道绝汉抵营室也。(《史记·秦始皇本纪》)

其宫室也,体象乎天地,经纬乎阴阳。据坤灵之正位,仿太紫之圆方。(班固《西都赋》,《文选》卷一)

(汉代长安城)周围六十五里,城南为南斗形,北为北斗形,至今人呼汉京城为斗城是也。(《三辅黄图》)

苍龙,白虎,朱雀,玄武,天之四灵,以正四方,王者制宫阙殿阁取法焉。(《三辅黄图》)

天学中的星宿分布可以看成是天帝居住的环境,而作为人间的天子的居住也当如此。所以,秦汉把天国的星象位置搬到了人间,在人间构造了一幅效法天象的尘世居所,体现了"象天法地"的神圣性。

由《三辅黄图》的记载可知,秦始皇二十七年(公元前220年)在渭水之南建造信宫当作极庙。他修建信宫的目的很明显就是用以象征天极。秦始皇还把咸阳宫当作尘世的紫微宫。既然天帝居住在紫微宫,那人间的始皇理所当然要居住在咸阳宫。天上有银河,地下就要有渭水;天上有牵牛横渡银河,地下就修建横桥贯通渭水;天上有天极阁道从银河直达帝居,地上就要有复道从南山渡渭直达咸阳。

天有紫微宫,地有紫禁城。

汉代依然承接了这种天学观念来进行园林布局。班固《西都赋》记载:"其宫室也,体象乎天地,经纬乎阴阳。据坤灵之正位,仿太紫之圆方。"与秦代以渭水作为银河象征不一样，汉代上林苑是以昆明池作为银河的象征，并在昆明池东西两岸，分别树立牵牛、织女两座石雕，以此来象征天河两岸的牵牛织女星。

这种观念一直影响到清代宫苑的建造，而作为皇家宫苑建筑典范的紫禁城更是一座浓缩的天象帝都。北京故宫又被称为紫禁城，实与紫微宫相互呼应。《后汉书·霍谞传》李贤注："天有紫微宫，是上帝之所居也，王者立宫，象而为之。"天帝之居所紫微宫为紫红色，所以故宫也用紫红色装饰。天安门，明代称为"承天门"，说的即是承天启运，受命于天。北极星为天象之"中"而众星烘托，紫禁城也为地上之"中"而九州恭拜。京城之中为皇城，皇城之中为宫城，宫城之中为太和殿。太和殿中心是象征宇宙中心的须弥山，其上有须弥座，坐在上面的就是真命天子，它的九层台阶象征九重天。紫禁城外围的护城河表现的则为四面环水的宇宙意象。

作为祭天场所的天坛，其表现出来的宗教色彩也很强烈。天坛整个北围墙为弧圆形，南围墙与东西墙成直角相交，为方形。这种南方北圆，通称"天地墙"，象征古代"天圆地方"之说。祈年殿用蓝色琉璃瓦覆盖，天屋一色。里面用二十八根楠木大柱和36块互相衔接的榜、桷，支撑着三层连体的殿檐。这些大柱有不同的象征意义：中央四柱叫通天柱，代表四季；中层十二根金柱，代表十二个月；外层十二根檐柱，代表十二时辰；中外层相加二十四根代表二十四节气；三层相加二十八根，代表二十八星宿；再加上柱顶八根童柱，则又代表三十六天罡。可见，天坛的设计正如建筑本身的主题所昭示的，是对天象精微的体察。当人站在圜丘的天心石上，远望着祈年殿、皇穹宇等系列建筑蓝色的屋顶，然后再把视线投向蓝色的天际，恍若天庭的感觉油然而生。另外，北京城也有四象之说，如有作为青龙水的潮白河，作为白虎水的昆玉河，作为朱雀水的卢沟河，作为玄武水的高粱河。另外，朱雀大街、玄武门等建筑命名也都和天象有关。清代皇家园林颐和园更是和上林苑相似，颐和园的昆明池、铜牛像、耕织图和汉代上林苑布局如出一辙。

一阴一阳之谓道、五行相生相克观念是中国古人最为熟悉的天地运转功能了。阴阳学说与五行学说的结合形成了古人的文化方位和主从尊卑观念。在古代的宇宙观里，东南西北中五位是和木火金水土相互应照的，而作为阳极价值的东、南方位又是和作为阴极价值的西、北方位相互应照的。这种看法在建筑中也得到了充分体现。可以说，阴阳五行的宇宙观念直接规定了建筑的方位和命名等。先看南阳北阴，古代皇宫都是前朝后寝：前面为皇帝行使最高权力的地方，后面才是皇帝居住休息的地方，即使是寝宫，紫禁城皇帝起居之所乾清宫也一定会在皇后起居之所坤宁宫的南面。再看东阳西阴，东边为日出之处，为阳，故东居太子，西居宾妃，太子宫室与文华殿等都建在宫城东部，而皇太后和公主等的宫室则位于西部。最后看文阳武阴，文武朝觐，一定是文官在东，武官在西。宫门建筑崇文门在东，而宣武门在西。五行学说中，东属木，主春、生、文、仁，故万春亭、文华殿、体仁阁和日坛等在东。南属火，主夏、礼，故太庙、社稷坛和天坛等在南。西属金，主秋、收、武、义，故千秋亭、武英殿、宏义阁和月坛等在西。北属水，主冬，故神（玄）武门和地坛等在北。建筑方位和阴阳五行谐和一体。可以看出，中国的礼制型建筑以特有的艺术象征体系对中国文化的宇宙模式进行了极为精密的感性显现。

天屋一色的祈年殿

至此，我们对模仿理论讨论暂告一段落。模仿论中的再现和象征目前依然在艺术创作活动中有着很重要的地位，以再现和象征来解释艺术也是把握艺术现象很管用的一种方式。但艺术的特性却不是仅能以模仿理论来说明的，把模仿看作是艺术的本质以致认为艺术就是模仿，则显然是一种以偏概全的说法，必然使得艺术的定义显得过窄。当我们面对鸭兔图或者画中画这样的艺术品时，模仿论在题材的把握上就会陷入一种困境。当我们面对蒙克和毕加索的绘画时，我们也无法知道他们到底在模仿什么。艺术的本性应该还有其他的东西有待进一步去揭示。按照黑格尔艺术美的历史类型说，模仿论可以用于去解释物质形式压倒精神内容的象征型艺术，也可以去解释物质形式和精神内容相互契合的古典型艺术。但随着精神的发展，人的内在主体性的进一步提升，精神内容开始溢出物质形式而进入浪漫型艺术。这就引入了我们下一章的讨论主题：表现。

第四章 表　现

> 诗者，志之所之也。在心为志，发言为诗，情动于中而形于言，言之不足，故嗟叹之，嗟叹之不足，故咏歌之，咏歌之不足，不知手之舞之足之蹈之也。
>
> ——《诗大序》

如果说再现倾向于对外在客观世界的探询，把更多的目光落实在外物、事件、行为的外在形象的话，表现则实现了艺术关注点的向内转，倾向于探询一个内在的主体世界。表现（expression），在西方语言中原意为挤出或者压出，它说明了作品和主体之间的一种关联。"表现说的主要倾向大致可以这样概括：一件艺术品本质上是内心世界的外化，是激情支配下的创造，是诗人的感受、思想、情感的共同体现。"[①]被表现的内心世界是感受、思想、情感等综合一体的生命世界，其中情感处于艺术表现的核心地位。在表现理论中，美不再主要是去反映客观的世界，而是主要去表现人的情感世界。表现理论把情感看作艺术表现的内容，这种情感是来自生活的普通情感，如爱、悲伤、快乐、恐惧、绝望等。表现理论不是去揭示作品和客观世界的关系，它更多的是揭示作品和艺术家的关系。客观世界对于表现艺术来说并不重要，本身完满的情感世界才是表现艺术关注的重点。

主张艺术的本质是模仿或再现的人有一个关于所有艺术都是模仿或再现的理论辩护，即认为各种情感和精神状态都能够得到再现。这种把模仿或再现的内涵进行扩张的看法存在着一些困难。事实上，19世纪以来的很多艺术实践都证明了把所有艺术都看作模仿的这种理论的片面性。因为人们更愿意说一幅绘画表现了一种愤怒、一首音乐表现了忧伤或者一座建筑是如此的令人压抑。模仿或再现这个词语在情感的领域里远没有"表现"一词来得准确。

---

① 艾布拉姆斯：《镜与灯：浪漫主义文论及批评传统》，1989：25。

就像在俄罗斯著名画家马克·夏加尔的绘画里，我们看到了牛、村庄、鲜花等熟悉的外在事物，但夏加尔却以一种独特的方式把我们熟悉的对象组合起来，其绘画虽然由外在世界构成，但他绝不是一个再现性艺术家。表现理论把艺术的外在依据转到内心，从而开启了艺术与人的自由的维度。虽然表现艺术在形象塑造上可能不如模仿艺术，但在表达人类情感的丰富性和追求精神的无限性上又明显强于模仿艺术，故从其一出现，就成为中外艺术家和艺术批评家最为喜欢的宁馨儿。

艺术表现理论作为艺术上影响最为深远的理论，在中西方文化中既有相似的理论问题，又有不同的体现形态。双方文化面临的相似理论在于都要去解决情感的传达问题，但双方因文化历史的差异，各自对情感内涵以及具体表现情感方式的理解又存在很大差异。

第一节　主体强烈情感的流溢

西方的艺术表现理论虽然是随着浪漫主义的兴起而进入人们的理论视野的，但表现理论的根源却可以追溯到古希腊罗马时期。

柏拉图在谈灵感诗人的迷狂时就认为诗人、诵诗者、表演者和观众都处于一条环环相扣的锁链之中，在传递着诗神赐予的灵感，从而处于一种迷狂状态。[①]柏拉图的迷狂是一种酒神式的狂欢，是人的情感的激荡。亚里士多德在讲悲剧的情感宣泄和净化效果时也说悲剧"通过引发怜悯和恐惧使这些情感得到疏泄"。[②]贺拉斯在《诗艺》中写道：一首诗仅仅具有美是不够的，还必须有魅力，必须能按作者愿望左右读者的心灵。你自己先要笑，才能引起别人脸上的笑，同样，你自己得哭，才能在别人脸上引起哭的反应。[③]古罗马美学家朗吉驽斯在论述艺术的崇高风格时也强调艺术家的热情和想象，要注重心灵的伟大。

从古希腊罗马开始，后世很多西方思想家在不同场合也都有关于表现的理论阐释，但这些阐释还是零星的，一般仅寄居于其整体艺术理论之中。表现理论的命运从19世纪浪漫主义登上历史舞台开始改观并深远地影响着20

---

① 柏拉图：《文艺对话集》，1963：8。
② 亚里士多德：《诗学》，1996：63。
③ [古罗马]贺拉斯：《诗学·诗艺》，北京：人民文学出版社，1962：142。

世纪的诸多艺术流派。浪漫主义、象征主义、后印象主义、野兽派、现代主义、超现实主义、存在主义、抽象表现主义等都对表现理论进行了有意识的极致高扬。在这股热流中，以浪漫主义为表现理论的发端，以现代主义为表现理论的高峰。

一、浪漫主义的宣言

近代西方哲学是一个主体性哲学时代，培根的"知识就是力量"、笛卡尔的"我思故我在"都表明的是人的主体性的崛起。启蒙运动对主体性的高扬使得科学和理性开始向社会的各个方面渗透。面对科技理性的突飞猛进、凯歌高奏，欧洲浪漫主义以反思、批判启蒙运动的姿态登上历史舞台，使得艺术领域的古典主义精神荡然无存。浪漫主义者以断片式的内心独白、纯粹主观性的情感、诗化的乌托邦理想等来对抗注重逻辑性、追求普遍性的理性大厦。他们有如黑暗之中鸣叫的夜莺，通过甜美的声音排遣着自身的孤独。因此，浪漫主义者往往把情感表现当作艺术的代名词，并且认为他们在自己的作品中表现的就是自己的情感。正如有学者总结说："浪漫主义艺术家通常认为他在自己的作品中表现自己的情感而非再现或唤起他人的情感。如果受众在阅读、观看或者聆听艺术家的作品时自己体验到了情感，那么，这是以他内心对艺术家在作品中捕获到的情感体验的再创作的方式进行的。"①当然，由于文化背景等方面的原因，英国浪漫主义、德国浪漫主义和法国浪漫主义又有着各自的特点。

英国华兹华斯和柯勒律治在1798年合写的《抒情歌谣集》和1800年华兹华斯为歌谣集写的理论性的序言被称为英国浪漫主义产生的标志。特别是"第一个伟大的浪漫主义诗人"华兹华斯关于"诗是强烈情感的自然流露"的论断可谓是浪漫主义艺术理论的一个宣言。

按照艾布拉姆斯的归纳，华兹华斯的浪漫主义诗歌宣言可以概括为如下七个要点：

（1）诗歌是情感的表现或流露，或是情感起关键作用的想象过程的产物。

（2）诗歌是情感心境的传载工具，它的对立面不是散文，而是非情感性的事实断想，或称"科学"。

（3）诗起源于原始的情感吐露，并因机体之故而自然地富于韵律和形象。

---

① [美]彼得·基维主编：《美学指南》，彭锋等译，南京：南京大学出版社，2008：147。

（4）诗歌能够主要地通过修辞手法和韵律来表现情感，语词也因此能自然地体现并传达作者的情感。

（5）诗歌的根本就在于，它的语言必须是诗人心境的自然真挚的表现，绝不允许造作和虚伪。

（6）生就的诗人与一般人的不同之处，尤其在于他具有与生俱来的强烈情感，极易动情。

（7）诗歌最重要的功用，是凭借它令人愉快的各种手段，使读者的感受性、情感和同情心进一步发展并变得敏锐。①

可以看出，在华兹华斯那里，诗歌的核心就是朴质、真挚、自然情感借助于语词的不断流溢，其表现的内容就是情感。诗人液体般的情感就像一口汩汩的清泉，诗歌正是那满溢而出的水。华兹华斯的浪漫宣言完全改变了以往关于诗歌是模仿的看法，情感表现的地位被提到了前所未有的地位。情感也因而成了浪漫主义艺术中最为注重的因素。同时，诗歌的教化功能也变得次要，而艺术的目的主要在于培养人天性中的感情成分，丰富人的感受力。

19世纪，德国的浪漫主义以施莱格尔兄弟、诺瓦利斯、蒂克、施莱尔马赫等人为代表。德国的浪漫主义者面对社会对人的整体性的割裂，面对科技理性的咄咄逼人，更多地采取了一种消极逃避的态度。他们留恋过去，试图复活中世纪的骑士精神和神秘主义，幻想从古老的社会中去寻找精神上的安慰与寄托。因此，德国浪漫派用自恋、病态呻吟、伤感、想象、憧憬、乡愁等情感去构建一个想象中的诗化世界。心灵深处复杂的情感成为弥漫在德国浪漫主义艺术上挥之不去的幽灵。丹麦文学史家勃兰兑斯曾用调侃的笔调这样来形容德国浪漫派诗人们："德国的浪漫主义病院里又收容了一些多么古怪的人物啊！一个患肺病的兄弟会教徒，带有亢奋的情欲和亢奋的神秘渴念——诺瓦利斯。一个玩世不恭的忧郁病患者，带有病态的天主教倾向——我指的是蒂克。一个在创作上软弱无能的天才，论天才他有反抗的冲动，论无能则易于向外部权威屈服——弗里德里希·施莱格尔。一个被监视的梦想家，沉溺于半疯狂的鸦片环境中，如霍夫曼。一个愚妄的神秘主义者，如维尔纳，以及一个天才的自杀者，如克莱斯特。"②情欲和渴念、玩世不恭和病态、软弱和反抗、疯狂和梦想、愚妄和天才恰恰是对德国浪漫主义者矛盾内心世界的写照。

---

① 艾布拉姆斯：《镜与灯：浪漫主义文论及批评传统》，1989：156-159。
② [丹麦]勃兰兑斯：《十九世纪文学主流》第2册，北京：人民文学出版社，1981：8。

相比德国的浪漫主义，法国的浪漫主义显得更为积极。颂扬人的精神价值、追求自由和争取个性解放是法国浪漫主义的一面旗帜。情感性、主观性、动态性是法国浪漫主义绘画的鲜明特征。法国浪漫主义绘画往往通过丰富多变的构图，对比强烈的色彩，流畅动态的笔触，使画面具有强烈的感情色彩和震撼心灵的艺术魅力。法国浪漫主义以画家席里柯、德拉克罗瓦等人为代表。席里柯的作品往往借用写实的手法表现内心的激情、幻想和痛苦，如《梅杜萨之筏》以触目惊心的画面、悲剧性的情感对政府进行了控诉。"艺术是某种激情的表现"（维龙语），被誉为"浪漫主义雄狮"的德拉克罗瓦更是以丰富炽烈的大块面色彩、热情奔放的激情和悲壮的气氛创作了《希奥岛的屠杀》《萨达那帕斯之死》《自由引导人民》等动人心弦的佳作。德拉克罗瓦和德国浪漫派艺术家一样，具有多疑、时髦、热情、狡黠、武断和温柔等天才人物式的多重矛盾气质。德拉克罗瓦是位对色彩一往情深的艺术家，其直接涂色的方法也许只有鲁本斯和马蒂斯能与他媲美。在他的画面中，色彩的阴郁和热情蕴含着强烈的想象力和紧张的冲突性，使得情感的表现达到了狂热的程度。

浪漫主义把情感的因素引入艺术的主题，使得艺术呈现出来的不再是一个外在对象组建的题材而是一个内在的精神世界。后世的艺术创作正是在这种由外转内的基础上继续前行。

被人称为"绘画的屠杀"的德拉克罗瓦的《萨达那帕斯之死》，红色的床毯如同流血的河流。这里没有了古典主义的完美和道德，只有杀戮、肉欲和暴力。

二、表现主义的变形

20世纪的表现主义把情感表现说推向了一个高潮。绘画领域的爱德华·蒙克、埃贡·席勒、奥斯卡·科科施卡，文学领域的弗兰茨·卡夫卡，戏剧领域的尤金·奥尼尔，音乐领域的阿诺尔德·勋伯格等人都是表现主义艺术的代表。如果说浪漫主义的情感既有非理性的层面，又有着理性渗透的激情，那么表现主义则更多关注的是非理性的情感状态。

表现主义在浪漫主义的基础上进一步推进了艺术对内在精神特别是非理性因素的发掘，不重视细节的描写，追求的只是主观精神和内心情感的肆意表达。表现的注重在后印象派梵·高的绘画中就已经展现。梵·高把印象派的明亮色彩赋予了一种奔放、舒展的笔触，从而使得他的绘画作品充满了火一般的热情。《向日葵》中大块的黄色和棕色配上有力的笔触，传达出了一种燃烧的激情。《星空》中那颤动的曲线，动荡扭曲的形象表现的都是梵·高那逼近疯狂的内心情绪。历史发展到20世纪，科技理性的负面影响日益凸显。特别是都市化的压抑生活、人际关系的冷漠、世界大战的阴霾都使得人的精神状态处于一种极度压抑、郁闷、孤独、恐惧、绝望的落寞之中。尼采的"上帝死了"宣告了西方世界传统精神价值的崩溃和理性的坍塌，再加上柏格森的生命哲学、叔本华的意志哲学、弗洛伊德的精神分析学等哲学思想的推波助澜，一股非理性思潮弥漫着整个西方世界。丑恶、扭曲、忧郁、绝望的非理性情绪昭示了上帝缺席后的美学场景。表现主义艺术正是在这种历史条件中应运而生，它契合了那个时期众多敏感绝望的心灵，并以艺术的形式呈现了人性的异化，向社会发出了愤怒的嚎叫。

挪威画家爱德华·蒙克是现代主义艺术的代表。蒙克的一生与绝望、恐惧、死亡等情绪可谓如影随形。蒙克5岁时，母亲死于肺结核；14岁时，一个兄弟和一个姐姐因病死亡；26岁时，父亲撒手人寰；蒙克唯一一个结过婚的兄弟在婚礼后数月也死了。悲惨的家庭遭遇使得恐惧、死亡深刻地烙印在多病敏感的蒙克身上。他的所有画作集中体现了"孤独、绝望、压抑、焦虑、恐惧、忧郁、死亡"等现代主义艺术的本质情感特征。蒙克创作的《呐喊》可谓是现代主义艺术的经典之作。血红的天际、灰蓝色的峡湾、骷髅般的人形、尖叫的面孔无处不把孤独、恐惧、死亡等情绪衬托出来。蒙克本人曾解释过他创作这幅画的背景：有一天傍晚，他和两个朋友一起散步。太阳刚下山，突然间，天空变得血一样红。在灰蓝色的峡湾和城市的上空，蒙克看到了血红的火光。这时，蒙克的朋友走过去了，只剩下蒙克一个人。此情此景，使得画家敏感的心灵在恐怖中颤栗起来。蒙克说他似乎感到了自然中的一声巨大的震天的呐喊。于是他画了这幅画，并把色彩画得血一样红。

梵·高极富热情的《向日葵》

梵·高《星空》表现出了艺术家动荡狂放的内在矛盾心绪，天空的旋涡被称为"梵·高曲线"。

在表现主义情感的表达中，往往采取一种完全不同于古典艺术的方式来完成。古典艺术注重整齐统一、对称均衡、比例和谐等美的形式，而现代主义艺术恰恰反其道而行之，采取的是一种变形夸张或者说丑的艺术形式。温克尔曼在评价希腊人的艺术时说："在古代雕塑上，喜悦不是表现于哈哈大笑，而只表现于充满内心幸福的淡淡微笑。在悲伤和不满时，古代人像大海的形象一般，其深度不变，而其表面开始动荡。"[1]温克尔曼恪守古典主义的审美精神，推崇的是高贵的单纯，静穆的伟大，即使在表达情感时，也讲究优雅的节制。这种优雅的节制在浪漫主义，特别是表现主义那里彻底得到了颠覆。浪漫诗人雨果就已经认识到了变形的重要性，他说："丑就在美的旁边，畸形

---

[1] [德]温克尔曼：《希腊人的艺术》，邵大箴译，桂林：广西师范大学出版社，2001：77。

靠近着优美,丑怪藏在崇高的背后,美与恶并存,光明与黑暗相共。"①黑格尔在论述浪漫型艺术时也说:"它把内在的因素和偶然形成的外在因素交织在一起,不怕让显然不美的因素尽量发挥它们的作用。"②

艺术的变形到了现代主义那里更是成为其重要的艺术特征。这种变形的艺术形式正是服务于情感的表现。这种独特的情感表现是与整个社会中单个的人的生存经验密切相关的。

一般而言,理性的生存经验对应着秩序感,而非理性的生存经验对应的恰是对秩序感的颠覆。在西方,当启蒙理性带来的科技力量足够强大时,人突然发现当科技进军自然,在热火朝天地改变大自然构建钢筋丛林的同时,人们最为熟悉的天然环境渐趋消失,人与人生活在一种令人震惊的都市之中。都市的生存经验让人越来越离开广阔的自然而把人封闭在一个狭小的空间。人与人越来越淡漠,越来越疏离,越来越压抑与孤独。同时,科技的力量越来越大,以至于足以毁灭人类赖以生存的地球,人类开始被一种异己的工具所控制。恐惧、忧郁、绝望等生存经验也油然而生。在"上帝死了"的社会现实中,人成为了一种精神分裂的人、异化的人,人的情感表现出来的也是非理性的情感。作为一种自我防御机制,非理性的情感造就了非秩序感的艺术,表达着人类对自身生存经验的抗拒和呐喊。

古典艺术背后潜藏的是理性的人,而秩序感往往是理性的人把握世界的方式。古典艺术的整齐统一、对称均衡、比例和谐等美的形式传达的都是理性的人的秩序感。随着人的理性的崩溃,非理性的情绪开始弥漫着整个时代。所以,现代艺术采取了一种和古典秩序感完全不同的"反形式"的变形来传达非理性人的狂躁不安。现代艺术的狂乱、变形、错位、夸张、扭曲、挣扎、冲突等折射出的正是现代社会里那颗颗敏感、脆弱、无序、孤独的非理性心灵。正因如此,我们从波德莱尔的《恶之花》中读出了污秽、丑恶、嗜血和淫乱,在卡夫卡的《变形记》中看到了主人公格里高尔突然变成一只让人厌恶的大甲虫的荒诞情节,在奥尼尔的戏剧中看到了结构散乱、情节变化突兀的场景,在埃贡·席勒的绘画中看到了畸形自虐的躯体,在勋伯格的音乐中听到了无调性的旋律,等等。

---

① 蒋孔阳主编:《19世纪西方美学名著选》(英法美卷),上海:复旦大学出版社,1990:373。
② 黑格尔:《美学》第二卷,1979:286。

蒙克的《呐喊》中血红的天际、灰蓝色的峡湾、骷髅般的人形、尖叫的面孔无处不把孤独、恐惧、死亡等情绪衬托出来。

三、表现理论的美学建构

在哲学美学中，克罗齐（Croce）1902 年出版的《美学原理》奠定了一种成熟的关于艺术即表现的理论，其后科林伍德（Collingwood）的《艺术原理》和托尔斯泰（Tolstoy）的《什么是艺术》都对艺术即表现的理论进行了阐发。

　　克罗齐对以前的模仿和再现理论进行了批评，他认为从外部物理自然中寻找事物美是成问题的。因为"物理事实并不拥有现实，而许多人为之献出毕生精力并从中得到崇高乐趣的艺术则是高度真实的；物理事实是不真实的，因此，艺术不可能是物理事实"。①可以看出，克罗齐实现了对艺术本质追问的方向转化，即他注重的是内在精神因素而非外在物理因素。当克罗齐转向内在精神世界为艺术寻找本质的时候，深受康德影响的他严格限定了艺术活动和道德活动、逻辑活动的区别。他认为艺术不是道德活动，不涉及任何功利性；他也认为艺术不依赖逻辑或概念，是一种梦境般的纯粹想象性而非清醒的理性知识。在表明艺术不是什么后，克罗齐从正面提出了对艺术的界说，即艺术是直觉，是表现。克罗齐说："每个直觉或者表象同时也是表现。没有在表现中对象化了的东西就不是直觉或者表象，就还只是感受和自然的事实。心灵只有借造作、赋形、表现才能直觉。"②在克罗齐那里，直觉是一种纯粹心灵的主动活动，它以情感为中心，它不依赖于概念，它不借助物质媒介；它仅是一种形式把握，是出自心灵的创造性表现。依克罗齐的理论，艺术家的创造活动就是通过心灵的赋形能力把感受转化为具有整一性的意象，而意象的生成同时也意味着情感表现的完成。所以，艺术就是情感表现于意象，而美实际就是感受能恰如其分地或成功地被意象表现出来。成功的表现就是美，不成功的表现就是丑。显然，在克罗齐那里，直觉、情感、表现、赋形、艺术和美都差不多是同一回事。可见，克罗齐意义上的表现实际只需要在心里就能完成，并不需要通过媒介或者符号把它传达出来。这也正是他说"艺术不可能是物理事实"的原因。

　　科林伍德步克罗齐的后尘，进一步发展了艺术表现理论，不过他不是用直觉而是用想象来描绘了情感的表现状态。科林伍德关于艺术的定义就是："通过为自己创造一种想象性经验或想象性活动以表现自己的情感，这就是我们所说的艺术。"③与克罗齐不同的是，科林伍德的想象有赖于感觉经验，其想象是由感觉经验转化而来的。科林伍德的想象不是对情感的单纯表现，而是对情感的探测和完成，是将主体感觉经验中没有意识到的情感提升为自觉

---

①② [意]克罗齐：《美学原理/美学纲要》，朱光潜等译，北京：外国文学出版社，1983：210、14-15。
③ 科林伍德：《艺术原理》，1985：156。

的情感，从而使得情感获得表现。科林伍德和克罗齐一致，把艺术的再现理论斥为一种假美学式的技巧论而主张艺术表现主体的一种精神自由。科林伍德认为表现即想象，即把头脑中不确定的、混乱的情感变得明确和清晰。他认为："真正艺术的作品不是看见的，也不是听到的，而是想象中的某种东西。"①艺术品只存在于艺术家隐秘的思想王国，而他呈现出来的不是艺术品而只是一种帮助观看者复制艺术家头脑中艺术品的道具或线索。这无疑就是在说，艺术的创作和欣赏其实都只是一种想象性经验。比如艺术家编写乐曲时，"乐谱纸上写下的或印出的符号并不是乐曲，这种东西只有在肯动脑筋研究它时，才能使其他人（或当他本人记不起来时也使他本人）在他们的头脑中给自己构成那首乐曲。"②所以，真正的乐曲只存在于艺术家的头脑中，而观众所听到的那种音响，其本身根本不是音乐而只是一种手段。观众凭借这种音响可以把存在于作曲家头脑中的那个想象的乐曲在自己头脑中重新建立起来。这说明，在艺术活动中，艺术家心灵中发生的东西远比传达出来的东西要重要。

奥地利表现主义画家埃贡·席勒《死神与少女》

克罗齐和科林伍德的艺术观点，强调了艺术与艺术家自身直觉、想象的

---

①② 科林伍德：《艺术原理》，1985：146、138-139。

关系，高扬了艺术在表现主题自由精神方面的特性，为现代主义的很多艺术实践，如表现主义、观念艺术、极少主义等提供了理论支持。不过，克罗齐和科林伍德把表现仅限定在艺术家个人乃至私人内在非理性的精神世界也显现了其理论的不足。他们对外在媒介、形式技巧和理智的忽略使得他们无法去全面解释艺术活动，即使那些表现特征最显著的艺术作品，也不仅仅只是表现的。

托尔斯泰则从情感交流的角度来看待表现。托尔斯泰认为真正的艺术家既表现情感，又激发情感，他能利用自己所体验到的情感感染他的读者或观众，以至于读者或观众觉得那个艺术作品不是其他什么人创造的，而是他自己创造的，从而消除了读者或观众和艺术家之间的界线。所以托尔斯泰说："在自己心里唤起曾经一度体验过的感情，在唤起这种感情之后，用动作、线条、色彩、声音以及言辞所表达的形象来传达出这种感情，使别人也能体验到这同样的感情，——这就是艺术活动。"[①]不过，托尔斯泰并没有对表现情感究竟是怎么一回事做出说明。在克罗齐和科林伍德的直觉表现说那里，艺术家对自身要表现的东西没有明确意识。但在托尔斯泰的交流表现里，要表现的情感是艺术家事先体验到的，这里隐含了一种作者的明显意识，这对在艺术批评中去寻找艺术家本意、确立作者权威的意图主义发生了很大影响。

经过表现艺术家和美学家的弘扬和阐释，艺术的情感表现主题占据着艺术理论的主流一直影响到今天。[②]

第二节　中国艺术的情感模式

情感表现一直占据着中国艺术的主流。从特有的文化历史出发，中国文化对艺术的情感表现又有着独特的具体形态。

大体来说，中国艺术的情感表现方式有诗言志、意境说和弘扬至情的唯情论三种形态或三种模式。从艺术史的角度，三种模式可以概述为一种中国艺术表情之发端、成熟、反叛关系，前两者为主流，第三者为新变。诗言志奠定了中国艺术的抒情基调，意境说代表了中国艺术情感表现的成熟模式，

---

① [俄]列夫·托尔斯泰：《艺术论》，丰陈宝译，北京：人民文学出版社，1958：47。
② 第三节将进一步对当代艺术表现论予以说明。

而唯情论则是明清之际启蒙思潮影响下形成的一种艺术新主张。三种情感表现模式各有千秋，体现了中国表情艺术的多样性。

一、诗言志：中国表情艺术的发端

诗言志是中国艺术最古老的一种艺术理论，是最先被确立起来的一个理论命题，它开启了中国诗歌艺术的抒情传统。[①]诗言志的意思就是说诗应该去表现人的内心世界的情志。"志"在先秦并非汉儒所说的只是道德意志，而是一种形诸"怀抱"的情志。这种情志一方面有着内在德性的制约，另一方面又充盈着感性的情绪。这一点可以从《孔子诗论》和《诗大序》中看得很清楚。

在《孔子诗论》开篇，孔子就云："诗无吝志，乐无吝情。"虽然学界认为"吝"还有"隐""离""泯"等不同说法，但这并不影响孔子此言的重情本色。在先秦典籍中，情志合一。孔子以"情志"说来总括《诗》，认为《诗》"不吝啬""不遮掩""不隐藏""不离开""不泯灭"自身本有的情感，可谓影响深远。《孔子诗论》中，孔子在具体评论《诗》中一些篇章时，也主要是从《诗》本身的文学性、抒情性入手而直接指出诗歌蕴含的感情。如："《木瓜》有藏愿而未得达也。""《木瓜》之报，以输其怨者也。《杕杜》则情，喜其至也。""《关雎》之改，则其思益矣……《绿衣》之忧，思古人也。《燕燕》之情，以其独也。""《蟋蟀》知难……《北风》不绝人之怨。""《有兔》不逢时。""《邶·柏舟》闷。""《扬之水》其爱妇烈。"等。[②]可见，孔子论《诗》和后儒有很大的区别，他并没有后人想象的那样古板甚至道貌岸然，其对诗的看法有着极大的包容性和多元化。即使《诗》中出现了一些后儒所谓的"淫奔"之诗，但孔子却认为《诗》三百，一言以蔽之，曰思无邪"（《论语·为政》）。在孔子那里，这些诗都是人的"真实情感"的自然流露，根本就不必谈情色变。

《诗大序》中关于诗本质的这一看法一般被认为是对先秦诗学的转抄："诗者，志之所之也。在心为志，发言为诗。情动于中而形于言，言之不足故嗟叹之，嗟叹之不足，不知手之舞之，足之蹈之也。"在古代，诗、歌、舞是合

[①] "诗言志"命题最早提出主要是作为对《诗经》的接受理解提出的，它侧重于对欣赏者情感表现活动的说明。这里借用这一命题来统称艺术创作和欣赏中的抒情表现。事实上，在《孔子诗论》中，"诗言志"命题也具有指称艺术创作的意味。

[②] 李零：《上博楚简三篇校读记》，北京：中国人民大学出版社，2007。

一的。三者的出现都是基于情感的层层勃发。情在心中不断涌动，如鲠在喉，不吐不快，因而用语言表达出来，这就是诗；当言说之诗还不足以表达情感时，就会嗟叹永言，这就是歌；当歌唱还不足以表达感情时，就会手舞足蹈，这就是舞。

"诗言志"观念在《诗三百》、骚体诗、汉魏诗等艺术实践中得到了很好的贯彻。《诗三百》分"风、雅、颂"三种体裁和"赋、比、兴"三种手法。从文学性的角度来说，风之体裁和兴之手法体现了《诗三百》最高的艺术水准。《诗三百》以"兴"的方式言情，体现了一种独特的抒情方式。如诗经中典型的一首爱情诗《周南·关雎》就体现了中国诗歌"兴"之言情方式。

诗经·周南·关雎

关关雎鸠，在河之洲。
窈窕淑女，君子好逑。
参差荇菜，左右流之。
窈窕淑女，寤寐求之。
求之不得，寤寐思服。
悠哉悠哉，辗转反侧。
参差荇菜，左右采之。
窈窕淑女，琴瑟友之。
参差荇菜，左右芼之。
窈窕淑女，钟鼓乐之。

《关雎》中以采摘荇菜的姿态来表现男女主人公恋爱的情态，其对植物的描写直接和后面情感的描写形成同构关系。"参差荇菜，左右流之"描写的是荇菜的摇摆状，这种摇摆状恰和窈窕淑女的矜持和害羞相比照。故荇菜的"流之"状正是对男追女过程中"求之不得，寤寐思服。悠哉悠哉，辗转反侧"的情态形象说明。"参差荇菜，左右采之"描写的是荇菜的被采摘状，这种"采之"状正是男追女过程中"琴瑟相好"的恋爱情状的形象说明。"参差荇菜，左右芼之"描写的是荇菜的被拔起状，这种"芼之"状正是男女最终"敲锣打鼓"走向婚姻情状的形象说明。可见，《诗三百》已经具备了初步的情景同构的抒情模式，只是与后世的情景契合的意境相比，还略有"上景下情，情胜于景"之不足。

"发愤以抒情"，屈原的骚体诗更是把情感的表现上升到了死亡的高度，用诗抒发了一种矢志不渝的深情。《离骚》中，屈原时时透露出了一种以死明志的悲剧精神。"亦余心之所善兮，虽九死其犹未悔""宁溘死以流亡兮，余不忍为此态也""屈心而抑志兮，忍尤而攘诟""伏清白以死直兮，固前圣之所厚""虽体解吾犹未变兮，岂余心之可惩"等无不表明了屈原矢志不渝、以死明志的精神。屈原这种以身殉道的精神把中国艺术的言情升腾到了一种悲壮、悲剧的氛围之中，极大地挖掘了艺术情感的深度。在后世文天祥、谭嗣同和革命烈士等人的诗词中，我们感到了屈原精神的一次次招魂。

"感于哀乐，缘事而发"，汉乐府和《古诗十九首》几乎篇篇言情，体现了"以悲为美"的艺术风貌。宋郭茂倩《乐府诗集》对乐府言情有过总结："或心志之所存，或情思之所感，或宴游欢乐之所发，或忧愁怨愤之所兴。或叙离别悲伤之怀，或言征战行役之苦。"清沈德潜《说诗晬语》对《古诗十九首》评价为："大率逐臣弃妻、朋友阔绝、游子他乡、死生新故之感；或寓言、或显言、或反覆言……是为《国风》之遗。""天地合，乃敢与君绝"，见出了爱情的海枯石烂；"闻君有他心，拉杂摧烧之。摧烧之，当风扬其灰"，见出了女性的敢爱敢恨；"秋风萧萧愁杀人，出亦愁，入亦愁"，见出了怀乡的忧愁；"去者日以疏，生者日已亲。出郭门直视，但见丘与坟"，见出了人世生死的悲情。

"诗言志"的传统在六朝则以陆机的"诗缘情"感物方式得以情感自觉的展开。六朝是个极为重情的时代，个人的性情而非社会政教或人伦之情得到了前所未有的高扬。王弼的"圣人有情"论为六朝士人对情的推崇打下了一个理论基调。对真性情的袒露还是魏晋风度的特征之一，六朝的很多名士都是至情至性之人。《世说新语·言语》："桓公北征，经金城，见前为琅邪时种柳，皆已十围，慨然曰：'木犹如此，人何以堪！'攀枝执条，泫然流泪。"《世说新语·任诞》："桓子野每闻清歌，辄唤奈何，谢公闻之，曰：'子野可谓一往有深情。'"即使是桓温这样的人，面对所种之物，也在感叹年华之飞逝、事业之未竟、人生之渺小时，不禁潸然落泪。后来庾信在《枯树赋》中把这段话写成了一首凄怆感人的抒情小诗："昔年种柳，依依汉南；今逢摇落，凄怆江潭；树犹如此，人何以堪？"王羲之在《兰亭集序》中的"夫人之相与，俯仰一世，或取诸怀抱，晤言一室之内；或因寄所托，放浪形骸之外。虽趋舍万殊，静躁不同，当其欣于所遇，暂得于己，快然自足，曾不知老之将至"感叹就是一种典型的对宇宙和人生的咏叹迁逝之情了。谢朓《晚登三山还望京邑》云："佳期怅何许，泪下如流霰。有情知望乡，谁能鬒不变？"诗中弥漫着一种浓厚的个人情感色彩。谢朓是个感情细腻、缠绵、脆弱的人，在他的山水诗中，"望""归""乡"及相关的一些词汇使用频率极高，表现的都是他那颗时时刻刻的"思归"情愫。

盛唐的艺术成就依然在一种豪情壮志中诉说着时代的气象风流。"仰天大笑出门出，我辈岂是蓬蒿人"表现的是李白的风流倜傥；"穷年忧黎元，叹息肠内热"投射的是杜甫的忧郁悲伤；"吴带当风"的线条呈现的是吴道子的潇洒灵动；"脱帽露顶王公前，挥毫落纸如云烟"彰显的是张旭的神妙迷狂……这些艺术中飞扬的情感，无不体现着中国艺术丰富的情感表现世界。

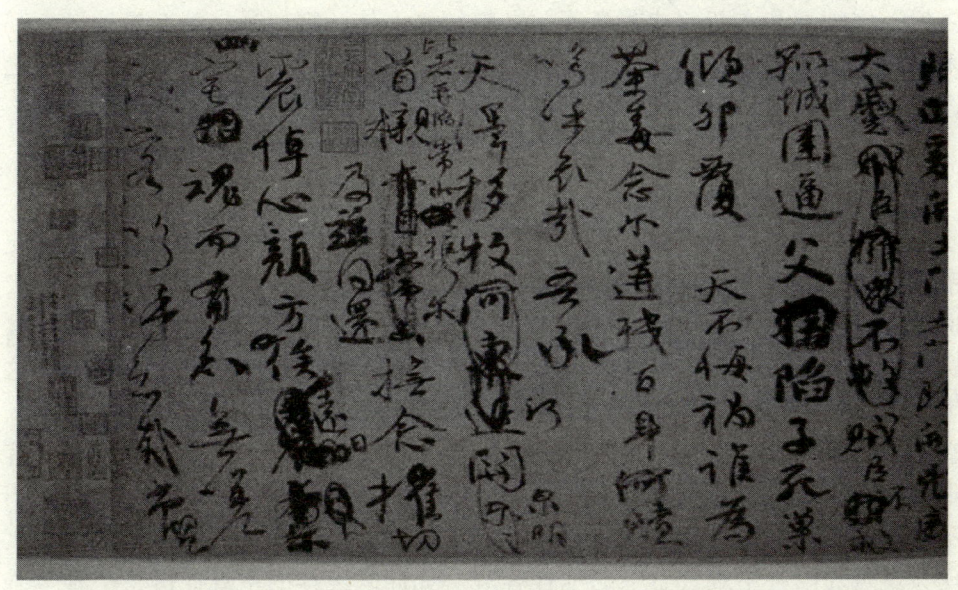

颜真卿的《祭侄稿》，字体骨力遒劲、刚中带柔，大量的渴笔和随手涂抹的笔迹都表达了一种悲摧感。

诗之境阔，词之言长。作为"诗之余"的宋词更是与情感的表现密切关联。词又称为长短句，其长长短短的句式与长吁短叹的情感恰成相互的对应。所以，在长长短短的表现性句式中，缠绵悱恻的主体情感得到了极为有效的抒发。与宋词的豪放派和婉约派相一致，宋人情感的表现也分为激昂式和婉约式两种表达方式。前者有"关东大汉，抱铜琵铁板，高唱'大江东去'"；后者有"宜十七八女郎，手执红牙板，浅吟低唱'杨柳岸，晓风残月'"。

如果从审美构成来看，中国的抒情艺术可以分为情景两端，而其发展大致经历了抒情为主—写景为主—情景融同的发展历程。虽然《诗三百》、骚体诗、汉魏盛唐诗、宋词等艺术创作已经初步具有了情景一致、情景共感的抒情方式，但总体上还是以抒情见长，不免"情胜于景"。六朝诗则"巧构形似之言"，以"模山范水"的写景见长、再现为主，不免有"景胜于情"。"情胜于景"的抒情方式正如同王国维意义上的感情色彩浓郁的有我之境。[①]王国维在《人间词话》中云："有我之境，以我观物，故物皆著我之色彩。"欧阳修云："泪眼问花花不语，乱红飞过秋千去。"王国维认为这就是有我之境。"景胜于情"则更多地使得景成为了无生气无意蕴的存在，因而缺乏心灵的灌注。二者都没有达至情景的契合。随着审美精神的发展，唐诗开始集"风人之旨"之情趣和六朝"曲写毫芥"之精细于一体，把情景二端有机地融合起来，终成情景相契、意与境浑的意境理论。景中有情、情中有景的意境理论遂成为中国艺术情感表现的成熟模式。

二、意境说：中国表情艺术的成熟

意境理论可以追溯到《庄子》哲学的心物关系或情物关系。《庄子·应帝王》云："至人之用心若镜，不将不迎，应而不藏，故能胜物而不伤。"《天道》亦云："万物无足以铙心者，故静也。水静则明烛须眉，平中准，大匠取法焉。水静犹明，而况精神！圣人之心静乎！天地之鉴也，万物之镜也。"这里，《庄子》把得道之心喻为镜、喻为静水。静水并非郁闭不流而是映照万物，它不会随着物象的变化而改变自身的清澈莹洁，镜与静水呈现为一种映照客观的纯粹主观。所谓不将不迎，应而不藏，来者勿禁，往者勿止，故万物不足以搅乱内心。同样，万物在心镜、静水的玄鉴之下只是如其本然的自在兴现，呈现为一种主观玄鉴下的纯粹客观。如此之纯粹的主观保持了一种"乘物"之中高迈自由的主体精神，如此之纯粹的客观亦保持了一种"游心"之下万物的本来客观面目。这里，纯粹的主观和纯粹的客观构成了心物关系的一体两面，实为主客、心物一体玄同。

可以看出，《庄子》的情物关系一超直入人之性的发动深处，缘性而动，如明镜般虚而待物，"哀乐不能入""顺物自然而无容私正"。从情而言，其表现为超越世情的本质之情、性命之情，没有激越的情感表现，只是一种"游心于淡，合气于漠"的淡然无极之情；从物而言，其表现为超越表象的本然

[①] 王国维把境界分为有我之境和无我之境，笔者认为无我之境和有我之境（言志缘情说）为中国古典美学广义意境论，其中的无我之境可看作中国古典美学之意境本义、典型义。

之物、整全之物，没有浓墨重彩的外在表相，只是一种天理毕现的本真之物。这种情物关系中，本质之情直接与本然之物直观照面。其情呈现为映照本然之物的本质之情，其物则呈现为本质之情观照下的本然之物。在此情物相照的镜像关联中，情超然物外而不为物迁，物超然于情外而不为情蔽，使人之本质和物之本质都得以固存。应该说，《庄子》情物关系的独特定位对后世艺术中意境理论的情景关系定位提供了深远的理论根据。

尔后，魏晋玄学的言意之辨、佛学上的涅槃之道、宗炳《画山水序》的"旨微于言象之外者，可心取于书策之内"和谢赫《古画品录》里的"若拘以体物，则未见精粹；若取之象外，方厌膏腴"之说都使得六朝审美实践上早就注意到了对"象外之境"的发掘。

意境理论在唐代经由佛教特别是禅宗思想的渲染，最终通过殷璠、王昌龄、皎然、刘禹锡、司空图等人的阐发形成了基本的情感表现理论模式。禅宗改变了印度佛教"境"之消极意义，提出即境悟空，从而把"攀缘之境"与自性本体完全统一起来。《坛经》云："法元在世间，于世出世间。勿离世间上，外求出世间。"这样，外在客观之境不再成为得体清静自性的障碍，反而就是自性本体的显现。由此理论的转换，声色万境和主观心境合二为一，是谓"见山还是山，见水还是水"，意境理论遂以形成。

就情感表现的角度而言，艺术意境论是对"诗言志"感物缘情、迁逝主题的转变，它改变了情感发动中外在物色的优先地位，而使得外在物色在一种主体本质情感的知觉意向中自在呈现出来；就其艺术的营造来说，大致包含了一个情景当下参合、融凝意象、超绝象外的复杂过程。这正如王夫之《相宗络索·三量》中对"现量"的说明："'现量'，'现'者有'现在'义，有'现成'义，有'显现真实'义。'现在'，不缘过去作影；'现成'，一触即觉，不假思量计较；'显现真实'，乃彼之体性本自如此，显现无疑，不参虚妄。"这一过程可以简略从如下三个方面来进行说明。

意境理论呈现为情景的当下参合。这里的"情"超越了日常之情为纯粹的本质之情，而此处的"景"也不是蒙上了主观色彩的景而是纯粹的景。情景的当下参合是情与景的当下参取、猝然相遇、即景会心，从而使客观之景和主观之情一体呈现。情景的当下参合改变了物感说之下情景的因客观之景而生情的因果关系，使得景成为主体知觉意向之下的主观化之景。情景融同的审美意境中，主体的生命如电光石火与天地造化浑融一体。《传习录下》载:"先生游南镇,一友指岩中花树问曰:'天下无心外之物,如此花树,在深山中自开自落,于我心亦何相关?'先生曰:'你未看此花时,此花与汝心同归于寂。你来看此花时,则此花颜色一时明白起来,便知此花不在你的心外。'""岩中花"正是在主体心灵的当下参合之下,敞亮了自身的本色;同时,"寂然不动"之心灵也在对"岩中花"的审美观照中"感而遂通",敞亮了生命的光芒。谢灵运的"池塘生春草,园柳变鸣禽"之所以成为千古名句,其缘由也正在于诗中情景相遇之妙。叶梦得在《石林诗话》中评论说:"此语之工,正在无所用心,猝然与景相遇,借以成章,不假绳削,故非常情之所能到。""非常情之所能到"说明要做到情景当下参合必须对情感有着特殊的要求。情和景的当下参合要求情感表现的力度应该恰好和景物的情态相互含摄,不能多也不能少。如果情感力度太大,情景关系的天平就会倾斜,导致情胜于景;相反,情感力度太弱,则会导致景胜于情。所以,意境理论中的情感表现往往是一种悠然、淡定的流出。陶渊明诗曰:"采菊东篱下,悠然见南山。"苏东坡《题渊明饮酒诗后》评价为:"因采菊而见山,境与意会,此句最有妙处。近岁俗本皆作'望南山',则此一篇神气都索然矣。""见"恰是情景的悠然相会,而"望"则有刻意搜求之感,有心机过露之嫌。同样的原因,王夫之对贾岛的"僧敲月下门"提出了自己不同的看法。王夫之《夕堂永日绪论内编》云:"'僧敲月下门'只是妄想揣摩,如说他人梦,纵令形容酷似,何尝毫发关心?知然者,以其沉吟'推敲'二字,就他作想也。若即景会心,则或'推'或'敲',必居其一,因景因情,自然灵妙,何劳拟议哉?"①按王夫之的看法,诗人如果在练词造句上过于讲究,也就背离了创作中即景会心、寓目辄书、不假思量的自然灵妙之旨。这种情景参合的刹那直观,讲究的就是王国维《人间词话》中说的"话语都在目前"的"不隔"之妙。

意境理论呈现为意象的生成。"以写景之心理言情,则身心中独喻之微,轻安拈出。"②情景的当下参取使得心物融合一体,主客浑然不分,遂凝成(创造性的构成)艺术的意象。宗白华说:"在一个艺术表现里情和景交融互渗,因而发掘出最深的情,一层比一层更深的情,同时也渗入了最深的景,一层比一层更晶莹的景;景中全是情,情具象而为景,因而涌现了一个独特的宇

---

① ② 〔清〕王夫之:《姜斋诗话笺注》,戴鸿森笺注,上海:上海古籍出版社,2012。
③ 宗白华:《美学散步》,上海:上海人民出版社,1981:72。

宙，崭新的意象，为人类增加了丰富的想象，替世界开辟了新境。"③可见，心物、主客的妙合无垠凝聚为一个透彻玲珑、不可凑泊的自然天成之意象。"意"为景致化了的情，"象"为情感化了的景。意象则为二者的互为妙裁、融凝与契合。一旦艺术意象得以形成，诗人的"胸中之竹"顿显出一番奇妙无比的景致和情致。正如司空图《诗品·缜密》云："是有真迹，如不可知；意象欲出，造化已奇。"

意境理论还呈现为一片空灵的化境。这片空灵的化境渗入了玄学之无和禅宗之空，为生命的形而上境界。刘禹锡云："境生于象外。"意境为意象的提升和超越，是意象之中表现出的深刻的宇宙生机和人生真谛，是象外之象，景外之景，同时也是韵外之致，味外之旨。它是人的性命之情的升腾，是生命的超越。它使得物还原到了本来面目，也使得人返璞归真，宇宙和人生在此根源处合而为一因而获得了一种超越时空的永恒。王维诗云："人闲桂花落，夜静春山空。"在闲人、落花、静夜、空山打成一片的澄明之境中，艺术抵达了天人合一的最高境地。空是意念的空，没有了占有，人化入山水，自在兴现。空又是宇宙的妙有，是精神的家园。空寂不是死寂不是顽空，而是对人生本原状态顿悟后一种深邃的精神境界，是一种微言之美。这种"超以象外，得其环中"的空灵化境安顿了诗魂，也安顿了生命。人的情感表现也于此境域"着手成春"，达到了极致，达至了圆满。这正如宗白华先生在《中国艺术意境之诞生》一文中所说，艺术境界（或意境）是"以宇宙人生的具体为对象，赏玩它的色相、秩序、节奏、和谐，借以窥见自我的最深心灵的反映；化实景而为虚境，创形象以为象征，使人类最高的心灵具体化、肉身化"①。

意境理论在发展的过程中，汲取了中国文化儒（包括理学）、道（包括玄学）、禅等深厚的哲学思想，成为了中国文化中影响最为深远的艺术理论，其适用的范围也涵盖了诗歌、绘画、小说、戏曲和园林等诸多方面。意境的典型形式可以用王国维意义上的无我之境来予以概说。王国维在《人间词话》中云："无我之境，以物观物，故不知何者为我，何者为物。"如元好问之的名句："寒波澹澹起，白鸟悠悠下。"寒波澹澹、白鸟悠悠尽为物象，好似丝毫不与人情沾滞，但"澹澹"之貌与"悠悠"之状又何尝不是诗人心境的表现，可谓"道是无晴（情）却有晴（情）"。

---

① 宗白华：《美学散步》，1981：70。

 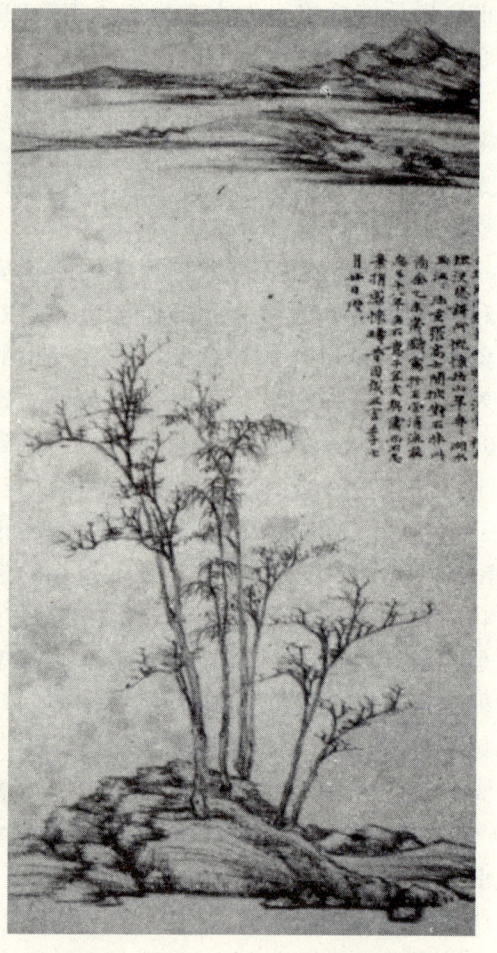

元盛懋的《秋江待渡图》，景物的本质与心灵的本质在画境中被同时敞亮。　　元倪瓒的《渔庄秋霁图》，其意境疏简、空灵、荒寂、平远。

陶渊明辞云："云无心而出岫，鸟倦飞而知还。"杜子美亦有诗云："水流心不竞，云在意俱迟。"可见，具有意境美的艺术应当是主体情感的内敛化和消融化。艺术家的情感完全和艺术的意象融为一体，没有张扬的激情，而是把主体思想情感完全隐没在物象之中，是物象本真状态的直接呈露。如果说"诗言志"的抒情方式是"以我观物"，是一种含情的看，是有我之境，其诗作有如杜甫的"感时花溅泪，恨别鸟惊心"；意境的抒情方式则是"以物观物"，是一种冷静的观，是无我之境，其诗作有如白居易的"春无伤春心，秋无感秋泪"。在王维的诗和宋元的文人画中,持意境论的艺术情感的表现都开始转入了更内在的心性。

在自觉追寻意境的艺术中,先秦青铜纹饰的狞厉和庄重、战国屈子的瑰丽和悲情、汉代的雄浑阔壮、六朝的风骨和慷慨、盛唐的气象和风流都已一去不返,进而呈现的是典雅、清净、秀美、柔丽、平淡的审美旨趣。他们追逐的不再是气韵生动的外露开合的深情、激情,而是去追求一种内敛潜沉的理趣性情。崇理尚意的艺术追求依然有着情景两端的相通相契。意境美学关注更多的不是具体可见纷纭匝沓的外物"常形",而是生生不息、生机内蕴的天理流行之景。这景是"物象之真""物象之原",是云在青山水在瓶,是水流花开,是"自家意思"。它的呈现需要的是人的悟性和识力。意境的抒情不是主体的执拗,不是如鲠在喉、不得不发的兴情,而是"俯仰万机而淡然自若"的慧性之情、自得之意。它的形成需要的是人的涵泳浸渍,颐养进学。"由能空、能舍,而后能深、能实,然后宇宙生命中一切理一切事无不把它的最深意义灿然呈露于前。"①

中唐后中国艺术特别是文人画艺术对意境情景两端的"出新",使得中国表现艺术由更多的表情转为更多的表意。表意依然是表情,其情不是世俗情欲,而是一种超越世故俗务的性命之情、本真之情,是"应物而无累于物"之情。所以,表意依然传达的是一种艺术的生命精神,它是"活泼泼地"的宇宙生命精神与"胸次高朗"的自我生命精神的融合。正因如此,宋人在外形好似僵死落寞的枯木磐石中,看到的却是另一番"融液无边春"的生命理趣,正如同苏轼所言:"发纤秾于简古,寄至味于澹泊""外枯而中膏,似淡而实浓"。

宋苏轼的《枯木怪石图》,极具"外枯而中膏,似淡而实浓"的理趣。

---

① 宗白华:《美学散步》,1981:30。

如果说，西方文化中的表现说更加侧重于个人情感的抒发，中国的意境理论则不但包含了个人情感的抒发还包括了比个人更广大的宇宙情怀的抒发。"万古长空，一朝风月"，相比而言，中国的意境理论显得比西方文化中的艺术表现论更为深邃更具有超历史感。可以说，"俯仰自得，游心太玄"的中国艺术精神深化了艺术表现论的哲学内涵，使得艺术超越个人达至了宇宙论的高度。意境理论不但是中国艺术精神的集中体现，而且在世界表现理论中也堪称一道亮丽风景。

三、唯情论：中国表情艺术的新变

不管是诗言志还是意境说，情感都还处在一种与礼、理或天道的张力中进行。在情感的张扬中，伴随着的是欲望的澄汰和升华。《乐记》的"反情以和其志"、荀子的"以道制欲"反映了先秦对情理关系的看法；汉儒的政治美学更是以"发乎情，止乎礼义"对情感的表现进行了节制，把艺术情感引入了"经夫妇，成孝敬，厚人伦，美教化，移风俗"的礼教渊薮。刘勰《文心雕龙·情采》中也说："故情者文之经，辞者理之纬；经正而后纬成，理定而后辞畅。此立文之本源也。"宋儒也提出了"文以载道""作文害道"的看法。

可以说，中国的表情和表意艺术都是在一种天人合一的古典文化氛围中展开的。在个人性情方面，艺术使人达至了宇宙生命精神和人的生命精神的交融化境。但在社会历史方面，艺术的情感表现又不可能不受到社会历史的制约，强调情理中和的重要性。

时至晚明，情理中和的情感表现形态开始出现新变，情感开始挣脱理性的局限，被极大地解放出来，成为晚明启蒙人士向传统礼教开刀的利刃。受市民经济的影响，传统天人合一的小农经济体制受到冲击。受新经济因素的刺激，民风士气发生了明显的变化。晚明以来，至少由两条线路走向导致了维持传统礼教的理学思想的解构：一是中国文化转型出现了新的动向，由都市—市民产生的"人欲"，在理论上得到了肯定，这种对感性生命的肯定便形成强烈的解构力量，冲击着理学框架结构中的道德规范和价值标准；二是理学自身的发展路向，从阳明心学到泰州学派所显示的心学发展的逻辑结果，把客观性的理学体系转化为主观性的心学体系，又把主观性的心学，奠基于感觉的、个人的甚至是欲望的标准之上，这就必然导致理学本身的解构。与此文化转型相一致，艺术领域萌发出了一种高扬情感、以情论理的唯情论思潮。从徐渭、李贽、汤显祖、冯梦龙到袁宏道，中国的表情艺术得到了一次汪洋恣肆的勃发。

与前贤推崇的情理中和的情不同，晚明启蒙思潮推崇的情是一种混杂了真私念、真欲望、俗世情的本色之情，是一种对理造反的情。在他们那里，情不再是理规范下的情，相反，理成为了情规范下的理：

    自然发乎情性，自然止乎礼义，非情性之外复有礼义可止也。（李贽《读律肤说》）

    情有者，理必无；理有者，情必无。（汤显祖《寄达观》）

    世儒但知理为情之范，孰知情为理之维乎。（冯梦龙《情史》卷一）

情和理的矛盾在这里得到了消解，这种消解是以抹掉理而高扬情来进行的。"世总为情"，情成为了判断艺术的唯一根据，也成了对挑战传统"温柔敦厚"教化美学的有力武器。因此，晚明启蒙思想家对以往的礼教艺术提出了强烈的批评，而主张艺术应去表现这种绝假纯真的"童心""本色""至情"和"性灵"。

李贽用童心来衡量艺术。李贽在《童心说》中认为："天下之至文，未有不出于童心焉者也"。"夫童心者，绝假纯真，最初一念之本心也。"李贽《藏书》卷三十二亦云："夫私者，人之心也。人必有私，而后其心乃见；若无私，则无心矣。"李贽主张的童心是一种听任情感自然流露的纯真之心。这种如生命儿童初期的真心相比理学或心学意义上的良心而言，去掉了道德性；相比佛学意义上的清净本原心而言，增添了世俗性和情欲性；相比道家意义上的真心而言，并未完全拒绝恰当的道德见闻对童心的涵养性。所以，童心是李贽提出的一种可以兼容人世私心、欲望的自然情感至上之心，是源于儒释道心体学说但又不同的新的一种心体论。李贽说："如好货，如好色，如勤学，如进取，如多积金宝，如多买田宅为子孙谋，博求风水为儿孙福荫，凡世间一切治生产业等事，皆其所共好而共习，共知而共言者，是真迩言也。"[①] 李贽认为由于世间有太多的假仁假义，所以世间的很多道理闻见都已经沾染了世故的铜臭。如果艺术去体现这些道理闻见，必然不会有真正的艺术。李贽呼唤艺术家创作时应有孩提般的婴儿之心，让自己的性情自然流露，而只有这种听任情感宣泄的文章才是"真能文者"。李贽《杂说》云："且夫世之真

---

① 〔明〕李贽：《焚书 续焚书》，北京：中华书局，2009：40。

能文者，比其初皆非有意于为文也。其胸中有如许无状可怪之事，其喉间有如许欲吐而不敢吐之物，其口头又时时有许多欲语而莫可所以告语之处，蓄极积久，势不能遏。一旦见景生情，触目兴叹，夺他人之酒杯，浇自己之垒块，诉心中之不平，感数奇于千载。既已喷玉唾珠，昭回云汉，为章于天矣，遂亦自负，发狂大叫，流涕恸哭，不能自止。宁使见者闻者切齿咬牙，欲杀欲割，而终不忍藏于名山，投之水火。"①显然，李贽的情感表现不再具有中和节制的特点，而是听任情感汪洋恣肆、不加防检的爆发，但这种情感爆发虽然包含欲望私情，但又绝不是情欲的放纵，而只是真性情、童心的放纵。

　　徐渭倡导本色。徐渭在《西厢记序》中说："世事莫不有本色，有相色。本色犹俗言正身也；相色，替身也……故余于此本中贱相色，贵本色。"徐渭要求艺术创作要去除浓妆艳抹的脂粉气，露出了家常本色之情的文字才是最有滋味之语。徐渭曾有对联云："随缘设法，自有大地众生；作戏逢场，原属人生本色。"可见，徐渭的本色说具有极强的世俗色彩，其面向的是"大地众生"的"人生本色"。艺术家具有了本色之情，则"一切可惊可愕之状，一一皆达之于诗。其胸中又有勃然不可磨灭之气，英雄失路托足无门之悲，故其为诗，如嗔如笑，如水鸣峡，如种出土，如寡妇之夜哭、羁人之寒起。当其放意，平畴千里，偶而幽峭，鬼语秋坟"。②徐渭的绘画作品用笔狂放，泼墨淋漓，直指胸臆，开创了中国水墨花卉大写意画风。徐渭笔下的葡萄、牡丹、菊花等都是不拘形似，一气呵成，直写本色。其笔墨轻重、浓淡、疏密、干湿变化多端，虚实相生，极富生命质感。

　　汤显祖主至情说。汤显祖在《牡丹亭记题辞》中说："一往而深，生者可以死，死者可以生。生而不可以死，死而不可以复生者，皆非情之至也。"在汤显祖这里，"因情成梦，因梦成戏"，情因而成为了艺术的本体。艺术在情感的感染下摆脱了生死的常规界限开始具有超越一切的最高意味。《牡丹亭》中杜丽娘因情而死，又因情而生。如果按常理来阅读，难免有凿凿怪谈之俗论；但按至情来阅读，可谓情烁古今，超越生死。汤显祖的至情说可谓一种纯粹之情，它不因社会礼法而兴废。其神圣性辗转阴阳二界，一往无前，彰显了一种崇高的力量。

---

① 李贽：《焚书 续焚书》，2009：97。
② 〔明〕袁宏道：《徐文长传》。

明徐渭的《墨葡萄图》。该画泼墨淋漓,汪洋恣肆,直抒胸臆,配上"半生落魄已成翁,独立书斋啸晚风。笔底明珠无处卖,闲抛闲掷野藤中"的苍劲书法,彰显一种绝世独立的人格,给人强烈震撼。

袁宏道持性灵说。袁宏道在《叙小修诗》中云:"大都独抒性灵,不拘格套,非从自己胸臆流出,不肯下笔。有时情与境会,顷刻千言,如水东注,令人夺魂。"性灵乃个人独特的心灵,个性、率性、灵感都是艺术家性灵的体现。在性灵艺术家那里,真正好作品的标准是:"其言动心,其色夺目,其味适口,其音悦耳,便是佳诗"。①对耳、目、口感觉的注重,使得中国艺术情感的内涵开始注入了情欲享受的内涵。

可以看出,晚明启蒙思想家几乎无一不是主张艺术应以表现情感为本质特征。这种情感不是道理闻见的巧言令色之情,而是"冷水浇背,陡然一惊"的深入骨髓之情;这种情感不是以理相格、拘泥格套之情,而是一往而深、可生可死的性灵至情;这种情感不是离群索居、高不可攀之情,而是率性快适、平常世俗之情。

晚明的唯情论思潮站在一种新的历史基点,为中国的表情艺术注入了新的情感内涵,虽然最终这种情感启蒙后来中途早逝,但它留下的艺术新貌直到今天还令人怀念和反思。

第三节 艺术何以表现情感

在日常语言中,当人说"艺术品表现情感"时,也许不会引起人多大的反应。但在艺术哲学里,这个问题却是表现理论应当解决的一个非常重要的问题。按照一般的看法,艺术品是客观的,而情感是一个主观的,那么"艺术品表现情感"这句话到底是说艺术品本身表现情感、艺术品表现了艺术家的情感还是艺术品唤起了欣赏者的情感呢?如果说是前者,艺术品作为一个客观存在物,它怎么会有情感呢?如果是后两者,那情感就应该跟艺术品没有关系而只属于创作者或欣赏者。从常识来看,如果说艺术品和情感没有关系,可能大家都不大能够接受。而事实上,上面两节说的中西表现艺术家,无不把情感看作是艺术的本质。艺术表现情感内容,这是最为熟悉的艺术主张。特别是在欣赏表现力最突出的音乐时,人们会说音乐中或快乐或悲伤的情感最为有力地感染着听众。

这个问题实际上在嵇康的《声无哀乐论》中就早已提及。嵇康说:"声之

---

① 〔清〕袁枚:《随园诗话》补遗卷一。

与心，殊途异轨，不相经纬。"故"声音有自然之和，而无系于人情"。其意就是说音乐的声音是一种物理现象，而心的哀乐情感是种生理现象，二者之间是没有关系的。李世民也表达过相似的看法："夫音声岂能感人？欢者闻之则悦，哀者听之则悲，悲悦在于人心，非由乐也。"①那么，艺术和情感表现到底是一种什么样的关系呢？

事实上，艺术哲学家们为解决这个问题也伤透了脑筋。布洛克说："在日常英语中，'表现'这个词有两种含义，一种类似人们以'哎哟'的喊声来'表现'自己痛苦的情感；另一种则指用一个句子来'表达'作者想要传达的某种意义。"②当采用日常语言的第一种含义时，我们应该说蒙克的《呐喊》这幅画表现的是生活在现代社会下蒙克自己的孤独绝望之情。如果按照第二种含义，我们应该说蒙克想通过自己的绘画要传达一种现代社会下人的孤独绝望之情，而蒙克本人则不一定也是孤独绝望的。那蒙克的《呐喊》到底表现了哪种含义呢？《呐喊》作为一件艺术品，作为无生命的艺术客体怎么会存在孤独绝望的情感呢？

关于这一问题的解答，至少有两种观点是最为引人注目的。一种为审美情感的投射说（外化或对象化），一种为情感的审美理解说。

一、审美情感的投射

《庄子·秋水》篇记载：庄子与惠施在濠水的桥梁上闲走，庄子看见水中的鯈鱼自由自在地游来游去。庄子对惠施说："你看鱼儿多快乐啊。"惠施问道："你不是鱼儿，你怎么知道鱼儿很快乐呢？"庄子反问道："你又不是我，你怎么懂得我不知道鱼儿快乐呢？"

这场辩论，实际可以看作是名理逻辑学家和诗化哲学家感知世界的不同方式。惠施以逻辑分析的眼光来看待世界，顶多能做出"这是一条鯈鱼"的事实判断，而不可能做出"鱼儿快乐"的审美判断。庄子则是以诗化整全的眼光看待世界。在"万物齐一""天地与我并生"的诗化宇宙观中，庄子逍遥徜徉，可以化身为蝶，也可以化身为鱼。在此情境中，庄子与鱼可以物我同一，相互感通，故自然能体会到鱼儿的快乐。庄子对鱼儿快乐的体会，实际是庄子天地之情在鱼儿身上的投射。

---

① 〔唐〕吴兢：《贞观政要·礼乐》。
② 布洛克：《现代艺术哲学》，1998：107。

情感投射说（projection）说的就是情感只是存在于人的心中，正因为艺术家或受众把自己内心的审美情感向外宣泄投射，所以便产生了一种好似情感存在于艺术品中的幻觉。这可以被看作是一种情感主义的因果表现论。从艺术家创作的角度而言，"情感的表现"是指艺术家在创作过程中把自己内心正感受到的情感表现在艺术品中，所以艺术品表现的情感事实上是艺术家的情感。从受众欣赏的角度而言，"情感的表现"是指受众在欣赏过程中因艺术而唤起（evoke）某种情感，所以艺术品表现的情感事实上是受众的情感。①

列夫·托尔斯泰在《艺术论》中就举例说明了情感的投射过程。他说当一个孩子经历过遇到狼时的恐惧感情后，以后一提到这件事就毛骨悚然。如果这个孩子把这个故事讲给别人听，而且在讲的时候将自己曾经感受过的那种恐惧感传染了听者，使他们感受到同样的感情，这个故事就成为艺术。这说明，审美情感的投射是作者也应该处于这样一种审美情感中，否则他无法把自己的情感投射到作品中，也就无法唤起别人相似的情感。审美情感投射在理论上最有影响的当属德国美学家立普斯的移情说了。

立普斯的移情论把艺术家创作角度的情感表现和受众欣赏角度的情感表现统一了起来，不但用来解释艺术家情感的表现过程也被用来解释欣赏者情感的表现过程。移情说认为人在对外界事物进行审美创造或审美欣赏时，心理会产生一种移情现象，即把自己心中的情感投射到事物中去，使事物具有了人的情感，成为人情趣的反照。同时，在移情的过程中，人自身也仿佛与物一体，与物同化。所以移情作用即是拟人，又是托物。把自己的情感移入对象之中，无生命的对象成为有生命的情感对象，有生命的对象又成为与我心情同振共鸣的对象。移情之时，主体仿佛在对象里，对象也仿佛在主体中，甚至移情那一瞬间，不知何者为我，何者为物，可谓"情往似赠，兴来如答""山情即我情，水情即我情"。辛弃疾词《贺新郎》云："问何物、能令公喜。我见青山多妩媚，料青山、见我应如是。情与貌，略相似。"这里青山之貌恰和诗人之情合二为一，形成一种互看的审美效果，于是我的生命和物的生命往复交流。

立普斯对移情说还举例说，当我们观看多利克石柱时，会有一种耸立飞腾之感。其原因就是因为石柱的姿态引起了我出力抵抗的记忆。所以，当我们观看石柱支撑屋顶压力的情景时，我们忘记了物我的分别，于是把属于我

---

① George Dickie: *Introduction to Aesthetics: An Analytic Approach*, 1997: 121-122.

心中意象的出力抵抗、耸立上腾的记忆移到石柱身上去了。朱光潜则以观照一棵古松为例说明了移情这一情感投射过程。他说："比如观照一棵古松，玩味到聚精会神的时候，我们常不知不觉地把自己心中的清风亮节的气概移注到松，同时又把松的苍劲的姿态吸引于我，于是古松俨然变成一个人，人也俨然变成一棵古松。"①

希腊帕特农神庙的女神像柱给人一种耸立飞腾之感

移情是物我的相互作用。一方面，由我及物，把人的情感投射到艺术品中；另一方面，由物及我，艺术品也会使得人产生种种生理变化，形成一种内摹仿。比如我们观看圆形物体时，眼睛就依循物体作一个圆周运动，听到寺庙的钟声时，筋肉也随之一松一紧。比如在书法创作和欣赏中，书如其人，人的筋骨肌肉往往随着线条的行留、疾涩而出现相适应的生理运动。正因如此，中国艺术理论中才出现用筋、骨、肉、气、神等人体结构来品鉴作品，所谓"骨力遒劲""血肉丰满""气象雄浑""精神飞动"等。如苏轼《论书》说："书必有神、气、骨、肉、血。"刘勰《文心雕龙·附会》中论文章："以情志为神明，以事义为骨髓，以辞采为肌肤，以宫商为声气。"郭熙《林泉高致》论山水画时说："山以水为血脉，以草木为毛发，以云烟为神采。"此类

---

① 朱光潜：《文艺心理学》，1996：18。

艺术评论都把艺术品本身看作是生气灌注、充满性格之物，实际都是把作者的情感移注到作品上或者把作品在人心中唤起的情感力量移到了作品本身上去的结果而已。

按照移情理论，在艺术创作中，艺术表现情感说的就是艺术家把自身的情感移注外物，于是本来只是物理的东西可具人情，可有生气。朱光潜先生说："从理智观点看，移情作用是一种错觉，是一种迷信。但是如果没有它，世界便如一块顽石，人也只是一套死板的机器，人生便无所谓情趣，不但艺术难产生，即宗教亦无由出现了。"① 如果从诗化或宇宙生命化世界观来看，移情说确实能在很大部分上解释艺术何以表现情感的疑惑，特别是它能很好地解释中国有机整体宇宙观下的表情艺术。中国的表情艺术本身就是在诗化或宇宙的生命化世界观下运作的，所谓"云破月来花弄影""数峰清苦，商略黄昏雨""泪眼问花花不语""红杏枝头春意闹"等名句无不都出自移情之观照。琴曲《伯牙水仙操》序中记载了一则中国艺术的移情故事：

> 伯牙学琴于成连，三年而成。至于精神寂寞，情之专一，未能得也。成连曰："吾之学不能移人之情，吾师有方子春在东海中。"乃赍粮从之，至蓬莱山，留伯牙曰："吾将迎吾师！"划船而去，旬日不返。伯牙心悲，延颈四望，但闻海水汩波，山林窅冥，群鸟悲号。仰天叹曰："先生将移我情！"乃援操而作歌云："繄洞庭兮流斯护，舟楫逝兮仙不还，移形素兮蓬莱山，歆欽伤宫仙不还。"

伯牙在一种孤寂的环境中，产生了寂寞伤感的情绪，这种情绪更加使得万物披上了"窅冥""悲号"的感情色彩。于是，在一片悲寂的情境中，人之情化入音乐的旋律和节奏之中，创造出极具表现力的情感乐章。

所以，审美情感的投射说能解释包括中国古典艺术在内的很大部分的艺术现象。很多艺术家在创作时，其自身就处于一种与作品相似的情绪状态。贺拉斯的著名格言就说："你要我哭，首先你自己得感到悲痛。"有人在创作时，艺术家本人和投射在作品中的情感保持一致，如梵·高。再如乔治·奥威尔的小说《1984》与《动物庄园》中对极权主义如此强烈的恐惧与憎恶正是奥威尔自己的想法。福楼拜在讲述写作《包法利夫人》经历时就说他自己创造什么人物就过什么人物的生活。当福楼拜在写包法利夫人和情人在树林

---

① 朱光潜：《文艺心理学》，1996：41。

里骑马游行时,"我就同时是她和她的情人……我觉得自己就是马,就是风,就是他们的甜言蜜语,就是使他们的填满情波的双眼眯着的太阳"①。

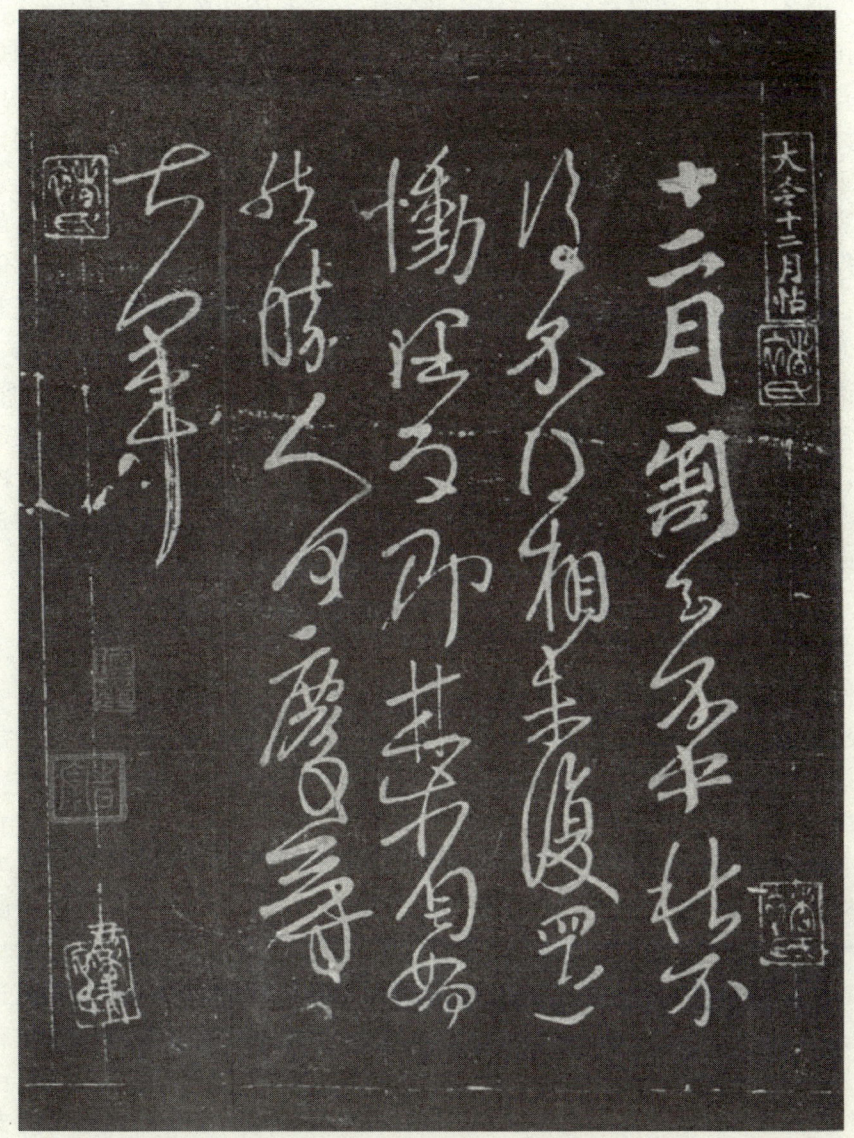

王献之"书如其人"的"一笔书"《十二月帖》,笔断势连,一气呵成,血脉不断,有一种力量的流动。

---

① 朱光潜:《西方美学史》下卷,北京:人民文学出版社,1997:627。

但还有一些艺术创作实际却不是如此,把任何作品都看成是自传性的想法是不明智的。因为表现一种情感和描述这种情感是两回事。一个写恐怖小说的人是否一定要让自己也处于恐怖状态呢?写悲剧的作家在写作时往往还因写作时充分发挥了自己的想象力而感到兴奋和快乐。这正如同医生和病人对药物的态度,一个是开药,另一个则是服药。这里显示出的是艺术创作的多样性和艺术家的多样性。我们很难把艺术所表现出的情感和艺术家创作时的情感一一对应起来。同样,在艺术欣赏过程中必然会唤起一种情感也是令人怀疑的。也许,当我们聆听一段极为悲伤的乐章时,心中会受到作品的感染而掉下伤心的眼泪。但有时候也不全然如此,下面的情况也是完全可能发生的:当一个人聆听一段极度悲伤的乐章时,并且他也承认这个音乐是悲伤的,但那时候由于他正处于极度的快乐之中而根本感受不到悲伤。

德国美学家弗莱因斐尔斯曾把审美者分为"分享者"和"旁观者"两类。他认为"分享者"在创作或欣赏艺术品时,会起移情作用,从而把自我放在物里,设身处地地分享自己的情感。而"旁观者"则不起移情作用,以冷静的态度去创作或欣赏作品。看来,关于艺术何以表现情感的问题还需要进一步的说明。

二、情感的审美理解说

情感的审美理解说正是基于移情说的不足而出现的,表明了对艺术表现情感从情感主义立场转向一种认知主义立场。布洛克就这种情感审美理解说评论道:"所谓艺术表现,就是从某种情感状态(或体验)向着审美理解转化。所谓内在情感的外化,不是情感的释放或涌出,而是改变它的性质,使它从一种非理性的冲动变成一种艺术的理解。艺术家的目的不是像因果理论所说的那样,将某种内在情感展示出来,而是真正理解这种情感,而这就意味着从一种'情感状态'转变成一种'审美概念'(或美的意象)。通过上述批评性的思考,那种宣称宣泄感情的因果表现论,便开始转变成一种稍具认识色彩的表现论,按照这种理论,表现,就是对一种感情的审美理解。"①这种观点认为所谓情感的投射或外化,不是情感的宣泄,不是要求艺术家把自己内在的情感像放电影一样地倾倒出来,而是对要表现的情感予以理解后再有组织地通过艺术感性形象传达出来。艺术表现是把情感经过审美距离的反思和

---

① 布洛克:《现代艺术哲学》,1998:118-119。

观照后投射出去。比如悲剧作家在进行悲剧创作时,并不必然也让自己悲哀,但他应对悲哀之情有着审美理解,然后把这种对情感的审美理解投射出去。

　　法国启蒙思想家狄德罗在《演员奇谈》中曾区分过两类演员,一类是凭情感去表演的演员,一类是凭理解去表演的演员。他对前者持否定的态度,而大力地赞扬了后者。他说:"凭感情去表演的演员总是好坏无常。你不能指望从他们的表演里看到什么一致性;他们的表演忽强忽弱,忽冷忽热,忽而平庸,忽而卓越,今天演得好的地方明天再演就会失败,昨天失败的地方今天再演却又很成功。但是另一种演员却不如此,他表演时凭思索,凭对人性的钻研,凭经常模仿一种理想的范本,凭想象和记忆。他总是始终如一,每次表演用同一个方式,都同样完美。"①凭情感去表演的演员是用移情来进行表演,当处于入戏很深的状态时,他能创造表演的卓越成功。但一旦演员主观情感波动难以入戏时,则可能出现极为糟糕的表演效果。而通过审美理解来掌控表演情绪的人,则能在表演时对情感掌控收放自如,因而每次都能获得成功。用科林伍德的话说:"流出真实的眼泪并不表明一个优秀演员的能力,使演员本身和观众都清楚眼泪为什么而流,这才是演员的真正本领。"②这两种表演方式实际昭示的正是斯坦尼斯拉夫斯基和布拉希特两种戏剧理论的差异。前者主张演员入戏并唤起观众同情,后者则主张演员运用间离效果使得观众反思。美国美学家苏珊·朗格则把这种审美理解称作情感概念。他在谈到音乐的情感表现时说:"音乐的作用不是情感刺激,而是情感表现;不是主宰着作曲家情感的征兆性表现,而是他所理解的感觉形式的符号性表现。它表现着作曲家的情感想象而不是他自身的情感状态,表现着他对于所谓'内在生命'的理解,这些可能超越他个人的范围,因为音乐对于他来说是一种符号形式,通过音乐,他可以了解并表现人类的情感概念。"③在朗格看来,音乐表现的不是艺术家个人的情感而应该是经过他理解后的人类普遍性的情感。

　　这种情感的审美理解说就使得艺术表现的情感由个人宣泄的情感转化为一种公共情感或普遍情感,从而能引起他人的共鸣。也就是说,艺术的情感既然是一种审美理解产生的情感,那它就不再是私人性的,而是一种公共的

---

① [法]狄德罗:《狄德罗美学论文选》,北京:人民文学出版社,1984:281-282。
② 科林伍德:《艺术原理》,1985:126。
③ [美]苏珊·朗格:《情感与形式》,刘大基、傅志强、周发祥译,北京:中国社会科学出版社,1986:38。

普遍情感。公共普遍情感就是在一定文化背景下大家都能认同的情感，它具有一定的公共标准。正如卡罗尔说的："在特定的文化领域中，存在有关哪些情感反应具有合乎规范的正确性的特定标准——也就是，特定的情境应该引起的情感。作者，作为该文化的成员，与公众有共同的文化，他们根据情感反应使用自己关于'什么是具有合乎规范的正确性'的知识，并相应地建构叙事的情境。因此，作者可以广泛地预测读者将会对他们所构造的事件作出怎样的反应，因为他们知道其文化的成员对各种各样的情境应该作出的情感反应的方式。"①公共普遍情感与个人自我情感并非毫不相干，它可以就是艺术家个人自我情感的审美理解性在场凝聚，也可以是非在场性凝聚。在场凝聚表明的是艺术家在创作时自身可以正处于这种情感状态之中，如《文心雕龙·知音》所云的"夫缀文者情动而辞发，观文者披文以入情。沿波讨源，虽幽必显"。而非在场性凝聚则表明的是艺术家在创作时也可以超然于这种情感状态，如《淮南子·齐俗训》云的"夫载哀者闻歌声而泣，载乐者见哭者而笑。哀可乐者，笑可哀者，载使然也"。视具体创作情况而定，他既可以是分享者，也可以是旁观者。

既然情感具有一定的公共标准，那艺术表现的情感就具有了相对普遍的共识性和相对普遍的结构性质。这种情感的共识性和结构性质又为艺术的形式结构传达提供了共识性和共同式样。美国艺术心理学家阿恩海姆在《艺术与视知觉》中曾记下了一次关于情感表现的试验。在这个实验中，被试者是一组舞蹈学院的学生，他们被要求分别即席表演出悲哀、力量或夜晚等主题。实验结果证明，所有的演员在表现同一个主题时所做出的动作，都是一致的。举例说，当要求他们分别表现出"悲哀"这一主题时，所有演员的舞蹈动作看上去都是缓慢的，每一种动作的幅度都很小，每一个舞蹈动作的造型也大都是呈曲线形式，呈出出来的紧张力也都比较小。②阿恩海姆由此认为上述舞蹈者的动作式样和悲哀情感本身的结构性质应该是一致的或同构的。阿恩海姆就此说道："应该承认，'悲哀'这种心理情绪本身之结构性质，与上述舞蹈动作是相似的……在这些动作中所展示出来的结构性质都与它们所要表现的情感活动的结构性质有着一致性。既然速度、形状、方向等结构性质是被视觉直接把握的，我们就有理由断定，由这些性质所传达的表现性，同样

---

① [美]诺埃尔·卡罗尔：《超越美学》，李媛媛译，北京：商务印书馆，2006：366。
② 阿恩海姆：《艺术与视知觉》，1998：610。

也是被视觉直接把握的。"①

蒙克的《生命之舞》：人生的青春（白色之青涩）、成年（红色之热烈）、衰老（黑色之哀怨）三部曲。

因此，艺术表现情感就可以转化为艺术如何去传达与要表现的情感相似或者一致的情感的结构性质。当然，情感的结构性质不应该仅仅看作是一个纯粹生理的现象，而应与整个社会习俗、文化传统有着密切关系。按照阿恩海姆的实验，在相似的习俗和文化传统下，人们对于同一种情感有着大致相同的结构性质。这种结构性质不是一种简单静态的形式关系而是一种结构式样动态的有机整体或者说格式塔（gestalt，即完整形态）。在阿恩海姆看来，艺术具有表现性特征的应该是一种力的式样的格式塔。既然如此，那么艺术表现无非就是有组织地去创造出与情感结构相似的力的式样罢了。阿恩海姆认为，这种与情感结构相似的力的式样就是艺术的表现性特征。一定的艺术品的力的式样就能唤起人的神经系统中与之同型的情感结构，也就是能达成一种物理力和心理力的同构即"异质同构"，因而能产生不同的情感表现性。例如李商隐《登乐游原》的"夕阳无限好，只是近黄昏"可谓情景交融，表

---

① 阿恩海姆：《艺术与视知觉》，1998：610-611。

现了一种美景逝去，不能长久的落寞心境。这种落寞情感的表现，借助于残照的夕阳、逐渐暗黑的天际等表现性特征传达出来。而残照、黄昏与落寞情感的异质同构在中国文化中正是能被众人所认可的，即使这种认可可能属于一种集体的无意识。

这样一来，艺术表现情感实际就变成了艺术如何去传达表现性特征的问题。情感的审美理解说认为情感是通过艺术的表现性特征而呈现的，这就使得艺术表现的情感不再是艺术之外的情感，而是成为内在于艺术的情感。一旦艺术品传达出来了某种表现性特征，我们就能在隐喻的意义上说艺术表现了某种情感。纳尔逊·古德曼（Nelson Goodman）在《艺术的语言》中就认为所有被表现的东西只能在隐喻的意义上被加以例证，它是用符号的扩展所转换成的一种"悲哀"。①隐喻意味着当我们说艺术具有情感时并不是讲艺术真的具有情感而只是一种语言的修辞方式而已。迪基也说："当我们经常说音乐是悲伤的、快乐的等，我们指的不是字面上的意思而是指音乐所具有的特征。"②这正如托梅（Tormey）在《表现的概念》中认为的那样："如果说音乐本身表现了忧郁，这只是意味着这个乐曲具有一种特别的'可感知的性质、方面或格式塔'：它有一个忧郁的特征。我们不能从这音乐的忧郁特征推断出艺术家的忧郁。这种音乐是'忧郁表现'，而不是'忧郁的表现'。"③反过来也可以这样说，即使一个忧郁的作曲家用音乐来表现自己的忧郁时，音乐本身也并不必然是忧郁的。音乐忧郁与否，关键要看是否具有一种忧郁的表现性特征。所以，艺术的情感表现说的就是艺术品拥有一种情感表现性特征：身体姿态、面部表情、说话语调、色调、动作以及动作倾向等力的式样。举例来说，快乐的人的动作往往充满活力、迅捷而轻快，快乐的音乐往往也是和谐的、结构清晰的；悲伤的人往往行动缓慢，悲伤的音乐往往也包含着粗重的和音与未决的张力。人和音乐在行为上相似，在表现力上也相似。

艺术情感和艺术形式之间的这种转化对应关系在中国儒家音乐经典《乐记》中已有体现。《乐记·乐本》记载："是故其哀心感者，其声噍以杀；其乐心感者，其声啴以缓；其喜心感者，其声发以散；其怒心感者，其声粗以厉；其敬心感者，其声直以廉；其爱心感者，其声和以柔。"人感物心动，产生哀乐喜怒敬爱各不相同的情感。不同的情感表现在音乐中就呈现为不同的

---

① [美]纳尔逊·古德曼：《艺术的语言》，彭锋译，北京：北京大学出版社，2013：67。
② George Dickie: *Introduction to Aesthetics: An Analytic Approach*, 1997: 123.
③ 彼得·基维主编：《美学指南》，2008：152。

音乐表现性特征：悲哀的情感在音乐中呈现为急促激厉之声、快乐的情感在音乐中呈现为宽绰舒缓之声、高兴的情感在音乐中呈现为飘扬畅快之声、愤怒的情感在音乐中呈现为粗重高急之声、敬畏的情感在音乐中呈现为方正内敛之声、仁爱的情感在音乐中呈现为和谐柔顺之声。和格式塔心理学以力的式样联通主客世界不同的是，中国艺术中更多是以气的样态把主客世界联通起来的。①宇宙本身充满了生生之理、森森之气，人之身亦充满了生命之体气。艺术的气韵生动恰恰把宇宙的生生之理与人的情感之气通过笔墨转化在作品中，形成气韵生动的艺术作品。由此，艺术品的笔墨之节奏传达着宇宙与人的生命之律动。

所以，艺术表现情感实际上包含了两个因素：一个因素是艺术品所具有的表现性特征，这是一种艺术表现的潜在性因素；另一个因素是审美主体，这是使潜在因素得以现实化的因素。艺术表现情感实际是这两个因素合二为一的同一性呈现，是主客互补效应的一种结果。

三、情感的审美理解说相对于移情说的优先性

应该说，情感的审美理解说与诗意化的移情说相比，在解释艺术何以表现情感的问题上显得更为令人信服。毕竟移情作用向外投射的情感如果要引起别人的共鸣就不应该是一种纯粹私人化的情感，它可以具有个性，但这种个性应当以别人能理解为前提。同时，这种情感也不一定是艺术家在创作过程中必备的。艺术家完全可以根据对情感的审美理解来进行创作而不一定要让自己也"情动于中"。可以说，情感的审美理解说更加全面地呈现了艺术创作的情感表现状态，它既兼容了移情说理论中作为分享者的艺术家创作状态（有我之境），又包含了移情说理论无法说明的作为旁观者的艺术家创作状态（无我之境）。就前者而言，情感的审美理解说道出了移情论没有明确揭示的创作秘密，即移情理论中的创作也不是艺术家情感的随意涂鸦。艺术的创作不是情感的"哎呦"，即使是直觉式的创作过程也要求把情感经由组织、转化而显著于外。不经过情感的审美理解过程，艺术家创作的只能是随意的涂抹而远谈不上是艺术品。就后者而言，情感的审美理解说解释了超然物外心境中的艺术创作状态。中国庄子哲学影响下的艺术创作更多体现为艺术家以一种超越世情、超然物外的高迈性命之情去"以天合天"。在性命之情的静观（旁

---

① 张法：《美学导论》，2004：75。

观）创作之下，看不到情感对外物的移注、婉转。在这种依乎天理、顺应物性的创作状态中，情超然物外而不为物迁，物超然于情外而不为情蔽，由此外物才能被不丧失本质之貌脱然而出，成就"疑神"之作；人也于此创作状态中回归性情深处，以"哀乐不能入"的超然物外的平淡之情得体道境，成就自由境界的生命本身。在这种创作状态中，超越的情感来源于对生命本质、情感本质的领悟和觉解，其实质也正是一种审美理解下的情感。情感的审美理解说把一种知觉因素或理解力因素带入了情感内涵，它能引导人去对要表现的情感进行反思、体悟和有意识选择，从而能在一种情感的流转中使得整全生命在艺术符号中得以表现，故它相比纯粹的移情理论、直觉理论而言具有更深厚的底蕴。

既然如此，是否意味着移情理论在解释审美心理上毫无意义可言呢？事实上，立普斯的移情说经由朱光潜先生的大力介绍已经成为了国内学界对审美心理描述必不可少的一种理论工具，几乎所有的美学原理著作都会用移情说来说明美感的特性。但是，根据上述的考察，移情说的理论有效性说明的只是审美体验中物我关系或者情景关系的部分情形而非全部。所以，从严格意义上说，庄禅心境静观下的意境论是不大适合运用移情理论进行说明的。古典意境论中的本质之情恰恰不是向外投射而是向内收缩，"反情复性"才是意境论的情感特性。所以，意境论下情景关系呈现的是"用心若镜，不将不迎，应而不藏"的情景相照关系而非"情景交融"关系。当然，如果一定要使移情理论囊括审美体验的全部情形，则应该让其建立在情感的审美理解说的基础之上。也就是说，审美体验中的移情的发生是在情感的审美理解发生后才具有的现象。应该说，情感的审美理解说相对于移情说具有优先性。

阿恩海姆就曾对移情说进行了批评，认为那种以为无生命的艺术品也能具有人类情感的观点，是由"感情的误置""移情作用""拟人作用"或原始的"泛灵观"产生出来的，它割裂了外在对象和主体心理的统一关系。他说："一棵垂柳之所以看上去是悲哀的，并不是因为它看上去像一个悲哀的人，而是因为垂柳枝条的形状、方向和柔软性本身就传递了一种被动下垂的表现性。那种将垂柳的结构与一个悲哀的人或悲哀的心理结构所进行的比较，却是在知觉到垂柳的表现性之后才进行的事情。一根神庙中的立柱，之所以看上去挺拔向上，似乎是承受着屋顶的压力，并不在于观看者设身处地地站在了立柱的位置上，而是因为那精心设计出来的立柱的位置、比例和形状中就已经包含了这种表现性。只有在这样的条件下,我们才有可能与立柱发生共鸣(如果我们期望这样做的话)"①

可见,在阿恩海姆看来,如果我们一定要说对外在对象进行了移情的话,那也只有在知觉到了外在对象的表现性后才可能发生,因为事物的外部表现性比移情具有优先地位。可以说,在阿恩海姆那里,距离和移情以及旁观和分享之间的矛盾得到了解决:距离和旁观是优先的,而移情和分享则是后起的,前者是后者得以发生的基础。所以,对艺术何以表现情感的问题应从下面两个角度来进行理解。从创作的角度而言,艺术家先是有了一种对情感的审美理解,伴随着这种情感的审美理解在头脑中产生一种情感的结构式样,然后,艺术家把这种情感的结构式样创造性地以相应的艺术式样呈现出来。如果要说艺术家在移情的话,也应该是在这个过程下的移情。从欣赏的角度而言,欣赏者在感知到了艺术的力的式样后,头脑中也会创造性地激起一种相应的情感结构式样,然后,欣赏者才能产生与作品的情感共鸣。如果要说欣赏者在移情的话,也应该是在这个过程中的移情。当然,不管是创作还是欣赏,这一过程的发生可能是在刹那间的,如即兴的艺术创作即是如此。

一棵垂柳之所以看上去是悲哀的,并不是因为它看上去像一个悲哀的人,而是因为垂柳枝条的形状、方向和柔软性本身就传递了一种被动下垂的表现性。

---

① 阿恩海姆:《艺术与视知觉》,1998:619-620。

可见，阿恩海姆不是通过移情作用而是通过力的式样把客观世界和主观世界重新统一起来，同样，力的式样也把作为客观事实的艺术品和作为主观状态的情感统一起来。"我们必须认识到，那推动我们自己的情感活动起来的力，与那些作用于整个宇宙的普遍的力，实际上是同一种力。只有这样去看问题，我们才能意识到自身在整个宇宙中所处的地位，以及这个宇宙整体的内在统一。"①

所以，艺术何以表现情感的问题说的是艺术家把对情感的审美理解转化为艺术品中的情感表现性特征的问题。当艺术品具有某种情感表现性特征时，我们才说艺术表现了某种情感或者移注了某种情感。

四、情感表现性特征的共性和特性

在阿恩海姆那里，艺术的表现性是源自视知觉的力的式样，而与习俗、文化等外在因素关联不大。但我认为，艺术的表现性特性不应该看作一种纯粹的形式，表现的情感也不应该仅看作纯粹的形式情感，其必然会打上习俗、文化等多方面的烙印。②所以，情感的表现性特征既具有共性又有着因习俗、文化不同而具有的独特性。情感和表现性特征的异质同构，可以经由社会的习俗、文化的特性乃至艺术家和理论家的强化，形成了一种较为固定的相似关系。这种较为固定的相似关系就为艺术表现情感提供了一个公共的标准。如在同一个文化背景下，不同的形式和色彩往往与不同的情感表现有着较为稳定的关系。如造型艺术中正方形与刚劲，倒三角与恐惧，红色与热烈，蓝色与忧郁等；音乐艺术中 A 大调之自信，A 小调之柔情，B 大调之豪爽，B 小调之哀怨等。在中国感物式的缘情艺术中，季节变化和情感变化之间就存在一种比较固定的对应关系。

"春秋代序，阴阳惨舒，物色之动，心亦摇焉。"③中国文化的文化母题是"天人合一"，这种文化母题在艺术上体现为宇宙韵律和生命韵律的合一。所以，中国古代的艺术家喜欢把对春夏秋冬四时的描绘与喜乐悲寂之情联系起来，是谓"岁有其物，物有其容；情以物迁，辞以情发"。如：

> 人生有喜怒哀乐之答，春秋冬夏之类也。喜，春之答也；怒，

---

① 阿恩海姆：《艺术与视知觉》，1998：620。
② 具体说明参看第五章第三节。
③〔梁〕刘勰：《文心雕龙·物色》。

秋之答也；乐，夏之答也；哀，冬之答也。(《春秋繁露·为人者天》)

悲落叶于劲秋，喜柔条于芳春。(陆机《文赋》)

是以献岁发春，悦豫之情畅；滔滔孟夏，郁陶之心凝。天高气清，阴沉之志远；霰雪无垠，矜肃之虑深。岁有其物，物有其容；情以物迁，辞以情发。(刘勰《文心雕龙·物色》)

春山烟云连绵人欣欣，夏山嘉木繁阴人坦坦，秋山明净摇落人肃肃，冬山昏霾翳塞人寂寂。(郭熙《林泉高致》)

郭熙《早春图》："春山烟云连绵人欣欣""春山淡冶而如笑"。

这里四季的变化和人的情感之间形成了一种相互映照的稳定格式塔关系。精神分析学家荣格在论述原型意象时说："每个意象中都凝聚着一些人类心理和人类命运的因素，渗透着我们祖先历史中大致按照同样的方式无数次重复产生的欢乐和悲伤的残留物。"①中国作为一个农业国度，祖先的最直接经验是与大自然农时变化的交往。在与季节变化的无数次交往过程中，四季作为一种原始意象沉积下来，形成了中国文化中稳定的四时和情感关联。如拙政园的主人为了能在园中配合自己的心情并欣赏到四时美景，就分别修建了绿漪亭、荷风四面亭、待霜亭、雪香云蔚亭，即春夏秋冬四亭。四亭分别和四季相对应，每个亭子的周围都种上了对应季节的树木花草。

虽然艺术的表现性特征和情感具有较固定的异质同构性，但这种异质同构性又不是永恒固化的。一方面，在一定的惯例面前，有个性的艺术家往往有着打破惯例的创新精神；另一方面，不同文化的差异性对艺术的表现性特征与情感的关联也有着不同的理解。所以，艺术的情感表现也具有个性和文化的差异性。

在个性差异性方面，不同气质的艺术家可能对同一种颜色会有不同的情感理解。如在达·芬奇那里黄色代表死亡，在歌德那里黄色是幸福的象征，在梵·高那里黄色是太阳与宇宙的光辉，在高更那里黄色代表着黑夜，在康定斯基那里黄色是富有侵略性的，等等。同样是描写饮酒，陶渊明笔下表现的是"或有数斗酒，闲饮自欢然"的平淡闲适，李白笔下表现的是"天生我才必有用，千金散尽还复来"洒脱豪情，而杜甫笔下表现的则是"朱门酒肉臭，路有冻死骨"的忧患愤懑。

同样，不同文化、习俗背景下的人对颜色也有着不同的情感理解。如在中国和日本，白色是死亡的颜色。但在西方世界，黑色才是死亡的颜色。再如黄色在中国古代是一种高贵之色，表示的是神圣之感。但在西方世界，黄色则是下等颜色，表示的是一种低级趣味。嵇康《声无哀乐论》云："夫殊方异俗，歌哭不同。使错而用之，或闻哭而欢，或听歌而戚。"其意就是说由于各地的风俗不同，歌哭的方式就不同。如果把这个地方的哭歌在另一个地方唱的话，那里的人听了可能不但不悲伤反而会感到很高兴。可见，要理解艺术的表现性，必须深入理解不同的文化习俗方能得其本色。

刘勰在《文心雕龙·体性》篇对艺术家个性和社会习俗差异对艺术情感

---

① 叶舒宪等：《神话——原型批评》，西安：陕西师范大学出版社，1987：100。

表现的影响曾有过精彩表述:"夫情动而言形,理发而文见,盖沿隐以至显,因内而符外者也。然才有庸俊,气有刚柔,学有深浅,习有雅郑,并情性所铄,陶染所凝,是以笔区云谲,文苑波诡者矣。"同样是情感由内向外地表现,但艺术家个性的才、气以及社会习俗的学、习都会影响到其作品的面貌。正因为如此,艺术才呈现"各师成心,其异如面"的丰富色彩。如中国元代罗稚川的寒鸦和梵·高笔下的群鸦就因中西文化差异、艺术媒介差异和艺术家个性气质差异等诸多原因而有着绝然不同的艺术面貌。

元罗稚川《古木寒鸦图》

梵·高《麦田上的群鸦》

个性和文化的差异好像使得艺术表现情感的问题又成为一个文化相对性的问题。其实,相对性中又有着普遍性。随着不同文化之间交流的频繁,关于艺术形式和情感表现相互关联的共识也越来越多,艺术将在沟通人类情感方面发挥越来越大的作用。正如布洛克所认为的:"艺术也许不是一种一般普遍性最强的语言,但却是一种使不同文化的人达到相互理解的最佳手段。"①

归纳而言,表现论总结了艺术现象中的如下内容:

(1)艺术是人类内心情感的表现,它承载了人类精神在世界生存中获得的体悟情感,成为探索人类情感世界的重要方式。

(2)人类的精神、情感经由艺术情感表现性特征的转化使得艺术成为人类相互理解的重要手段。

(3)艺术中的情感表现与艺术家内心情感个性、外在世界、形式技巧、文化模式等都有着密切关系。

表现理论虽然能很好地解释很多艺术现象,但如果固执地把它当作所有艺术的本质,认为艺术就是表现,或者情感的表现就是艺术,那就显得有些偏颇了。一方面,并不是所有的艺术都旨在探索情感,如象征艺术、观念艺术等;另一方面,在日常行为中还存有大量非艺术活动的情感表现。然而,情感的表现确实在艺术中占有极为重要的地位,经由艺术情感表现性特征确

---

① 布洛克:《现代艺术哲学》,1998:163。

实能让人把握艺术和情感表现的本质性关联。要注意的是，艺术表现理论不仅仅限于与情感的关联。为了传达情感，艺术家必须围绕着一张由社会习俗、文化传统等组成的联系之网而展开。所以，表现理论和生活形象的再现是离不开的。表现和再现可以并不矛盾地体现在同一艺术作品中。艺术的表现不但离不开生活世界的诸多表象，还离不开表现情感的形式特征。

  表现理论对情感表现性特征的强调并要在艺术作品之中去寻找这种表现性特征，很容易导致人对艺术作品本身形式的密切关注。由此，从表现理论中脱胎出了另一个与之密切关联的艺术范畴：形式。这样，我们就来到了下一章的主题。

第五章 形 式

"艺术的成功"永远是一场骗局,观众要求的好像是怜悯,可实际上,艺术家引导他达到的却是享受;观众被请来接受"内容",而事实上,内容却被形式"消灭了"。

——埃亨巴乌姆:《论悲剧与悲剧性》

当我们在评论艺术品的时候,有两种方式是最经常使用的,一种是倾向于作品所表现出的种种情感来做出描述,另一种是从形式(form)的角度来对作品予以描述。形式既指艺术品内在因素之间的相互关系,又指艺术品的外在形态,前者是艺术形式的主要所指。以小提琴协奏曲《梁山伯与祝英台》的呈示部为例,可以用第一种方式来进行评论性描述——在明快、欢乐的开场白之后,人的心情开始变得轻盈,给人一种轻松愉快的享受,接着迸发出的是缱绻缠绵的深情和依依不舍的惜别。我们也可以用第二种方式来进行评论性描述——这部作品由长笛模仿鸟的叫声开始,接着由双簧管以柔和旋律作引子,然后是小提琴优美的旋律带出爱情主题,接下来圆润厚重的大提琴音调与柔和轻快的小提琴音调相互对答,最后音乐转为慢板,小提琴与大提琴交叉互现,悠长舒缓。

应该说,根据音乐作品的形式特征进行描述,能够让人更好地倾听作品,强化对音乐作品的欣赏。事实上,任何艺术品都关涉到形式,如视觉艺术中形式的平衡和对称、色彩的对比,音乐艺术中的基调、节拍、旋律、不同乐器的交替,文学艺术词语的安排、韵律、情节的交织等。

所以,形式因素本身就是艺术审美价值的来源之一,所以历来受到艺术家和评论家的关注。在模仿艺术家和表现艺术家那里,都对艺术形式投入过极大关注。不过,作为艺术范畴的形式理论则着意于寻找艺术的自律原则,以"为艺术而艺术"(art for art's sake)的信条集中论述了艺术作品的形式及其相互关系对于艺术品的意义,并把艺术作品的形式关系与结构看作是艺的本质。这种理论形态在宣扬"为艺术而艺术"的形式主义者、抽象派艺术家那里得到了极致的发扬。①

形式理论认为艺术的本质只在于艺术作品本身的形式,其余一切则都与艺术无关,而且毫无美学价值。形式主义者既不对艺术作品与世界的关系进行说明,也不对艺术作品与创作者的关系发表任何见解。当然,要做到这一点是非常困难的,所以在形式理论中我们有时也看到了其理论在处理和现实世界、主观情感关系纠葛时的力不从心。

第一节 艺术的本质在于形式

人们对艺术形式的关注由来已久。古希腊的毕达哥拉斯学派就擅长从数的比例和几何关系上把握世界和艺术。柏拉图创办的雅典学院门口写着的标语也是"不懂几何者不得入内",表明的是柏拉图对数学和几何的重视。亚里斯多德的《诗学》虽然提出的是一种再现论的艺术本质观点,但他在论述悲剧和史诗时,他论述的重点则是它们的形式特征。康德的《判断力批判》虽然建构的是一种非功利性的审美经验论,但在论述自由美的时候,他论述的重点也是形式特征。这些都构成了形式主义艺术论的根源。从艺术实践来看,19世纪后期后印象派艺术的出现,使得色彩、线条、形体等逐渐脱离对外在之物的依附,越来越走向抽象,也越来越成为艺术家创作中最为关注的因素。不过,从理论形态来说,形式主义理论真正进入理论视野则是在20世纪左右的时间段里。

20世纪左右,西方的艺术实践转向除了围绕着表现展开外,还围绕着形式展开。形式维度的转向也是盛行于西方20世纪上半叶的一个思想潮流。形式理论在艺术史上的登堂入室是和整个20世纪初哲学的"语言学转向"紧密相关的。一般认为,西方哲学的主题转换经历了本体论(世界是什么)、认识论(如何认识世界)向语言学方法论(如何言说这个世界)的转变。"语言学转向"对艺术观念的一个影响就是艺术家开始重视艺术语言或艺术符号。所以,艺术的自身形式开始备受瞩目。在形式维度的转向中,汉斯立克的音乐

---

① 在中国文化中,并不存在严格意义上的形式主义者。故本章主要围绕西方资料展开论述。

美学、弗莱和贝尔的形式主义美学、索绪尔的语言符号学、皮尔士的符号学、卡西尔的象征符号哲学、新批评、俄国的形式主义、抽象派绘画艺术理论和结构主义等都是这一形式维度的理论呈现。在诸多理论中，汉斯立克的音乐美学和贝尔的形式主义美学可谓奠定了形式理论的基本面貌。

一、音乐的内容就是乐音的运动形式

奥地利的音乐美学家汉斯立克在音乐领域明确提出了形式主义的音乐美学观。无独有偶的是，中国三国时代的嵇康也表达了很多和汉斯立克相似的音乐观点。不过，要注意的是，嵇康还不能算是严格意义上的形式主义者，因为嵇康的音乐本体观是一种道家意义上的自然而然的"和"的音乐观念，而非音乐本身的形式关系。相反，汉斯立克的音乐本体却是音乐本身的形式关系。道家音乐观认为最高的音乐当属效法天地自然的道的"天籁"之音，而汉斯立克则明确表示了自然是没有音乐的，音乐只存在于人自己的形式构造。

汉斯立克首先对传统音乐的情感表现说进行了清算，然后提出自己的形式主义音乐观。汉斯立克在《论音乐的美》开篇就说："音乐美学的研究方法，迄今为止，差不多都有一个通病，就是它不去探索什么是音乐中的美，而是去描述倾听音乐时占领我们心灵的感情。"[①]

汉斯立克认为传统情感表现说体现为两个命题：一个命题是说音乐的目的是激发情感；另一个命题是说情感是音乐表现的内容。汉斯立克对这两个命题一一进行了批驳。

针对第一个命题，汉斯立克认为艺术是没有目的的，它本身就是自己的目的。艺术即使没有激发情感，它依然可以是美的。所以，艺术可以使得观看主体愉悦，但并不是因为主体愉悦它才是艺术。汉斯立克并不否认音乐能在听众心里引起强烈的情感，但他把这种情感反应称为是一种生理或病理的接受，和审美没有多大关联。所以激发情感不应该成为音乐美的本质。

对于第二个命题，汉斯立克明确亮出了自己的美学观点："表现确定的情感或激情完全不是音乐艺术的职能。"[②] "玫瑰发出芳香，但它不是以'芳香的表现'为它的内容的；森林散布阴凉，但它并不'表现阴凉'。我特别反对'表现'这概念，这不是什么无意义的文字上的争辩，因为音乐美学中最大的

[①②] [奥]爱德华·汉斯立克:《论音乐的美》，杨业治译，北京：人民音乐出版社，1980：15、28。

错误是从这个概念产生的。"①从形式主义的艺术本质观出发,汉斯立克认为艺术的形式并不表现情感,人们倾听音乐所产生的情感实际是歌词或标题传达的,跟音乐本身的形式没有关系。汉斯立克认为,如果对同一个音乐换上不同的歌词就会令听众产生不同的情感。汉斯立克举例说,梅亚贝尔的《胡格诺派新教徒》一剧一度被人认为表现了一种宗教信仰的狂热情感,但后来有人对该歌剧人物、情节、词句等进行了改编,并改称为《庇隆的吉伯林党人》在维也纳上演。虽然纯音乐的表现方面没有丝毫损失,但其中宗教信仰的狂热情感却已经消失殆尽。②

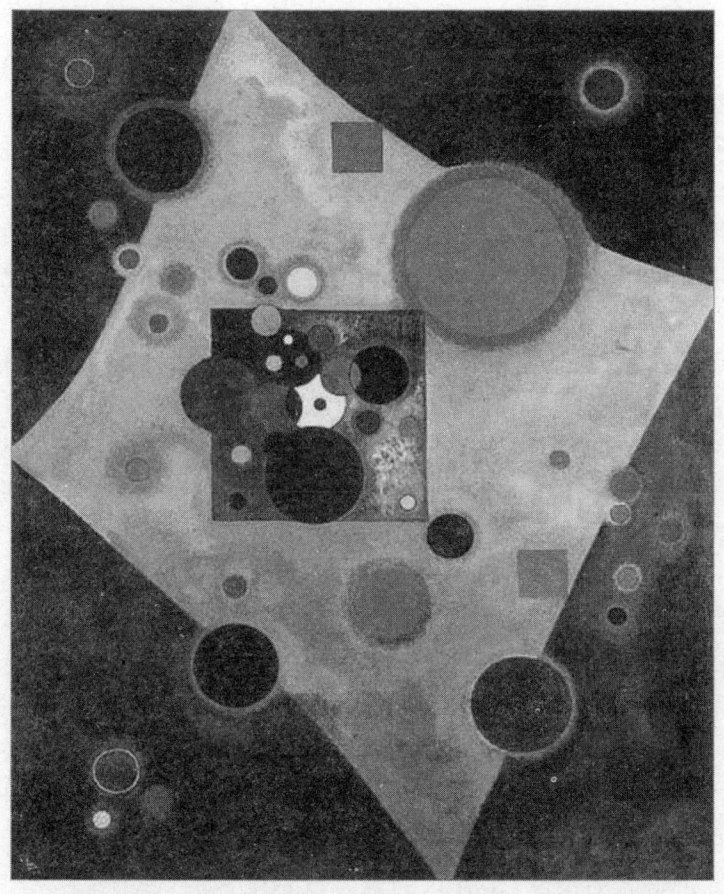

康定斯基《粉色的音调》:点线面的和谐构成音乐般的节奏

①② 爱德华·汉斯立克:《论音乐的美》,1980:13、38。

中国的嵇康在其著名的《声无哀乐论》中也表达了相似的观点："夫天地合德，万物资生。寒暑代往，五行以成。故章为五色，发为五音。音声之作，其犹臭味在于天地之间，其善与不善，虽遭遇浊乱，其体自若而无变也，岂以爱憎易操，哀乐改度哉？"其意是说音乐有天地宇宙赋予的"其体自若"之和，人的爱憎、哀乐情感和音乐没有关系，音乐自身的特性并不因人的情感变化而被改变。嵇康还说："声音自当以善恶为主，则无关于哀乐；哀乐自当以情感，则无系于声音。"其意也是说音乐只有好与不好之分，与哀乐的情感没有关系。

不过，汉斯立克并不完全反对艺术能对情感有所表现，但这种表现不是情感的内容，而仅仅是一种抽离了社会现实内容的情感形式。汉斯立克说："它只能表现情感的'力度'。音乐能摹仿物理运动的下列方面：快、慢、强、弱、升、降。但运动只是情感的一种属性，一个方面，而不是情感本身。"①汉斯立克认为虽然音乐和情感不能完全隔绝，但从音乐的本质上来说，情感的地位始终是次要的。嵇康在这个问题上表达了与汉斯立克相近的思想，他说："（音乐）以单复、高埤、善恶为体，而人情以躁静、专散为应……情之应声，亦止于躁静耳。"这说明嵇康也肯定了音乐能引起人的"躁静"情绪反应，而这种"躁静"情绪反应也只能是一种情感运动而不是哀乐的情感本身。

汉斯立克在宣布传统情感表现论为谬论后，开始从正面提出自己的形式本质观。"音乐美是一种独特的只为音乐所特有的美，这是一种不依附，不需要外来内容的美，它存在于乐音以及乐音的艺术组合中，优美悦耳的音响之间的巧妙关系，它们之间的协调和对抗、追逐和遇合，飞跃和消逝，——这些东西以自由的形式呈现在我们直观的心灵面前，并且使我们感到美的愉快。"②汉斯立克举例说，在阿拉伯的图案花纹中，我们看到的是一些弧形曲线，时而轻悠下降，时而陡然上升，时而遇合，时而分离，这些弧线相互呼应，好像不能融合，但又构造匀称，处处相对又处处相辅。这种形式之间的巧妙交替、相互追逐本身就构成了图案平静而紧张状态的美的意味。

所以，音乐的形式本身就是独立的美，它不可能包含超出自身之外的任何目的，它并不是用来表现情感的手段，它本身就是目的。基于此，汉斯立克提出了一个著名的论断："音乐的内容就是乐音的运动形式。"③这句话实

---

①②③ 爱德华·汉斯立克：《论音乐的美》，1980：30、49、50。

际代表了所有形式主义者关于形式与内容关系的共同看法：内容就是形式，除了形式之外别无内容。

二、有意味的形式

继汉斯立克在音乐领域提出形式主义的看法之后，英国艺术批评家罗杰·弗莱和克莱夫·贝尔把形式主义美学全面推向艺术的各个领域。弗莱和贝尔追求纯粹的艺术，在他们看来，传统认定的艺术很大部分其实与艺术无关，都是不纯粹的。因为这很大部分艺术提供给我们的其实是艺术之外的东西，如再现性的内容、表现性的情感或者性联想。而这些东西对于艺术来说都是外在性的东西，而不是艺术本身。

贝尔对艺术的再现理论提出了批评。他认为："再现往往是艺术家低能的标志。"[1]在贝尔看来，再现艺术由于倾心于去模仿现实世界，而忽略了对形式本身的关注，因而只能够让作品与生活世界联系起来，而不能增添任何新的东西。贝尔同时批评了表现理论。他说："为了审美的目的，我们没有权利，也没有必要去探讨某个作品作者的心理状态。"[2]所以，贝尔认为："我们无需带着生活中的东西去欣赏一件艺术品,也无需有关的生活观念和事物知识，也不必熟知生活中的各种情感，艺术本身会使我们从人类实践活动领域进入审美的高级领域。"[3]

在贝尔的形式主义艺术观看，艺术家的工作既不是去再现生活世界，也不是去表达自己的情感，"艺术家的工作就是按这种规律去排列、组合出能够感动我们的形式"[4]，"他唯一注重的是线条、色彩及它们的相互关系、用量及质量"[5]。

为此，他提出了一种对艺术共同性质的新的看法："有意味的形式"。贝尔认为："在各个不同的作品中，线条、色彩以某种特殊方式组成某种形式或形式间的关系，激起我们的审美感情。这种线、色的关系和组合，这些审美地感人的形式，我称之为有意味的形式。"[6]"有意味的形式"这一命题一度被人理解为内容和形式的统一，其实不然。"有意味的形式"指的仅是纯粹形式的意味，其"形式意味"主要包含两层意思：一是作品中以某种特殊方式组合的线条和色彩；二是我们的感动或者说被激发的审美感情只是源于这种线条和色彩的组合。

---

[1][2][3][4][5][6] [英]克莱夫·贝尔：《艺术》，周金环、马钟元译，北京：中国文联出版公司，1984：18、6、16、6、19、4。

后印象主义塞尚的静物画《一篮水果》,瓶子、水果、篮筐、盘子、白色台布之间形成一种内在的秩序。

  贝尔在阐释"有意味的形式"命题两层意思的时候都显得逻辑上不是很清晰。对于到底什么是"某种特殊方式",贝尔没有给出一个明确的回答,只是语焉不详地说是"某种不为人知的神秘规律"方式。在论述后印象派绘画艺术特性时,贝尔又提出了运用简化和构图的方式去创造有意味的形式。简化和构图可以砍掉艺术上多余的信息,如陈述事实的细节、卖弄技巧的东西、提供信息和知识的东西等,进而能凸显出艺术形式的地位,使得艺术各种形式能组成一个有意味的整体的活动。贝尔对简化和构图的重视,既是对后印象派艺术特性的总结,还进一步影响了抽象派艺术。

  贝尔"有意味的形式"命题提到了审美情感,那到底什么是"审美情感"呢?虽然贝尔在这里并没有把主体情感的因素完全排除在外,但他所说的审美情感和表现理论说的情感是个完全不同的概念。表现论的情感是和一定习俗、文化传统和社会生活中的趣味和快乐相关的,是艺术表现的内容,而艺术则是这种情感得以表现的手段或媒介;贝尔所说的艺术品唤起的审美情感,并非由再现性的内容和表现性特征所唤起,而特指的是通过形式关系唤起的特殊情感而与生活情感没有关系。贝尔说:"这种灵感不是来自将物体看作手段而产生的情感,而是来自把它们看作纯形式即看作目的本身的感受。"①贝尔举例说,虽然一些叙述性绘画,如未来派绘画也能感动我们,但由于仅仅是通过暗示感情,传达思想、信息的方式而非通过形式的方式感动,因而不能触动人的审美情感,因此它们算不上是艺术品。所以,贝尔甚至认为艺术鉴赏家和数学理论家有着相似的情感状态,因为二者都只是对纯粹形式感兴趣。

塞尚的《玩纸牌者》,没有连贯的线条,简单却又富于层次变化的色彩使得画面构成一个有机的整体。

---

① 克莱夫·贝尔:《艺术》,1984:34。

贝尔进一步认为这种由形式关系唤起审美情感是一种超越时空的特殊情感，在这种特殊情感中，艺术家能以某种方式瞥见"终极实在"，见到某种"必然性"的东西；或者说，可以识别出某种"秩序"。贝尔说："伟大艺术之所以能保持长久而又不失色，是因为它所唤起的感情是不受时间、地点制约的，是因为艺术王国与尘世间完全是两个世界！"①正因如此，贝尔认为艺术和宗教是对双胞胎，艺术是宗教精神的宣言。贝尔的这种看法对后来的抽象派绘画产生了很大影响。

这样，贝尔至少从"纯粹形式方式的感动"和"超越时空性"两个方面试图去划清他所说的审美情感和表现论情感的界限。不可否认，在后印象主义和抽象艺术那里，我们能强烈地感到形式因素在其作品中的核心地位。贝尔在评价最推崇的后印象主义画家塞尚时说："他关心的不是作画，而是要表现他对形式的意味感，当他感到自己的作品已表现出这种感受时，也就是他全神贯注于作品之时。"②

三、几何抽象

和贝尔大约同时出现的几何抽象派绘画也可以看作是贝尔美学理论的具体例证。抽象艺术，特别是其中的几何抽象艺术（也称为冷抽象），不但拒斥了艺术作品的主题，而且连要表现的情感因素也减少到了极限。这种艺术风格在高度几何抽象的构成主义艺术中体现得极为明显。构成主义"它不利用构成一件作品的材料的表现性特质，而是力求把画面形象视觉要素的表现性特征减少到最小限度。表现性尽可能被从形体、色彩、笔触和表面加工中排除"。③构成主义认为艺术的"普遍的美"只能来自于作品形式的相互关系。荷兰画家凡·杜斯堡1930年发表的对当时构成主义宗旨总结的宣言中也认为艺术作品在完成之前必须由心灵完全构想出来和形成。它必须与自然给定的形式、感觉或感伤毫不相关。他还说画面必须完全由纯粹造型的要素构成，绘画要素除了"它本身"之外没有别的意义，画面除了"它本身"之外也别无它意。④

构成主义中的俄国至上主义代表人物马列维奇认为作为一个整体的作品，应是由它本身的存在，而不是由它可能"告诉"它本身之外的什么事物

---

①② 克莱夫·贝尔：《艺术》，1984：24、143。
③④ [英]哈德罗·奥斯本：《20世纪艺术中的抽象和技巧》，阎嘉、黄欢译，成都：四川美术出版社，1988：171-172、167。

而形成。马列维奇的作品都是以方形、三角形、圆形等纯粹几何形和单纯黑、白色组构出排除了一切再现因素的画面。不管是《白底上的黑色方块》还是《白底上的白色方块》，马列维奇都以一种极为简约的构图，以几何抽象的形式传达着一种"纯粹的情感"或者"纯粹形式方式的感动"。

几何抽象艺术在荷兰风格派那里获得进一步推进。荷兰风格派追求艺术的抽象和简化，排除个性和表现因素，去探求一种普遍性的终极之美。荷兰风格派代表人物蒙德里安把这种艺术追求称作新造型主义运动。新造型主义运动借助于造型和结构去观察自然，把重心集中在作品本义的线条和色彩，而且这种线条和色彩也被简化成几何形状。他们的作品往往只运用二维平面、基本的几何形（方形、十字形、圆形）和基本的色彩（红黄蓝三原色以及白黑灰三非色）来构形。蒙德里安认为普遍的美来自于形式的内在关系，包括力的韵律、色彩的对立等。同样是蒙德里安的"树"之系列作品，《红树》是一幅表现力很强的作品，野兽派的鲜艳色彩使我们可以强烈地感到树以及周围挺拔的小草的生命力。《灰色的树》则开始向抽象的形式转型，其线条杂而不乱。而在《开花苹果树》里树干和树杈则被蒙德里安抽象成了直线和弯线，运动方向相反的树枝曲线呈现一种对抗力量的平衡结构关系。整个画面不再给人一种情感的冲击，而只是各种线条的相互关系。抽象派绘画的这种对再现主体和表现情感的双重拒斥、对几何形式的偏爱运用，把形式主义信条在绘画领域鲜明地表达出来。

蒙德里安的《灰色的树》，虽然抽象，但似乎还能见出树的形象。

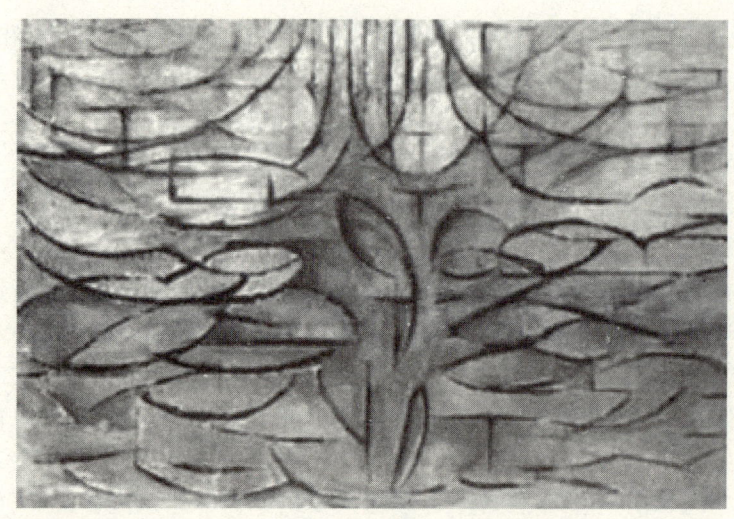

蒙德里安的《开花苹果树》,整个画面不再给人一种情感的冲击,而只是各种线条的相互关系。

应该说,弗莱和贝尔的"有意味的形式"理论的提出,可以看作是艺术理论继模仿说和表现说之后的一次大胆创新,它既是对后印象派创作经验的总结,又基本奠定了现代形式主义艺术的美学基础。在艺术的创造中,有意识地去关注纯粹形式本身以及形式本身的形而上指向可以较好地解释原始艺术、宗教艺术和抽象艺术的美学精神,为艺术创作和欣赏提供了一条新的思路。

第二节 形式——结构主义批评

形式理论除了在美学理论层面展开外,文学艺术批评领域也取得了令人瞩目的成就。其中,俄国形式主义、英美新批评和法国结构主义批评影响最为深远,三者相互承接,构成了西方形式结构派文学批评的发展历史,也形成了艺术审美阐释中作品论的主要内涵。

一、俄国形式主义批评

在文学领域,俄国形式主义文论在 20 世纪初把形式理论推向了一个新的高度。俄国形式主义要求对文学的研究抱一种客观的科学态度,对文学事实做出观察与描述。俄国形式主义把文学和作者、文学与现实生活等关系"悬置"起来，反对从文学中去寻找作者或其他人的主观情感表现以及政治、宗教、道德世界观，也反对把文学当作社会现实的反映，以便从文学中去研究社会制度、外在环境。他们主张从文学作品出发，把研究重心放在文学作品的风格、节奏、韵律、语言的分类等形式问题上，并以这种形式作为文学的"文学性"标准。他们把批判的矛头对准心理学派，反对心理学派对文学的主观主义设想。雅各布逊认为诗歌性只表现在词使人感到的仅是词而不是所指对象的表示者或者情绪的发作。俄国形式主义的另一代表埃亨巴乌姆也批评了主观色彩浓烈的象征派，他说："我们和象征派之间发生了冲突，目的是要从他们手中夺回诗学，使诗学摆脱他们的美学和哲学主观主义理论，使诗学重新回到科学地研究事实的道路上来。"①

俄国形式主义还批判了传统的形式与内容的二元论，认为内容和形式是统一一体的：内容只由形式体现，形式也总是一定内容的表达。日尔蒙斯基就说："在艺术中不存在没有得到形式体现即没有给自己找到表达方式的内容。同理，任何形式上的变化都已是新内容的发掘。"②虽然他们声称是内容形式的统一论者，但实际上他们更注重形式方面，主张"形式消灭内容"（埃亨巴乌姆）"艺术中的一切都是形式"（什克洛夫斯基）。什克洛夫斯基还提出了"程序和材料"取代了"形式和内容"概念。他认为程序与材料相对，而艺术活动的过程就是材料经由程序而被变形加工的过程。在此活动中，程序是作品成其为艺术品的决定因素，是作品产生艺术性的一切材料组织、加工及构成方式。正由于程序的这种作用，俄国形式主义干脆宣告：艺术即程序。

以形式主义批评注重的托马斯·哈代的小说《无名的裘德》为例，形式主义批评往往更为注重其故事情节的形式对称性关系：裘德从具有宗教性信仰转变成怀疑论者，而苏则从怀疑论者转变成宗教信仰者；阿拉贝娜从追名逐利转变成信仰宗教，又从信仰宗教转变成追名逐利；菲洛特森从恪守常规变成不守常规，又从不守常规转变成恪守常规。

---

① [法]托多罗夫选编：《俄苏形式主义文论选》，蔡鸿滨译，北京：中国社会科学出版社，1989：23。
② [俄]什克洛夫斯基等：《俄国形式主义文论选》，方珊等译，北京：生活·读书·新知三联书店，1989：211。

马列维奇《黑色的正方形》

伊格尔顿曾经就形式主义批评举了一个例子,从这个例子我们可以看出形式主义批评与其他批评方法的不同之处:

> 一个男孩与父亲吵架后离开了家。中午时分,他开始步行穿过树林,结果掉进了一个深坑。父亲出去寻找儿子,他向深坑底下细看,然而由于黑暗,他看不见自己的儿子。这时候太阳刚好升到正当头,照亮了坑底,使父亲救出了儿子。高兴地和解后,他们一起回家。①

对于这个文本的解读可以有多种方式。精神分析批评家可以看出其间有关俄狄浦斯情结的明确暗示,孩子掉进深坑是他潜意识中希望的与他父亲不和而应得的惩罚。这个惩罚可看作是一种象征性的阉割或是象征性的求助于母亲的子宫。人道主义批评可能认为这个文本是内在于人类关系中的困境的强烈戏剧化。还有人会将文本视作"儿子/太阳(son/sun)二词的扩大的、毫

---

① [英]特雷·伊格尔顿:《二十世纪西方文学理论》,伍晓明译,西安:陕西师范大出版社,1987: 104。

无意义的文字游戏等。形式主义批评关注的则不是文本的实际内容,他们只在文本本身形式中寻求小说意义。"孩子与父亲吵架"看作"低反叛高",反叛的结果是沿水平线穿过树林,达到"中"。男孩掉进深坑,可以看作由"中"再次滑落到"低",阳光射入坑内表明的是"高屈就低",因而高与低再次达到平衡。儿子与父亲一起步行回家再次意味着"中"。在形式主义者看来,整个小说就是一种高与低的二项对抗最终趋于平衡的叙事过程。

二、英美新批评

英美新批评为西方文学批评理论的重要组成部分,它起始于20世纪20年代的英国,盛于四五十年代的美国。新批评理论强调文学研究中的作品本体,主张去分析、研究作品本身的内在结构,让作品自己说话。英美新批评理论在文学批评观念和方法上都有所创建,深远地影响到了西方文学理论。

从文学批评观念上看,新批评派主要对传统文学批评观念进行了批评,并把传统文学批评冠之以"谬见"头衔。新批评派从艾略特、瑞恰慈开始,中经燕卜荪、兰色姆等人到韦勒克等人主张以一种"本体论批评""文本批评""内部批评"等来为文学批评正名。他们反对传统文学批评中的以作者为中心的传记式批评,认为这种从作者生平和传记资料入手的批评方法实际上离开了作品本身;他们也反对以环境背景为中心的社会历史式批评,认为这种追寻作品产生具体社会历史条件的批评角度同样忽略了作品自身的意义;他们也反对以读者感受为中心的反应式批评,认为这种批评实际上是把文学批评引入了诸如道德论、感情论等作品外部因素。所以,新批评派强调文学作品本身的自足,强调应展开对作品自身价值的研究而应与作者的情感表现和读者的心理反应无关。

为了旗帜鲜明地亮出自己的文学批评观念,新批评派提出了诸如"非个性化"理论、"本体论批评"等主张。作为新批评派创始人之一的美国诗人艾略特就提出"非个性化"理论来消弭作者在创作中的个性。在《传统与个人才能》一文中,艾略特反对在文学鉴赏和批评中去称赞作者的独特个性。他认为真正的作家恰恰是要在创作中放弃自己的个性而把自己融入到历史深远的文学传统中,在整个文学传统中找到自己的意义,然后通过创作去延伸和发展传统。基于这种高度的历史意识,艾略特认为每个艺术家应该尽可能地了解传统并参与传统,"于是他就能随时不断地放弃当前自己,归附更有价值的东西。一个艺术家的前进是不断地牺牲自己，不断地消灭自己的个性"①。因此，"非个性化"理论提倡文学鉴赏和批评应把注意力从作者身上转移而进入到超离了个性之上的作品中去："诚实的批评和敏感的鉴赏，并不注意诗人，而注意诗。"②

"本体论批评"是美国文论家兰色姆提出的。兰色姆和艾略特一样，反对道德论、情感论、感觉论等传统批评方法，而提出艺术作品自身就是本体，应该立足于作品本体来展开艺术批评。和俄国形式主义相似，兰色姆也在寻找一种"文学性"的标准。在他看来，文学之所以为文学，其标准不在于道德伦理的宣扬，也不在于感情的表现，而只在于文学作品自身的结构。兰色姆说："我认为，诗歌的特点是一种本体的格的问题。它所处理的是存在的条理，是客观事物的层次"，"诗歌是大量局部组织联缀起来的一种松散的逻辑结构"。③

经由文学批评观念的确立，新批评派在艺术批评上还提出了具体的操作手段。这种具体的操作手段大多都围绕着作品本身的语义层面展开。燕卜荪的"含混"类型说、兰色姆的"构架—肌质论"以及兰色姆弟子阿伦·退特的"张力论"都是影响深远的新批评方法论。英国文学批评家燕卜荪在其著名的《含混七型》中通过对具体文学文本的研读，总结出来了文学中的七种含混类型，认为文学作品中的含混并不是文艺创作中的弊端，反而是艺术审美价值的体现。正是这种语言的"复义"性，使得作品的诗性得以集中展现。

兰色姆则提出"构架—肌质论"来具体说明他的"本体论批评"。兰色姆举例说诗如同一面墙，既有作为主体的墙壁又有作为墙壁装饰所涂抹的粉、所糊上的纸或挂着的画。诗歌由两部分组成，一个就是作为诗的实体部分的逻辑构架(structure)，即墙壁；一个就是附丽于实体部分的细节肌质(texture)，即墙壁上的装饰。诗的构架是使诗的意义得以连贯的逻辑线索，是可以转述出来的；而肌质则是这个逻辑线索得以展开的丰富的细节，是无法转述的。兰色姆"构架—肌质论"以一种作品结构论替代了传统的"内容—形式"二分法，从而为其诗学理论寻找到了一种新本体。

作为兰色姆的学生，阿伦·退特把老师的"构架—肌质论"发展为一

---

①②③ 赵毅衡编：《"新批评"文集》，北京：中国社会科学出版社，1988：28、28、73、74。

种"张力论"。退特把诗歌的"文学性"标准定位为具有一种"张力"性质。"张力"(tension)一词源于"外延"(extension)和"内涵"(intension)去掉前缀而形成。其意义就是要在诗中协调好诗的外延和内涵的关系,做到外延和内涵统一的诗就是好诗。按照退特的理解,诗的外延指的是语词的指称意义,是语词的概念所在;而内涵指的是语词的感情色彩、诗性联想等,是语词的意象本身。在退特看来,好的诗应该是语词的概念和意象的相互补充,相互贯通,形成一种外延和内涵的"紧张性"整体效果。可以看出,不管是构架和肌质的结合还是外延和内涵的贯通,都表明了新批评派在文学批评中试图从作品本身出发去把理性掌控和情感感受有机结合起来的努力。

三、法国结构主义批评

法国结构主义是结构主义语言学和形式主义文学理论相结合的产物。结构主义最直接的思想源自瑞士语言学家索绪尔。索绪尔语言学研究中的语言/言语、能指/所指、共时性/历时性以及句段关系/联系关系等术语为人打开了一种新的"结构网络"研究视野。"结构就是一种关系的组合,其中部分(成分)之间的相互依赖是以它们对全体(对整体)的关系为特征的。"[1]索绪尔把符号看作能指(signifier)与所指(signified)的统一体,能指只与所指相对,而与外在指涉(referent)毫无关系。这样,符号在自身的内部结构就能获得意义的来源,而无需考虑到外在事物对符号的限制。作为结构主义之父的克洛德·列维-斯特劳斯在1945年的《语言学和人类学的结构分析》一文中最早运用结构语言学分析方法去研究人类学,正式宣告了法国结构主义的开始。列维-斯特劳斯认为在一些文化现象表层结构中都蕴藏着一个深层结构,这个结构体现对全人类心理都普遍有效的思维构成原则,是一种深层无意识的"逻辑程序"。他由此展开了对神话、亲属关系、图腾、社会组织、原始艺术、民俗、巫术等诸多方面的结构分析。在列维-斯特劳斯熟为人知的对俄狄浦斯神话的分析中,他对原有的故事进行的拆散与重组(表5.1)。

---

[1] [比]布洛克曼:《结构主义:莫斯科—布拉格—巴黎》,李幼蒸译,北京:商务印书馆,1980:15。

表 5.1　列维-斯特劳斯对俄狄浦斯神话的拆散与重组

1	2	3	4
卡德摩斯寻找被宙斯劫走的妹妹欧罗巴		卡德摩斯杀死毒龙	
	土生人互相残杀		拉布达科斯（拉伊俄斯之父）=瘸腿
			拉伊俄斯（俄狄浦斯之父）=左腿有病
			俄狄浦斯=肿脚
	俄狄浦斯杀其父拉伊俄斯	俄狄浦斯杀司芬克斯	
俄狄普斯娶其母为妻	埃忒奥克勒斯杀死其弟波吕涅克斯		
安提戈涅不顾禁令安葬其兄波吕涅克斯			
过高地估计了血缘关系	过低地估计了血缘关系	人不起源于大地	人起源于大地

在他重写的貌似乐谱的表中，横着读是与原神话相关的故事情节：卡德摩斯寻找被宙斯劫走的妹妹欧罗巴—卡德摩斯杀死毒龙—土生人互相残杀—卡德摩斯后代拉布达科斯—拉布达科斯生儿子拉伊俄斯—拉伊俄斯生儿子俄狄浦斯—俄狄浦斯杀父—俄狄浦斯杀司芬克斯—俄狄普斯娶母—俄狄浦斯两个儿子相互残杀—安提戈涅葬兄。

竖着读则可以发现隐藏在故事情节里存在的相似的类别，通过对这些类别共同性的归类，则可以昭显文本结构的深层意蕴。经由列维-斯特劳斯重组的图表每一纵列可以显现一个共同的内容。第一列的共同内容是有血缘关系的亲属之间关系过于亲密，其共同特点是过高的估计了血缘关系；第二列的共同内容是对血缘关系估计过低；第三列与杀死怪物有关，这些怪物都是从土里产生，人杀死怪物表明其共同特点都是对于人由土地而生的否定；第四列所有的名字都有一个共同特点，都表明笔直行走或笔直站立有困难，这恰表明的是人由土地而生的观念。通过列维-斯特劳斯的结构分析，这则神话体现出了过高地估计了血缘关系和过低地估计了血缘关系的对立以及人不起源于大地和人起源于大地的对立。列维-斯特劳斯由此认为这个故事隐藏的深层结构实际上体现了原始人的普遍困惑：人到底是由土地所生还是男女所生？人是同一还是不同血缘关系所生？

法国象征主义画家莫罗的《俄狄浦斯与司芬克斯》：俄狄浦斯以坚定的眼神、有力紧握的兵器、退避的姿势拒绝了司芬克斯的求情。

可以看出，结构主义通过对作品结构的形式分析，给作品做出了一种全新的解读方式。结构主义批评为神话、亲属关系、图腾、社会组织、原始艺术、民俗、巫术等领域的研究开拓了一种新的研究方法论。

形式——结构主义批评注重于作品自身形式的研究，限制了情感主义在音乐评论中的泛滥，使得作品本身的形式和结构研究得到了极大的丰富，并赋予了人文学科以科学性和可操作性，带来了一种全新的阅读效果。不过，这种批评方法一概地把作者、读者、社会历史等因素排斥在研究之外，又走上了另一个极端。

第三节　形式与内容、生活情感与形式情感

形式主义只把艺术作品自身的形式、结构作为艺术的本质而排斥其他的方面。它使得我们能更自觉地去意识到艺术形式如色彩、形状、线条等的重要性，从而能更容易的去接受一些新的抽象艺术。形式主义的艺术实践也确实呈现出了一种艺术的创新面貌。但其对再现性和情感内容的排斥，导致这一结论与大部分人对艺术的亲身体验是矛盾的。现在要问的是，对作品自身形式特征的关注，是否就意味着一定要排斥艺术品的再现或心理内容呢？要回答这个问题可以从两个方面来予以反思：一是形式和内容的关系，一是情感与生活的关系。

一、艺术形式能否是完全脱离再现内容的纯粹形式

形式主义的一个典型观点是内容就是形式，除了形式之外别无内容。这一观点可以从两个角度来理解：一种理解是形式和内容是等同的，形式就是内容，内容就是形式。第二种理解是只有形式，没有内容。不管从哪个角度理解，形式主义持的都是一种无关乎内容的纯粹形式观。

这里的问题是，是否存在着完全脱离艺术再现内容的纯粹艺术形式。这里有必要重申一下题材和内容的区别。形式主义的错误之处在于混淆了题材和内容的区别，题材是艺术品外在的事物，但内容却是内在于艺术品的。题材虽然决定和制约了作品的内容，但题材和内容的关系不是等同的关系。艺

术作品的内容是题材的不同呈现方式,是对题材的剪裁和提升。比如同样的一个关于"裸体美女"的题材,在乔尔乔内、安格尔、马蒂斯、毕加索、莫迪利阿尼、克里姆特等画家那里则有着不同的内容。这些画家笔下的艺术品画面的分布、线条和形状的安排、色彩的运用等各不相同,故各自传达出来的艺术内容信息远远超出了一个"裸体女人"的题材。也许外在的题材是可以在艺术品中排除的,但作为艺术有机整体的内容却是无法排除的。我们几乎不可能做到在不注意再现内容的情况下单纯地去领悟作品的形式。罗丹就说:"没有一件艺术作品,单靠线条或色彩的匀称,仅仅为了视觉满足的作品,能够打动人的。"①

形式主义试图摆脱生活世界的意义,去寻找一种超越时空、文化的艺术绝对共性,而没有看到纯粹形式本身也是源于生活世界,必然会打上生活世界的意义。符号形式实际是人类在与世界打交道的过程中,逐渐从生活世界抽象出来用以把握世界的方式和手段。当它从生活世界被抽离出来后,好像具有了独立自主的意义,但并不能完全割断和生活世界的关联,它必须与生活世界相互关联才能得到人的理解。同样,我们的"欣赏音乐的耳朵"和"感受形式美的眼睛"也不是天赋的,而是来自生活世界的塑造。可见,绝对而纯粹的形式美几乎是不可能的,它是必然要和一定的内容相结合的。用李泽厚的话说,艺术形式的出现都源于一种社会生活的积淀。虽然艺术实践中也可能出现一些突破社会生活积淀的创造性形式,但这种创造性形式依然只能是在一定的积淀基础上的突破。离开了生活世界,艺术的形式就成为了一堆毫无生气、毫无意义的符号。如果说汉人对纤细轻盈的人体形式情有独钟的话,这种形式美到了推崇丰满圆润的唐人那里就不见得能被人欣赏了。在艺术品中也是如此,一幅绘画中蓝色和红色的和谐关系,难道不是一块具体的蓝色和具体的红色之间的和谐关系吗?马蒂斯的蓝色和红色的和谐关系难道和康定斯基的蓝色和红色的和谐关系是同一超越时空的抽象形式关系吗?如果作品只关乎形式而不涉及内容,那我们就可以说在艺术形式处理上比较专注、成功的作品一定优于其他作品。如是真是这样的话,形式主义者就无法回答下面的问题:从艺术形式上看,达·芬奇的绘画比不上蒙德里安,但蒙德里安的绘画一定优于达·芬奇的绘画吗?

---

① [法]罗丹口述,葛赛尔记:《罗丹艺术论》,沈琪译,北京:人民美术出版社,1978:51。

马蒂斯大红大绿大蓝色彩的《带绿色条纹的肖像》

形式和内容应该是相辅相成的一对概念。黑格尔说:"内容非他,即形式之转化为内容;形式非他,即内容之转化为形式。"① 所以,没有脱离内容的形

---

① [德]黑格尔:《小逻辑》,1980:278。

式,也没有脱离形式的内容。"文胜质则史",如果只注重形式,其作品往往因缺乏思想内容的支撑而流于表面和虚华;"质胜文则野",如果只注重内容,其作品往往缺乏形式技巧的传达而流于粗野和庸俗。艺术形式的改变绝不是与内容无关的,同理,艺术内容的改变也绝不是与形式无关的。形式的改变或者移动会影响到作品内容的改变,同样,内容的改变或者移动也会影响到作品的形式的改变。把塞尚静物画中的圆形水果改为三角形,或者把水果改为面包,其作品的内在性质就必然发生改变,从而毁坏作品整体的统一性。

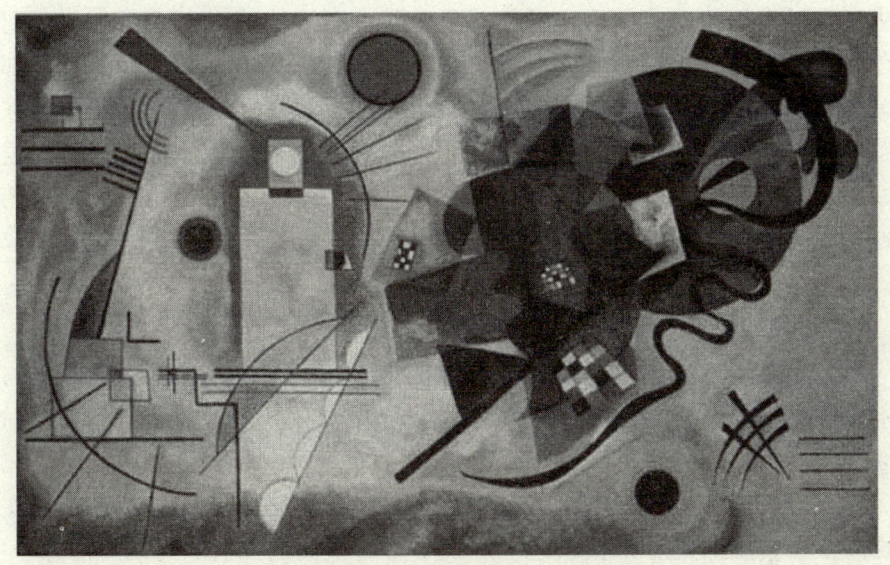

康定斯基的色彩作品《红、黄、蓝》

黑格尔说:"对于一个艺术家,如果说,他的作品的内容是如何的好(甚至很优秀),但只是缺乏正当的形式,那么这句话就是一个很坏的辩解。只有内容与形式都表明为彻底统一的,才是真正的艺术品。我们可以说荷马史诗《伊利亚特》的内容就是特洛伊战争,或确切点说,就是阿基里斯的忿怒;我们或许以为这就很足够了,但其实却很空疏,因为《伊利亚特》之所以成为有名的史诗,是由于它的诗的形式,而它的内容是遵照这形式塑造或陶铸出来的。同样,又如莎士比亚《罗密欧与朱丽叶》悲剧的内容,是由于两个家族的仇恨而导致一对爱人的毁灭,但单是这个故事的内容,还不足以造成莎士比亚不朽的悲剧。"①所以,艺术作品的形式和内容都是艺术品内在的东西,

---

① 黑格尔:《小逻辑》,1980:279-280。

缺少任何一个都不大可能。作品应当是内容和形式构成的统一有机体。

形式主义追求的脱离再现内容的纯粹形式实际上就是要使艺术同生活相分离，以便让人专注于作品的形式而非再现性的内容。为了做到这一点，从后印象派开始，很多形式主义的艺术实践都逐渐把艺术空间从三维立体空间转向二维的平面空间。前面在再现理论中论及焦点透视的三维立体空间的出现正是为了营造艺术再现性幻觉的需要。其审美幻觉的形成目的恰恰是把艺术与生活连接起来。而二维平面空间的出现正是要抑制这种审美幻觉的形成从而使得人们把目光更多地从生活世界转向艺术自身的形式世界。问题是，所有的艺术都是在抑制审美幻觉的形成吗？即使所有的艺术都是这样，那这种想法又是否能真正实现呢？答案都是否定的。显然，我们今天不但还在兴趣盎然地在欣赏着伟大的写实主义艺术，而且在面对形式主义艺术的时候我们也不仅仅只在关注着形式特征。所以，艺术的形式不可能是完全脱离艺术内容、脱离生活世界的纯粹形式。

二、艺术情感能否是完全脱离生活情感的纯形式情感

形式主义的另一个典型观点就是艺术无关乎情感的表现，即使是艺术与情感相关，其也是一种只与形式相对待的审美情感。并且，这种审美情感是与生活情感完全无关的纯形式情感。那么，存在着这样一种纯形式的审美情感吗？

前面论述过，不存在完全脱离生活世界的纯粹形式。同理，也不存在完全脱离生活情感的纯粹形式情感。形式主义所认同的那种"运动"情感、"躁静"情感必然会与生活情感相互牵扯，必然会打上不同的生活经历和文化历史烙印。不同的文化历史状态、不同的生活经历和不同的生活情感会渗透到"躁静"情绪的运动之中，并积淀为一种具有生活情感形态的形式审美情感。如果说人面对艺术只是引起人头脑的运动或者躁静之类的反应的话，那艺术对人的生命的意义就会大打折扣，因为这种运动或躁静反应很可能仅仅只是人的生理反应而已。只有炫目的形式技巧，而不能给人带来内心的感动和生命的反思的艺术是没有意义的艺术。人们之所以在艺术面前或痴狂或静穆或感触或欣喜，难道不正是在艺术活动中体会到了人生在世悲欢离合、生老病死的艺术化了的生活情感吗？形式主义者把大量的再现和表现艺术都排斥在艺术的范围之外，认为这些都不是艺术，从反面暴露出来的恰恰是他们理论的偏颇。

所以，试图以一种"放之四海而皆准"的纯粹形式去概括所有艺术注定是失效的。事实上，贝尔的"有意味的形式"不还是指向了某种"终极实在"的宗教情感吗？李泽厚就说："实在没有所谓纯粹的艺术，只有或多或少地渗透人世情感内容的艺术。"①我们欣赏艺术也不会只去留意那些纯粹的形式，往往生活的场景和各种心理的情绪都会出现在欣赏的过程中。在艺术创作和欣赏过程中，要完全排除这些再现和表现的因素，是很难做到的。从纯粹形式的方面来观看一幅绘画几乎是不可能的。我们往往在再现并不存在的地方看出再现，在情感性特征不强烈的地方看到情感。"所以，我们认为要把视觉形式置于完全孤立的状态下来考虑是极其困难的。"②

具体而言，贝尔对纯形式引起的审美情感和表现论情感的划界是难以令人信服的。纯形式引起的审美情感往往可以看作是表现论情感中的一种特殊形态。而汉斯立克的观点也不能够解释很多表现性音乐，如填写歌词的音乐作品或者标题音乐。一首音乐有时会因为它的标题或者填写的歌词而对人的情感产生很大的影响。也许正是认识到了这个理论困惑，汉斯立克把标题音乐和填词音乐排斥在他讨论的范围之外而对器乐曲一往情深的。但事实上，音乐不仅仅限于器乐，器乐只是音乐的极小部分，大量存在的却是有标题和填词的音乐。音乐的标题和填词对人的情感有很大的影响作用，比如舒伯特的四重奏曲《死亡与少女》，它的标题引导着听众去发现音乐作品中存在的悲伤。尤其在中国的绘画艺术中，不但存在着标题，更是诗、书、画、印四者合一。可见，中国绘画的艺术形式往往是和生活经验密切相关。绘画上的题画诗本身就是绘画作品的一部分，它一般传达了艺术家的绘画背景或者情感意图。所以，除了对形式本身的知觉外，加深对艺术家创作背景和情感意图的了解也是有利于更好地掌握作品的绘画形式的。

归纳而言，形式理论总结了艺术现象中的如下内容：

（1）艺术的本质以及美的来源只在于形式自身，艺术内容只是形式别无其他。

（2）艺术因其形式而引发审美情感，其审美情感只是一种纯形式情感。

（3）因对形式自身的探索，使得艺术呈现为一种审美的自律。

---

① 李泽厚：《美学三书》，合肥：安徽文艺出版社，1999：551。
② [英]安妮·谢泼德：《美学：艺术哲学引论》，艾彦译，沈阳：辽宁教育出版社，1998：70。

明项圣谟的《大树风号图》。画面树干挺直粗壮，枝条苍劲有力，传达了作者孤寂苍凉却又顽强不屈的情感。其题画诗云：风号大树中天立，日薄西山四海孤。短策且随时旦莫，不堪回首望菰蒲。

可以说，形式理论虽然在解释一些形式结构比较明显的艺术品时具有一定的合理性，并在把以前不大被人关注的形式因素推向令人瞩目的艺术理论前台功不可没，但由于过分的执着于艺术的内部批评，忽视了外部社会文化因素和主体经验的影响，故也较为偏颇。它偏激地把再现性内容和表现性情感排斥在外，无法解释艺术的多元性。同时，形式主义艺术观对科学性、操作性的注重，可能导致人们对艺术兴趣的降低。如果我们在创作和观赏艺术时，仅仅只看到艺术品抽象的形式关系，我们的观赏乐趣将大打折扣。所以，艺术形式的出现是内容积淀的结果，虽然这种积淀会不断地得到突破，但突破后又会形成新的积淀。也许，把艺术形式看作是一种与再现内容、表现情感相联系的有机形式是一种较明智的选择，而艺术的形式和内容正是在一种积淀—突破—再积淀—再突破的过程中得以协同发展。

艺术作为一种公众现象，它必然还要与众多的欣赏者发生关联。不同的欣赏者，会对艺术再现的内容、表现的情感和艺术的形式有着不同的看法。要完整地揭示艺术现象，还应该进一步地去了解接受者的审美经验等相关问题，这也正是下一章的论题。

第六章　接受者

> 忧心忡忡的穷人甚至对最美丽的景色都没有什么感觉。
> ——马克思：《1844年经济学—哲学手稿》

艺术的接受者（Reception）可以分为欣赏者和阐释者。欣赏者侧重于对艺术的个人审美欣赏，并不一定需要得到别人的回应；阐释者特别是作为艺术评论家的解释者则既要欣赏，又要传达自身的审美经验以得到别人的认可。

关于接受者地位在艺术中的重要性，我们可以从中西两则故事说起。

《华盛顿邮报》曾经以《地铁站的小提琴家》（*Violinist in the Metro*）为题登载过一个真实的事件：2007年，一个寒冷早上的上班高峰期，著名音乐家Joshua Bell在华盛顿的地下铁用他价值350万美元的小提琴演奏了6首巴赫的曲子。在音乐家演奏的45分钟里，几千行色匆匆的上班族经过伟大的音乐家身边，只有6个人停住脚步并稍加停留。在音乐家演奏期间，大约有20个人给了钱，他一共收到了32美元。戏剧性的是，在地铁演奏前两天，Joshua Bell在波士顿一家剧场的演奏会被销售一空的门票价平均为200美元。

《吕氏春秋·孝行览第二·本味篇》载：伯牙鼓琴，钟子期听之。方鼓琴而志在太山，钟子期曰："善哉乎鼓琴！巍巍乎若太山。"少选之间，而志在流水，钟子期又曰："善哉乎鼓琴！汤汤乎若流水。"钟子期死，伯牙破琴绝弦，终身不复鼓琴，以为世无足复为鼓琴者。

第一则故事把我们重新带入了艺术的谜团之中。同样的艺术家，同样的美妙音乐，在行色匆匆的人和剧场演奏会的观众那里却产生了天壤之别的效果。这里值得思索的艺术问题很多，但前引马克思的那句话应该可算得上是一个重要的原因。当然，这并不是说穷人就没有审美力，而是说忧心忡忡、行色匆匆的人往往因生计所迫，无法对美妙的东西产生一种审美的关注，因而也就无从去领会美，感受美。在这种状况下，再美妙的艺术也只能以一种

"可能的艺术"而潜藏存在,而无法进入人的生命世界引起共鸣从而转变为"现实的艺术"。而剧场则能给人营造一种审美的距离,让人进入一种艺术欣赏的心境。

第二则故事表明了艺术欣赏者的地位。欣赏者在中国文化中又叫作"知音"。所谓"酒逢知己千杯少""千金易得,知音难觅"说的就是欣赏者的重要性。"俞伯牙摔琴谢知音"的故事表明在艺术活动中,如果没有了知音的欣赏,艺术也就没有存在的必要了。可见,艺术活动过程中,欣赏者也绝不是一个可有可无的角色。

这里传达出的理论问题就是接受者在艺术活动中的重要性以及欣赏者的审美态度问题和评价者的阐释问题,即审美经验和审美阐释的问题。

第一节 艺术审美经验

审美经验(aesthetic experience,有时又被人称为美感经验、审美心理、审美知觉、审美意识等)是近代美学的一个核心问题,往往被看作是古典美学和近代美学划分的一根准绳。朱光潜说:"近代美学所侧重的问题是:'在美感经验中你们的心理活动是什么样?'至于一般人所喜欢问的'什么样的事物才能算是美'的问题还在其次。"①如果说古典美学对艺术的追问是从艺术本质出发自上而下的哲学思辨的话,那么近代美学对艺术的追问则以自下而上通过心理学方法描述审美经验而展开。"什么叫作美感经验呢?这就是我们在欣赏自然美或艺术美时的心理活动。"②在艺术哲学中,艺术的"审美经验定义"说的是:如果一件事物能够让人获得相当量的审美经验,或者其目的就是去让人获得相当量的审美经验,那么这件事物就成为了艺术品。如美国分析美学家比尔茨利就认为艺术的预期目的或预期功能是导致审美经验的产生,这属于一种功能主义美学的艺术定义。但对于到底什么是审美经验这个问题,目前学界可谓众说纷纭。这里仅就审美经验的相关重要问题进行一下探讨。

虽然有关审美经验的讨论可以追溯到古希腊的毕达哥拉斯,但这个词在美学和艺术上真正引人关注则是在 18 世纪。对美感经验的心理分析,由英国

①② 朱光潜:《文艺心理学》,1996:9。

经验主义美学家夏夫兹伯里所创始,接着由艾迪生和哈奇生所推行,其成果在 18 世纪中叶便已达到了高峰。虽然如此,但真正对审美经验进行系统辨析的人则是德国哲学家康德。塔塔尔凯维奇说:"发生在美感经验的历史上的一件大事,便是 19 世纪初,在德国达成了英、德两国概念的综合,这一项综合乃是康德的杰作。"① 康德关于审美经验的相关论述可以看作是现代性审美经验理论的集中代表。

康德对审美经验特征的厘定是通过对审美判断的考察而做出的。在康德那里,审美判断也叫作趣味、鉴赏判断,它是一种主观的情感感受或生命感受。所以,康德的审美判断分析实际也是一种审美经验的分析。在《判断力批判》中,虽然康德从质、量、关系、模态四个"契机"考察了审美判断,但其中对后世审美经验理论影响最大的当属康德对审美判断的"质"的规定。康德对审美判断"质"的规定直接给审美经验和非审美经验划清了界限。

康德从质的契机上对审美判断的定位是:审美判断的快感是不带任何利害或功利性的快感。这一判定实际包含了关于审美经验的两个要点:审美经验是一种快感、审美经验是无利害性的。下面,我们简要看一下康德是如何论述审美经验的。

首先,审美判断中的快感是一种情感的愉悦感,它只与主体的情感相关。认识的判断为了求得对事物的客观认识往往是要排除情感的,因而审美判断不是认识的、逻辑的判断。康德认为,逻辑判断关涉的是客体的知识,如"这朵花是红的"传达的是关于花自身属性的认识判断;审美判断则只涉及形式,如"这朵花是美的"传达的只是关于花的感受。"红"是花的属性,是有关花的知识;而"美"则不是花的属性,仅是主体情感的感受。这表明,审美判断是基于主体对对象的纯粹形式直观。在这种直观中,主体不受到概念归类的制约,因而能处于一种自由的状态。同时,审美判断只关涉客体形式,而不受主观偏见的限制,因而也具有普遍必然性。依此,审美与认识划清了界限,它没有认识那样的概念归类,只有对客体表象的愉快不愉快的情感感受。

其次,审美判断的快感是一种不带任何利害的快感。何谓利害的快感?康德说:"被称之为利害的那种愉悦,我们是把它与一个对象的实存的表象结

---

① 瓦迪斯瓦夫·塔塔尔凯维奇:《西方六大美学观念史》,2006:331。

合着的。所以一个这样的愉悦又总是同时具有与欲求能力的关系,要么它就是这种能力的规定根据,要么就是与这种能力的规定根据必然相联系的。"①这表明,利害的快感是一种与客体的实际存在、欲求能力相关联的快感。这种利害的快感既包括因客体实存刺激人的欲望而产生的官能快适,又包括因善的欲求带来的道德赞许或尊重引起的愉快。当人口渴时,喝上一杯矿泉水会感觉很愉悦,这是生理官能的快适。日常语言中的美食、美酒、美味等词,指的就是一种生理快感;当人因工作业绩的突出而受到嘉奖时,也会感觉很愉悦,这是善的愉悦。日常语言中的美德、美名、美政等词,指的就是道德快感。生理和道德的快感都是一种有功利性、有目的性的快乐。审美愉悦则排斥了功利性和目的性,它只是因对象的形象符合了主体心意或情感机能而产生的一种快乐。日常语言中的美声、美景、唯美等词,指的就是审美快感。依此,审美快感和生理快感与道德快感划清了界限,从而使得审美之"美"和日常语言的非审美之"美"也区别出来。审美快感既不导向对对象本身的欲求,也不通过目的概念而置于理性的原则之下,而是一种无利害的和自由的愉悦。

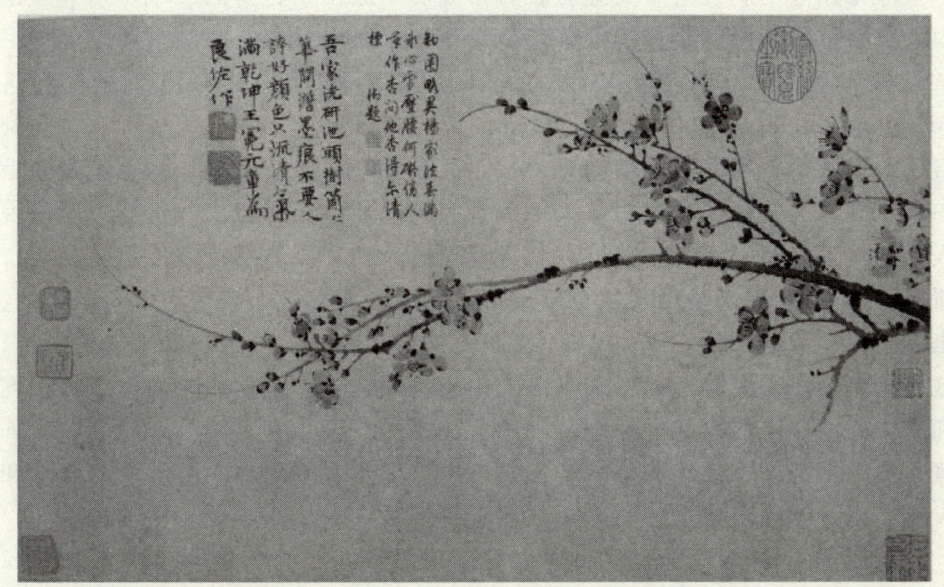

元王冕的《墨梅图》。其题画诗云:吾家洗研池头树,个个华开澹墨痕。不要人夸好颜色,只流清气满乾坤。

---

① [德]康德:《判断力批判》,邓晓芒译,北京:人民出版社,2002:38-39。

用朱光潜先生的例子来说,同一棵梅花,可以引起三种不同的态度。首先,看到梅花,如果你想起的是它的名称,它在植物分类学中属于某一门某一类,它的形状有哪些特征,它的生长需要哪些条件,经过哪些阶段,这是一种科学的态度;其次,看到梅花,你就想起他有什么实用,值多少钱,想拿起它来做买卖或者赠送亲友,这是一种实用的态度;再次,如果你在看梅花时,并不存在上述两种想法,把梅花和其他事物的联系一刀两断,而只看到梅花本来的形象,去观照它,赏玩它,这就是审美的态度了。[①]这样,康德在众多的日常经验中为审美经验划出了一块独立的地盘,为美学研究争得了一个合法的领地。

康德对美学研究领域的划分直到今天还在被美学研究者所吸收和运用,影响极为深远。彼得·基维就说:"自从十八世纪末以来,有一个观点已被许多持不同观点的思想家所认可,那就是认为审美知觉不是某种具有特殊特质的日常知觉,而是一种具有日常知觉特质的特殊种类的知觉。这种说法也就被称之为'审美的无利害关系性'。"[②]

康德用非功利性为审美经验在日常经验中划出了自身的领域,这一理论模式直接催生了影响至今的审美态度理论(aesthetic attitude)。审美态度理论常常被简称三"D"理论,因为它具有三个最为重要的特征:无利害(disinterestedness)、超脱(detachment)和距离(distance)。大体而言,无利害说源于康德,超脱说源于叔本华,距离说源于布洛。康德认为审美判断是一种无利害的快感,叔本华认为审美观照可以使人摆脱意志的挣扎以及超脱人生的痛苦,布洛认为距离可以使人避免过于功利或过于冷漠地欣赏对象。所以,审美态度理论是从主体态度或者主体的观看方式上来规定审美经验的,也就是只要以一种无利害、超脱、有距离的审美态度去展开观看事物的活动,这就是一种审美经验。前引朱光潜先生看梅的例子,实际就是说的审美态度和科学态度、实用态度的区别。中国文化中的"涤除玄鉴""心斋""疏瀹五藏,澡雪精神"等说的也是一种审美态度,即要人涤除心中的欲念、杂念和成见,以一种纯净如水的心态去观照世界万物。

从康德对审美判断的质的规定可以看出,在康德那里,审美经验是因客体表象形式而产生的一种无利害性/非功利性的情感愉悦。这种情感愉悦

---

① 朱光潜:《文艺心理学》,1996:13。
② 转引自朱狄:《当代西方美学》,北京:人民出版社,1984:280。

区别于因认识、生理、道德、经济、政治等诸多目的性满足而产生的愉悦。这里最起码可以概括出审美经验的几个特点：形象性、非功利性、情感性。这种特点用刘勰在《文心雕龙·神思》中的话来说，即是"神用象通，情变所孕"。这几个特点不是单个地而是综合地作用于经验之中，导致一种审美经验的形成。康德对非功利性已经有较好论述，下面就形象性和情感性再稍加申述之。

先看形象性。审美经验是对客体表象的感知，而这种对客体表象的感知导致审美意象的形成。形象性表明审美态度的形成不完全是主体性的，它与艺术自身的形象性也紧密相关。一个具有符合情感机能的凝聚性、丰富性的形象对象远比一个散漫、单一的物理对象更能激发人的审美经验。在日常的观看方式中，认识一个事物往往不需要对事物形象进行静观或注视，只需要知道它是什么就可以了。比如我们观看一把椅子，日常的观看方式只需要对眼前的事物扫上一眼就能马上把这一事物进行归类，然后做出"这是一把椅子"的逻辑判断。当眼前的事物一旦被贴上了标签，这种观看方式也就结束了。占有或者道德评价一个事物，是一种功利目的先行下的感知。在功利目的的关注下，人注意的是事物的实存。但审美感知却不是这样，它一方面要在椅子的每一个细节面前进行毫无目的性的逗留，对椅子的造型、质地、色彩、纹路、肌理等形象性做出品鉴和推敲；另一方面又会对审美对象进行格式塔的完形以形成一种对对象的整体意象。所以，审美经验的形象性一方面指艺术品本身的外在形象、内在形式关系；另一方面又指这种艺术品形象在主体头脑中的创造性构形。审美经验中的形象性主要指后者，这是一种"胸中之竹"，是一种意象性，它是以前者外在形象为基础在大脑里唤起的一种特殊结构图式。正是因为审美经验对审美客体的这种意象性重构，形成了审美经验和一般认识经验的不同。

比如，如果我们以一种认识的眼光去看断臂的维纳斯，我们会发现这个雕塑作为一个女人身体的不完美：鼻梁上的污痕、胸脯上的斑点和水孔还有断臂的残缺等。但在审美经验的意象中，审美的知觉却补充了这些细节的不足并丰富了眼前的对象。在审美经验中，我们忘记了维纳斯雕塑的残缺和断臂，呈现在眼前的是一座完美无缺、线条优美、婀娜多姿的雕像。所以，审美经验的形象性既是情致化的，又是虚灵化的，它造就了审美意象的形成。

被誉为希腊女性雕塑中最美的《断臂的维纳斯》。在审美经验中,我们忘记了维纳斯雕塑的残缺和断臂,呈现在眼前的是一座完美无缺、线条优美、婀娜多姿的雕像。

再看情感性。情感是人对外在事物或环境的一种反应方式。如果外在事物或环境符合我们的主观情感机能,则产生愉悦感,否则会产生不适感。康德说:"快适、美、善标志着表象对愉快和不愉快的情感的三种不同的关系,我们依照对何者的关联而把对象或表象方式相互区别开来。"①按照康德的分析,生理的快适、道德的愉悦都可以是情感的愉悦感,但这种情感的愉悦是由目的性和功利性所导致的愉悦。审美的情感愉悦则摆脱了生理或实用上的目的,它在于情感自身的自由嬉戏,是唯一自由的情感愉悦。

当然,这种情感愉悦有时会以一种"痛快"的方式体现出来。如观看悲剧时,欣赏者往往会出现悲伤的情感,但艺术审美经验中的悲伤感和现实生活中的悲伤感是不同的。现实的悲伤感会给人带来真实的危害,但审美经验中的悲伤感则依然让人在体验悲伤时又快乐和欣慰。这正如金圣叹在点评《水浒》时说的:"读之令人心痛,令人快活","骇杀人,乐杀人,奇杀人,妙杀人"。德国哲学家卡西尔也说:"如果在现实生活中我们不得不承受索福克勒斯的《俄狄浦斯王》或莎士比亚的《李尔王》中的所有感情的话,那我们简直就难免于休克和因紧张过度而精神崩溃了。但是艺术把所有这些痛苦和凌辱、残忍与暴行都转化为一种自我解放的手段,从而给了我们一种用任何其他方式都不可能得到的内在自由。"②所以,不管是中西悲剧艺术还是"以悲为美"的古诗词赋,其给人带来的依然是一种深度情感的精神愉悦。

作为唯一自由的审美情感显现了主体自由无滞的生命精神,它既可以是奔放、热烈的生命激情也可以是淡然、冷静的生命性情。在审美经验的情感愉悦中,生命既不是莽撞冲动的生物本能,也不是干瘪枯燥的抽象之物,而是鸢飞鱼跃、活泼玲珑的情感之流。英国艺术批评家赫伯特·里德在评价日本浮世绘画家葛饰北斋的版画《巨浪》(即《富岳三十六景:神奈川冲浪里》)时就对审美的情感之流描述道:"我们的情感将会汇入那奔流的巨浪之中。我们跃入巨浪,随着巨浪一起升腾,感到在起伏的波涛与地心引力之间存在一种张力,随着浪峰摔成碎末,我们感到自己伸出愤怒的双手,试图撕裂藏在下面的怪物。"③在审美经验中,生命情感之流根据不

---

① 康德:《判断力批判》,2002:44。
② [德]卡西尔:《人论》,甘阳译,上海:上海译文出版社,1985:190。
③ [英]赫伯特·里德:《艺术的真谛》,北京:中国人民大学出版社,2004:19。

同的审美意象时而相互对抗、追逐撕扯，时而相互嬉戏、流连往返，呈现为感物心动、情景摩荡的审美状态；同样，生命情感之流还时而与审美意象相映相照，令人精骛八极、心游万仞，从而进入一种情物相融或契同的深度的情感体验状态。审美体验恰是审美情感对审美意象的洞察领悟、玩味品鉴、缱绻缠绵。在这种饱满充实的深度情感体验状态中，宇宙节奏、人生领悟、时空韵律等难以言传的情思都呈现为一片化境，令人"应会感神，神超理得"。于此，有限的生命进入到无限永恒的境地，实现审美的超越。审美经验中审美意象、审美体验和审美超越的层次演进和无缝接合正契合了宗白华先生所说的艺术意境创构的三层次：直观感相的模写，活跃生命的传达，最高灵境的启示。①

葛饰北斋的《富岳三十六景：神奈川冲浪里》，令人的情感与巨浪相互抗争，一起撕扯，形成一种深度情感体验。

所以，审美经验既是形象性、非功利性和情感性等心意特征综合作用的生命协调过程，又是审美意象、审美体验和审美超越的生命律动的过程。

---

① 宗白华：《美学散步》，1981：74。

石涛的《为徽五作山水》,整个画面都呈现向上升腾的力量,倒 S 形的构图凸显了"自我"生命之情的审美超越。

第二节　审美经验再思考

按前面的分析，审美活动与科学活动、纯粹的生理活动和道德伦理活动是相互区别的，而审美的快感和认识快感、生理快感、道德快感也是相互区别的。这种关于审美经验的看法以与其他日常经验划清界限的方式宣告了现代美学的确立。这种纯粹的审美经验给美学争得了自己的地盘，然而，现在要问的是，审美经验与知识、生理、道德等功利性因素的相互区别是否意味着它们之间彼此毫无关系呢？纯粹的审美经验是否是唯一的审美经验呢？

一、审美经验的特征反思

不可否认的是，在艺术欣赏过程中存在着康德意义上的纯粹审美判断——这种纯粹审美判断可以排除知识、生理、道德等功利性因素，但这种审美经验往往仅和形式主义艺术相关联，而且更多地属于那些训练有素的所谓精英阶层。[1]正如上章对形式主义艺术的反思一样，本人认为即使是在纯粹审美判断中也只是在欣赏过程中"悬置""中止"了功利因素，并不意味着功利因素就对人的审美经验不发生任何影响。

康德说："每个人都必须承认，关于美的判断只要混杂有丝毫的利害在内，就会是很有偏心的，而不是纯粹的鉴赏判断了。"[2]这句话经常被一些主张纯粹艺术的艺术自律论者（如唯美主义、形式主义）所引证。但康德这句话的意思并不是说只要混杂丝毫利害的审美判断就不是审美判断，而只是说这种审美判断不是纯粹的审美判断。因为康德并不否认非纯粹的审美判断就不是审美判断。事实上，康德也坦诚这种纯粹的审美判断是少之又少的，大量存在的现实审美判断都是不纯粹的而是一种应用的审美判断。康德把那种纯粹的不以任何概念为前提的美叫作自由美，而把依附于一定概念和目的的美叫作附庸美。康德认为花朵、鸟类、贝壳、几何装饰图案、无标题的幻想曲、无歌词的音乐等属于自由美，因为对这些东西的审美判断只关涉对象形式而不用知道对象内容；相反，一个人的美、一匹马的美、一座建筑的美、大量艺术品的美等属于附庸美，因为对这些东西的审美判断依存一定的概念，

---

[1] 就连这一点也受到了尼采、福柯、迪基等人的极力批判，认为根本就不存在康德意义上的纯粹审美判断，审美态度是一个神话。
[2] 康德:《判断力批判》，2002：39。

涉及对象的内容。可以看出，虽然康德更为强调纯粹的审美判断，但他的审美判断概念并没有完全排除掉知识、道德等内容。这应该为我们思考审美经验与知识、生理、道德等功利性因素的关联提供启示。

应该说，"为艺术而艺术"的纯粹非功利性审美经验的提出是和审美的现代性追求结合在一起的。它要求把艺术从其他的约束中摆脱出来，去获得一种艺术自身的独立性。这种非功利性的审美经验或审美心理构筑出的是一个现代性的美学主体，它要求人们通过艺术欣赏去获得一种与日常功利活动相隔绝的精神上的提升。这种对欣赏者审美心理的设定体现的是现代艺术的自律性，同时体现的也是现代艺术和美学对个人主体性的建构，而这正是审美的现代性意义所在。不难理解，审美对这种个人主体性建构的良苦用心；也不可否认，审美在这种个人主体性建构中产生的作用。正是如此，审美让人在世俗的生活中有了一种超脱和批判的向度而维持精神的独立和自由。但是，这种观念使得艺术和美学离开了日常生活世界，而走向了一条越来越狭隘的道路。艺术与工业的分离、审美与生活的割裂使得美学承担的社会功能越来越小，最后仅成为少数人坚守的一种精神乐园和身份表征。这里隐藏的还是一种审美等级观念和精英美学。非功利性审美经验往往把大众夹杂功利性的审美经验贬为粗俗的而予以排斥。这种观念是一种有教养人所秉持的特权，用以维持文化人的文化权利，而导致了对普通大众生命体验的漠视。这对于艺术和美学学科的发展也是极为不利的。

苏联美学家列·斯托洛维奇曾对审美价值和其他价值的关系表述为："无论物质-实践价值和认识价值，还是道德价值和社会政治价值，其存在不是互相隔离的，而是相互影响的。根据我们的意见，审美价值处在所有价值相互渗透的中心。"[1]朱光潜先生后来在反思文艺与道德的关系时也说："人在生理和心理两方面都是完整的有机体，其中部分与部分，以及部分与全体都息息相关，相依为命。我们固然可以指出某一器官与某另一器官的分别，但是不能把任何器官从全体宰割下来，而仍保存它的原有的功能。"[2]诚然，人性结构是个整体，不是四肢五官的机械堆积。审美知觉不可能不受到其他知觉方式的影响，审美快感不可能完全不受到道德快感、生理快感等因素的影响。

尼采就对康德以来的无利害关系进行了激烈的否定，他认为："美就处

---

[1] [苏]列·斯托洛维奇：《审美价值的本质》，凌继尧译，北京：中国社会科学出版社，1984：116。
[2] 朱光潜：《文艺心理学》，1996：117。

于功利、善行、生命提高之类生物学价值的一般范畴之内","一切艺术都对肌肉和感官发挥强烈影响"。①美国美学家桑塔耶那也认为美是客观化的快感,与传统美学把审美感官只归于高级感受官(眼、耳)而拒斥低级感官(嗅、味、触)相反,桑塔耶纳认为:"人体的一切机能,都对美感有贡献。"② 五种感觉(视、听、嗅、味、触)和三种心灵能力(知、情、意)都是造成美感的材料,连体内的血液循环、新陈代谢、喉头和肺部的感受,呼吸吐纳都是形成美感的力量,至于恋爱激情之类对美感的影响就更不用说了。杜威也认为"无利害关系"并不意味着在审美愉快中"没有欲望",而是它已"完全渗透进(观赏者)知觉经验中去了。

拙政园雪香云蔚亭。雪香,指梅花;云蔚,指花木繁盛。此亭适宜早春赏梅,亭旁植梅,眼之所观;暗香浮动,鼻之闻香。

---

① [德]尼采:《权力意志》,孙周兴译,北京:商务印书馆,2007:638、1026。
② [美]乔治·桑塔耶纳:《美感》,缪灵珠译,北京:中国社会科学出版社,1982:36。

人是一个有机体，它的每一部分都对美感的发生有着自己特定的贡献，缺乏生命的原动力的审美注定是干枯而缺乏生气的。与西方艺术对生理欲望的拒斥，在艺术门类中独尊视听艺术而对其他感觉保持警惕之心不同，中国艺术则更强调五官的相互综合和通感，嗅觉之香、味觉之滋、触觉之滑等都具有审美的意义。不但如此，中国艺术更是自觉地追寻一种五官感觉之间互换互通的独特审美经验——通感。通感式的审美经验把生命并不看作是精神的抽象物，而是以整个生命投入审美活动中，从而实现整个身心的生命超越。所以，当现代性的学科划分把情的认知结构独立出来并建立美学和它相对应时，同时又肢解了人性结构的整合性。正如杜威所说的："在根据任何严格方式对人的官能、兴趣和对象进行区分之中，我们都在将人生分割为与她自身相对，迫使她在本来自然地一道起作用的能力（情感的、智力的、感觉的）中进行选择，因而制造内在冲突和一种从一个人自己的部分中自我疏离的感觉。"①

现代西方艺术哲学甚至对"审美经验"这一概念都提出了很多挑战，很多分析美学家认为是否存在一个与其他经验不同的审美经验是值得怀疑的。特别是当人面对杜尚的小便池那样的对象时，不禁要问审美经验从何谈起呢？乔治·迪基就曾宣布审美经验中的核心理论——审美态度理论其实是一种并不存在的神话。迪基认为审美态度理论所认为的有利害关系的注意，实际上是在欣赏艺术品时的精神涣散或者不注意而已，我们并不能认定这种功利态度就必然对艺术欣赏产生很大影响。比如说，有人听贝多芬的交响曲是为了通过音乐欣赏课的考试，有人是为了听音乐而听音乐。两个人听音乐的动机和态度是不同的。但是，为了成功地应付考试，两人听音乐的方式却可能是一样的。而且，我们没有充分的理由认为动机或态度的不同必定会导致艺术关注以及艺术关注所带来的经验不同。这实际上是给审美经验这个概念宣判了死刑。

特别是目前兴盛的文化研究和环境美学，都已经对康德意义上的非功利性审美经验提出了很大的挑战。如流行文化的审美经验往往夹杂着较为明显的功利欲望，是一种具有功利性的审美经验；而环境美学则认为要正确欣赏自然，就必须把自然物放到正确的范畴下去感知，而这需要很多生物学、生态学和自然史方面的知识。

---

① [美]理查德·舒斯特曼：《实用主义美学》，彭锋译，北京：商务印书馆，2002：33。

本人认为，完全拒斥审美经验的合理性显然是极端的。因为在大量的审美活动中，我确实经历到了一种与日常经验别样的丰富感受。虽然杜尚的小便池可能并不是带着满足审美经验的意图生产的，欣赏者也可能无法从中获得审美经验。但并不能因此就完全弃审美经验概念于不顾。我们不能要求一个概念在解决各种艺术问题上"毕其功于一役"，只要这个概念能解释很多艺术审美现象，那这个概念就有其理论适用的有效性。完全拒斥审美经验概念，这会导致美学这门学科的身份困惑，也会使人在艺术欣赏中无所适从，并会导致美学的批判力量得以消解。

因此，对审美经验的理解，一方面应该只把它看作是艺术确认的一部分，另一方面也不应该把它仅仅当作一个纯粹的审美经验来理解。考虑到艺术的多样性和复杂性，对审美经验采取一种纯粹审美经验和不纯粹审美经验并行不悖的策略也许更符合我们这个时代。纯粹审美经验、辩证审美经验和具有功利性的审美经验都可以成为审美经验的"家族"成员。虽然纯粹审美经验应该被我们当作一种审美理想获得尊重，但毕竟少之又少而且值得怀疑。同样，一味地去迎合具有功利性的审美经验也将使得审美经验的深度情感体验丧失。所以，相对于现实的审美来说，对审美经验持一种辩证的看法也许更具有说服力。

二、审美经验的辩证内涵

纯粹审美经验是令人向往的，我们应该把它作为值得尊敬的审美理想来进行追求。虽然如此，真正有多少人能拥有这种审美经验还是值得怀疑的。对于普通人来说，要做到这一点更是非常困难。辩证审美经验则能较为实际地说明大多数的审美状态。从现实来看，正如康德所认为的那样，大量的审美经验是不纯粹的；从理论来看，审美经验也是很难把知识、生理、道德等功利性因素完全排除出去的。"科学的、实用的和美感的三种活动的理论上虽有分别，在实际人生中并不能分割开来。'美感的人'是抽象的，在实际上并不独立存在。形式派美学把美感经验从整个有机的生命中分割出来，加以谨严的分析，发现就观赏的'我'说，只有单纯的直觉，没有意志和思考；就所观赏的'物'说，只有单纯的形象，没有实质、成因、效用种种意义，照这种分析看，文艺自然与抽象思想和实用生活无关。我们如果承认美感经验可以由整个有机的生命中分割出来加以分析，便须否认美感与抽象思想和实际生活的关系。但是这种分割与'人生为有机体'这个大前提根本相冲突。"①所以，问题的关键并不在于审美经验是否把功利性的因素排斥在外，而在于应该如何去看待非功利性因素和功利性因素的结合关系。

就当前的审美实践来说，消费社会的兴起和大众文化的盛行，使得功利性因素在审美经验中肆意泛滥。如果我们完全放弃审美经验的非功利性特性，而把那种赤裸裸的功利性"贩卖"也叫作艺术或审美的话，就极有可能导致审美经验和艺术的消解。就目前时代的艺术发展趋势而言，用纯粹的审美经验力量去抵抗这种泛艺术的潮流注定是徒劳的。同样，完全用具有功利性的审美经验力量去彻底的欢呼这种审美图景也会使得美学的批判力量得以消亡。这样的话，以反思审美现象为本性的美学就没有存在的必要了。所以，对泛审美时代持有一种谨慎的批判态度是当代美学最为可取的。因此，坚持一种辩证的审美经验观也许是最为可取的一种方式。辩证的审美经验观，表明的是审美经验不是对功利性因素的完全拒斥，而是包容中的超越。下面以审美经验所具有的形象性、非功利性和情感性逐个来看一下它们和知识、生理、道德等因素之间的内在辩证关联。

第一，审美经验具有形象性，但这种形象性不应该被仅仅看作是纯形式，它应当是形式和内容结合在一起的。正如我们在上章所论证的一样，并不存在完全脱离再现内容的纯粹艺术形式。朱光潜先生在反省自己以前的形式派美学观点时就说："从前，我受从康德到克罗齐一线相传的形式派美学的束缚，以为美感经验纯粹地是形象的直觉，在聚精会神中我们观赏一个孤立绝缘的意象，不旁迁他涉，所以抽象的思考、联想、道德观念等都是美感范围以外的事。现在，我觉察人生是有机体；科学的、伦理的和美感的种种活动在理论上虽可分辨，在事实上却不可分割开来，使彼此互相绝缘。"②宗白华先生也说："形象不是形式，而是形式和内容的统一，形式中的每一个点、线、色、形、音、韵，都表现着内容的意义、情感、价值。"③所以，审美经验的形象性往往是和"某种对象"的形象性紧密相关的，因而会涉及欣赏者生活经验中积累到的知识的内容。

比如对一座教堂的审美欣赏，人们对其形象性的感知，往往会受到"它是教堂"这一知识内容的影响。再如我们欣赏一个文化古迹，如果不和文化

---

①② 朱光潜：《文艺心理学》，1996：162、2。
③ 宗白华：《美学散步》，1981：18。

古迹本身承载的历史事件、文化事件等联系起来,仅仅面对一堆石头的形式是很难激发出咏古之幽情的。特别是在再现艺术的欣赏中,懂得相关的知识的人和不懂得相关知识的人其审美经验是有很大区别的。在西方宗教画中,十字架是象征耶稣受难的,蛇是引诱人吃禁果的,羊象征着信徒。如果我们欣赏这些作品,没有相关生活知识的参与,仅仅面对着绘画的形式,其产生的审美经验很难说是有效的审美经验。这正如李泽厚说的:"如果你不懂十字架的含义,'桃园三结义'的故事,天鹅湖、魔笛的情节背景,你就没法'看懂''听懂'那些绘画、戏剧、舞蹈、歌唱。"① 只是要说明的是,知识性因素的影响不应该是占主导性的,否则就不是审美判断而可能是逻辑判断了。这种知识性内容在审美欣赏中,往往是以一种不知不觉的"色里胶青"式的

乔托的《犹大之吻》。《圣经》记载犹大为30块银币出卖耶稣,带领一队士兵来抓耶稣。犹大上去亲吻耶稣以作为指认耶稣的信号。如果不懂这些背景知识,观看此画带来的审美经验就会有所不同。

① 李泽厚:《美学三书》,1991:525。

"潜浸"或"融化"的方式进行的。"在审美活动中,作为审美主体的人是历史的、文化的存在。沉积在他心中的历史、文化、知识必然要在审美活动中发生作用,这种作用不是表现为逻辑的思考、判断,不是表现为'思量计较',而是'一触即觉',是刹那间的感兴。"①这也就是严羽在《沧浪诗话》中说的:"夫诗有别材,非关书也;诗有别趣,非关理也。然非多读书、多穷理,则不能极其至。"其意说的就是艺术虽然和书本知识、哲学义理无直接关系,但并不表明艺术就是完全反对读书穷理的。没有广博的知识和深刻的事理做基础,就无法创作出美妙的诗篇,也无法领略到诗篇的美妙。这正如清代谭献《复堂词话》所云:"词不能堆垛书卷,以夸典博,然须有书卷之气味。胸无书卷,襟怀必不高妙,意趣必不古雅。"

第二,审美经验具有非功利性,但这种非功利性不应当被仅仅看作是毫无功利性因素的纯粹非功利性。既然如此,那有功利性因素的非功利性还能叫作非功利性吗?这里实际关涉到的是如何去理解审美的非功利性概念的问题。对大多数审美经验来说,审美往往是功利性和非功利性的混杂。如果功利性因素在这种混杂中居于主导地位并以一种明显的、强烈意识到的功利性去影响人的感知,那么很难说这种感知就是审美感知。如面对一个美女,她激发起的只是你的生理欲望,那你不可能是在对美女进行审美欣赏。但如果生理性因素在这种混杂中是有机地、契合无间地和非功利性因素融合在一起,以致在感知外物时是以一种没有意识到的方式在起作用,那么这依然可以是一种审美感知,所谓"簟文生玉腕,香汗浸红纱。夫婿恒相伴,莫误是倡家"②。这种功利性和非功利性因素有机与内在性的结合,既使得功利性因素得以综合、超越而具有了全新的意义,又使得非功利性因素获得了生命原动力的支撑。

这一点在中国艺术和美学观念中体现得尤为明显。比如许慎《说文解字》中对"美"的解说就是:"美,甘也,从羊大"。可见,"美"是和对甘美的肥羊的生理享受结合的。再如"味""香"这些中国美学和艺术理论中极为重要的关键词也都并没有完全把生理愉快排斥在外,而是有机地把生理快感综合进来并进行了精神性的提升。这如同一颗糖放入水中,它虽然裹存在水的每一个分子里,但作为一整块的糖却再也找不到了。应该指出的是,强调非功

---

① 叶朗:《美学原理》,北京:北京大学出版社,2009:139。
② 〔梁〕萧纲:《咏内人昼眠》。

利性因素和功利性因素的这层有机结合关系对于当前的艺术和审美实践尤为重要。当前商业性的流行文化日益开始成为普通人面对的审美现象，如何把功利性因素有机地和艺术创作结合起来并予以精神性的提升，而不是粗暴地展示和生硬的"植入"应成为衡量流行文化是否达到了艺术高度的重要标杆。

第三，审美经验具有情感性，但这种情感性不应当被仅仅看作是毫无知性或意志因素的纯粹情感性。按照西方人性论的分法，人性结构可以分为知情意三部分。每一部分都具有一门相对应的研究学科：知对应逻辑学，情对应美学，意对应伦理学。其实这只是学理上的划分，而人性本来应该是一个生命整体，每一种活动中都会有三种因素的相互渗透。审美经验的情感性是有机渗透了生命欲望的情感性，是对生命欲望的提升。审美情感性是生命力的饱满和充盈，是生命感的高涨和激发。审美经验的情感性也是有机渗透了认知和意志因素的情感性，所谓"规矩谙于胸襟，自然容与徘徊，意先笔后，潇洒流落，翰逸神飞"①。在审美经验中经常会伴随着"耽思傍讯，精骛八极，心游万仞"的想象过程。想象是一种形象思维，是以情感为主而展开的体会和领悟，但又不是脱离认知因素的。不过，审美经验讲究的是"不睹文字，但见性情"。情感性中有机渗透的认知和意志因素是围绕着情感性而旋转的，没有感性形象的参与，没有感性情感的牵引，这种理性因素就脱离审美经验了。

认知的积淀往往能给情感的体悟加深底蕴，能使得胸襟更为开阔，情感更加丰富充沛。正如刘勰《文心雕龙·神思》篇云："积学以储宝，酌理以富才，研阅以穷照，驯致以怿辞。"缺乏认知和意志有机渗透的情感很容易流于一种非理性主义，最终无法导致审美意象的融凝、审美体验的深入和审美超越的达成。布洛克就说："情绪和感情并不仅仅是与理性和认识无关的内在感受，它们是对世界的一种批判性态度。因此，它既可以是理性的，又可以是非理性的。"②钱钟书先生《谈艺录》云："理之于诗，如水中盐，蜜中花，体匿性存，无痕有味。"所以，审美经验应该既有酒神狄奥尼索斯精神的陶醉，又有日神阿波罗精神的理智，是酒神精神和日神精神"羚羊挂角，无迹可求"的通达与凑泊。

所以，从普遍性意义上来说，审美经验的形象性是主体生命经验和客体

---

① 〔唐〕孙过庭：《书谱》。
② 布洛克：《现代艺术哲学》，1998：217。

艺术对象有机结合的形象性、意象性，审美经验的非功利性是功利性和非功利性有机结合的超功利性，审美经验的情感性是知情意有机结合并以情感为中枢而连贯的情感性。而这三者的内在综合、有机统一和完满则构成了审美经验的独特性内涵。这就是审美经验特性内涵的辩证法。正是这种辩证性内涵，使得审美经验既不绝然独立于日常经验的，又与日常经验保持距离。

第三节　艺术审美阐释

虽然康德为审美判断以一种"期望别人的认同"或人同此心、心同此理的"共同感"方式寻找到了一种普遍性，但毕竟审美欣赏更多地属于个人的趣味。当我试图要让个人趣味得到别人的认可时，我必须去说服别人。这时需要的就是更多理智色彩的审美阐释。当我觉得这朵玫瑰花很美，而你却不那么认可的话，我就必须对你进行解释。我会说出诸如"这花瓣多么的匀称，这色彩是多么的亮丽"之类的话来阐明我的美感经验。艺术的阐释要远比没有来头的自然美阐释复杂，因为艺术是有来头的，它几乎都是人创作出来的。

关于艺术的阐释，学界有着多种多样的解释模式。这些解释模式大致和本书采用的艺术四要素相一致：从时代环境出发来解释作品的，从作者意图出发解释作品的，从作品自身出发解释作品的，从接受者出发解释作品的。这些解释模式往往各执一端，各有理论发见，可以称之为外在世界论、作者意图论、作品论和接受者或读者论。这些模式都可以说是有效的，都是我们接近艺术的不同方式。所以，我认为这些模式并不存在哪种更合理的问题，而只存在阐释者如何选择的问题。正是解释的多样性，才显现了作品多元的魅力，显现了作品存在的永恒而开放的意义。鉴于作品论已在第五章中介绍过，下面再对其他几种阐释模式予以介绍。

一、时代环境论

时代环境论认为应该从时代环境出发来阐释艺术作品或者通过艺术作品探寻作品所折射的外在时代环境。这种时代环境论以丹纳的《艺术哲学》为典型代表。在丹纳看来，艺术品就如同一株植物，它必须在天时地利中才能得以生长。对于植被来说，不同的土壤、气候和环境会造就不同的植被种类。同样，不同的时代环境也会产生不同的艺术类型。所以，不同艺术品的出现反映了不同的时代环境。丹纳把时代环境概括为种族、环境和时代三方面，而他对艺术品的阐释则主要去寻找其背后隐藏的种族、环境和时代特色，特别是作品背后的时代精神和风俗习惯。

丹纳认为："要了解一件艺术品，一个艺术家，一群艺术家，必须正确地设想他们所属的时代的精神和风俗概况。"[1]丹纳举例说，在历史的兴盛时期往往产生斗志昂扬、积极向上的作品风格，而在历史的衰败时期，艺术也会黯淡无光，并带有感伤的色彩。比如古希腊的悲剧产生于希腊人战胜波斯人的希腊鼎盛时代，其折射出的正是希腊共和国城邦以极大努力从事壮烈斗争的那段历史。而当希腊被马其顿占领后，希腊艺术也就失去了其伟大的光芒。同样，不同的种族和环境也使得不同的绘画得以呈现。丹纳说："绘画在那个民族中诞生，存活，发育完全；周围的自然环境和创立绘画的民族性，使这一派的绘画有它的题材，有它的典型，有它的色彩。"[2]比如拉丁民族的热情、阳光的充足造就了意大利、法国式绘画的热情奔放和火红棕黄的明亮色调，而日耳曼民族的冷静、气候的湿寒则造就了德国、荷兰式绘画的冷峻安静和蓝白灰黄的暗淡色调。

应该说，通过时代环境来阐释艺术品或者通过艺术品去探寻其背后的时代环境，对于很多艺术作品，特别是再现、表现艺术都有一定的合理性。艺术作为时代精神的展示，往往承载了特定的时代环境内涵。艺术家的创作不可能脱离其所处的时代环境，其所思所感也往往是对时代环境的所思所感。

就中国艺术历程来说，不同的时代历史往往造就了不同的艺术形变，如原始艺术的神秘雄浑和巫术时代背景、汉代艺术的宏大之美和大一统时代精神、六朝艺术的自觉和政治环境与隐逸现象、盛唐艺术和开放兼容的历史环境、宋元明艺术新貌和市民经济的发展等都紧密相关。中国艺术风格不但和时代历史关联也和环境有很大关系，这一点可以从南北艺术风格的不同看出来。以园林艺术为例，受地理形势的不同，南方的私家园林一般都顺应自然，因势而造，较为小巧，人们也主要耽于在狭小的园林中经营一片大宇宙空间。而北方地理条件宽广，所以北方的私家园林一般面积巨大，需要巧力经营。同时，气候条件的不同也使人对园林色彩的选择偏好产生了一定影响。南方园林如芙蓉出水，北方园林如错彩镂金。江南的气候比较暖和湿润，阳光较

---

[1][2] 丹纳：《艺术哲学》，1991：46、215。

为强烈明艳。如果园林建筑饰以浓重华丽的色彩会显得炫目刺眼，故其园林建筑基本上以幽淡素雅的冷色调为主。南方园林一般以灰色的小青瓦作为屋顶，木作部分呈栗皮色或深棕色，所有的云墙则为白粉色，显得幽雅宁静。北方由于气候干燥寒冷，其园林建筑一般以华丽浓重的暖色调为主，如屋顶盖以黄、绿琉璃瓦或青瓦，梁枋则以青、绿为基调并绘制苏式彩画，显得富丽堂皇。

色彩华丽的颐和园之长廊

色彩素雅的沧浪亭复廊

当然，时代环境只是阐释艺术品的一个重要方面，而且往往是被当作阐释艺术品的前提来看待的。虽然如此，时代环境论对于更好地去阐释艺术品还是有着极大的意义。不过，时代环境论更多地只能运用于艺术的宏观阐释而不能过多地运用于微观阐释。因为在一个时代环境下，艺术的面貌有时是多种多样的。既有受时代环境影响的艺术，也不乏超前或游离于时代环境之外的艺术。比如，从时代环境看，汉代的主流艺术都体现了汉代大一统的时代背景，极显宏大之美。巨丽的宫苑、囊括宇宙的汉赋、纵横捭阖的汉隶、一统古今的画像砖等都体现了汉代大气的时代氛围。但汉代的乐陶俑等民间艺术却是另一番情趣，体现了更多的世俗趣味和更多的生活气息。

二、作者意图论

作者意图论认为艺术阐释应该从作者的意图出发。这种理论又可以分为作者实际意图论和假想意图论。

实际意图论者要从艺术作品中去寻找作者的真实意图，并认为作品的含义就是作者想要表达的含义，而只有作者的真实意图才是作品本身的正确意图，是作品的本意。实际意图论者存在着一个和艺术创作活动不符的地方，那就是，作者在创作的时候可能没有表达出自己想要表达的。如果是这样，通过作品去寻找作者意图注定是徒劳的。基于此，实际意图论者对自己的观点进行了限定，即只有当作者的意图被成功表达出来的时候，作者的实际意图才能决定作品的含义。

这种实际意图论引发了一种关于艺术的传记式批评方法。即通过对作者生平事迹的研究，来寻找其作品中蕴含的作者意图。也就是说，实际意图论者认为作者总是怀着一定的创作意图和创作心理来进行艺术创作的，而对艺术的阐释就是要去寻找到这种作者的实际意图。如《红楼梦》的研究中，考证派就专门去考证曹雪芹的家世和他的生活经历，由此展开对《红楼梦》的真实历史（甄士隐）的研究，并认为《红楼梦》实际写的就是曹雪芹百分百的家史传记，是曹雪芹的自叙体。

实际意图论被新批评理论家维姆萨特和比尔兹利所批判，他们以《意图的谬误》为题对真实意图论和传记式批评方法进行了猛烈炮轰，从而在20世纪40年代挑起了一场意图主义和新批评之间的论战。[①]比尔兹利等人认为

---

① 赵毅衡编：《"新批评"文集》，2006：211-212。

艺术作品和艺术家是两个没有关联的对象。艺术家的意图是私人的事情，别人无法进入私人的精神生活去真正体会作者脑海中的想法，而艺术作品一旦公之于众就是公共的事情。所以批评家应该去关注作品而不是去关注离开作品很远的艺术家意图或心理。另外，我们要领会别人的意图必须依靠某些东西，如话语、行动、语法等，而这些东西本身又是需要解释的，而解释的依据则只能靠字典、语法等大家共同知道的东西而非作者本人。比尔兹利不无揶揄地举例说，实际意图论会迫使我们把一个蓝色的雕刻当成粉色的，只是因为艺术家是这么说的。新批评的反意图论观点在结构主义和后结构主义那里得到了积极响应。结构主义美学家罗兰·巴特就此提出过一个"作者死了"的著名口号，其意就是要求我们的阅读脱离那种作者权威论，直接从接受者的角度宣告了作者的离场。

经过反意图主义的严厉批评，实际意图论开始转向一种较为温和的假想意图主义和一种适度的实际意图主义。所谓假想意图指的是接受者眼中最合理的那种作者意图，也就是说这种意图可能不一定是作者的真实意图，但它是理想的读者假设出来的作者的意图。假想意图主义并没有像新批评或结构主义那样，完全地把作者排除出去，而是把反意图主义和真实意图主义综合调和起来。一方面，作品的意图不是作者的真实意图而是读者构想出来的；另一方面，作品的意图又和作者有着关联，不研究作者的意图就无法对作品的艺术技巧、语词使用和体例编排等方面做出恰当的陈述。经过这种调合、折中，在艺术的阐释过程中，既能保证读者创造性的阅读自由，又避免了一种阅读的相对主义。这里，创造性的假想意图主义呈现了一种和读者决定论相合流的趋势。

鉴于假想意图主义有取消作者意图的可能，以美国文论家卡罗尔为代表的批评家提出了一种适度的实际意图主义。卡罗尔把以前的实际意图论称为极端的实际意图主义，并表示了明确的反对。他自己的适度的实际意图主义则认为："适度的实际意图主义只主张艺术家的实际意图与解释有关。具体说来，艺术家的实际意图限制了我们对艺术品的解释。对于文学文本来说，适度的实际意图主义指出对一部文本的正确解释是文本的意义，而这种意义与作者的实际意图是一致的。"[①]适度的实际意图主义对作者的意图进行了限制，它要排除的是与文本无关的作者意图而接纳的则是能经得起文本检验的

---

① 诺埃尔·卡罗尔：《超越美学》，2006：315。

作者意图。这里,假想的意图主义和适度的实际意图主义似乎并不存在多大的区别。不过二者在解释的时候还是存有差别的,即假想的意图主义是从文本出发,结合理想读者的设想来当作作者的意图;而适度的实际意图主义则是从文本和作者两方面出发,把符合文本和作者的东西视为作者的实际意图。可以说,适度的实际意图主义比假想的意图主义更加要注重作者自身在作品中的地位。

虽然对作者意图在艺术阐释中到底处于什么样的地位尚存在争议,但作者意图肯定是会对艺术作品存在影响的。其实,在艺术审美阐释过程中,根据艺术本身的特性,把作者意图和艺术作品结合的解释方法或者把作者意图和读者结合起来的解释方法都是可供选择的。甚至在某些自传体式的作品阐释中,极端的实际意图主义也是行之有效的。

三、读者论

巴特对"作者死了"的宣判,催生的是读者的出场。一股注重读者地位的阐释方式随着后结构主义、解释学的兴起而蔚然成风。这实际导致的是艺术批评领域的后现代主义转向。

宋马远的《寒江独钓图》。马远的画有大量的空白,藏满幅的空灵,需要欣赏者发挥想象去填充。

接受者地位的提升在现象学美学那里就已经蕴含了。在现象学美学那里，对于搬运工来说，搬达·芬奇的绘画作品与搬其他家具并没有什么两样。要使得达·芬奇的作品成为审美对象，必须引入观看者的审美知觉。离开了观看者，艺术作品也不能成其为艺术作品只能和普通物件相差无几。现象学美学家罗曼·英加登就认为任何作品的文本提供的只是一种未完成的结构框架，它本身充满着多层次的未定点和空白，这些未定点和空白需要读者的参与去弥补和填充。所以一件艺术品的真正完成不是在艺术家手上而是在读者手上。

巴特在《S/Z》中把文学分为两大类：一种是读者的文本（通常是古典作品），读者只能以屈从的态度阅读它，要么接受文本，要么拒绝文本。其中，从能指到所指的这段路程是清晰通畅的，是众所周知、确定的和必须如此的。一种是作者的文本（通常是现代主义作品），文本赋予读者一种角色、一种功能，让他们参与并意识到写作与阅读的相互关系。其中，能指"手足舞蹈"，没有固定的所指，它是多重的和放散的。巴特对作者的文本情有独钟，认为这种文本极大地调动了读者的阅读参与性。他自己在《S/Z》中就专门针对一篇所谓的"读者性文本"——巴尔扎克的《萨拉金》进行了创造性的阅读。他通过对作品能指的符码解析，对读者性文本予以了毁灭性的打击。巴特在《文本的快乐》里进一步区分了阅读两种文本时产生的不同经验。他认为读者的文本带给人的只是一种"快乐"（plaisir），而作者的文本则能带给人"极乐"（jouissance，狂喜，甚至性的快乐）。在巴特那里，作者性文本之所以极大调动读者的参与和写作，之所以使人获得极乐的阅读经验，正是因为这类作品的能指没有固定的所指，它处于一种"手足舞蹈"和"断续闪现"状态。读者或批评家大可以通过不同的符码解析赋予所指与整个文本创造性的意义，从其间"开辟自己的迷离小径"。而当公开的语言目的被突然破坏，当固有的文化秩序被扰乱和中止时，阅读极乐就会产生。

读者论在审美阐释中把读者的地位进行了高扬，但这种高扬应该是有限度的。读者阐释的可能性应受到文本的约束，不能随意地阐发，而应遵循一种解释学的原则。按照伽达默尔的解释学，读者可以运用自己的"前结构""前理解"形成的理解者视界去与文本具有的文本视界去进行相遇，最终形成一个两种视界融合（fusion of horizons）的新视界。而这种新视界则成为读者审美阐释的立场。

总的来说，艺术的审美阐释必须是围绕着艺术品本身而展开的多元角度的审美阐释。离开了艺术品自身的阐释很可能就是过度的阐释。真正的艺品的魅力恰恰在于它蕴含了无限的可能性。这种可能性可以围绕着艺术品本身侧重从时代环境、作者的真实意图、作者的假想意图、读者、作品本身等多重角度来予以阐发,同时还可以围绕着艺术品在这些多重角度的相互关联或视界融合中来进行阐发。

归纳而言,接受者理论总结了艺术现象中的如下内容:

(1)接受者在艺术中不是可有可无的因素,在传统艺术理论中,它提供了关于艺术本质问题的一种定义方式,即能否给接受者带来审美经验是某物成为艺术品的充要条件。

(2)接受者审美经验应具有复杂的辩证内涵,与日常经验既关联又保持一定的距离。

(3)接受者理论从层次上可以分为审美经验和审美阐释两个层次,前者为接受者面对艺术品带来的审美情感体验层次,后者为对艺术品进行阐释的审美批评层次。

第七章 新的挑战

> 随着沃霍尔的出现，再清楚不过的是，没有一种艺术品必须是那个样子的特殊方式——它可以像一只布里洛盒子，或者它可以像一个汤罐。
>
> ——丹托：《艺术的终结之后》

再现、表现、形式、审美经验的艺术定义虽然都不能涵盖所有的艺术现象，但又有着各自的合理性方面。这些艺术定义至少能够让我们从某一方面体会到艺术的面相，从而能对艺术有大致的把握。但随着艺术实践的发展，越来越多令人震惊的艺术面貌呈现在世人面前，如杜尚质疑了艺术品和非艺术品的划界，乔伊斯质疑了书的形式，波洛克质疑了绘画的界限，凯奇质疑了音乐的地位，等等。由于这些艺术面貌在不断地挑战过去的艺术定义，以至于我们前面几章所考察的有关艺术的定义都显得传统而落伍了。在新的艺术实践面前，到底"艺术是什么"的问题越来越说不清楚。所以，要继续对艺术进行哲学思考，还必须要对新的艺术实践有所了解。

现当代艺术实践对过去艺术规则的挑战主要来自两个方面：一方面是由先锋派艺术家"自上而下"所推动的"审美的日常生活化"，另一方面则是由大众和商业文化"自下而上"推动的"日常生活的审美化"。前者是艺术家精英阶层对过去艺术特别是现代性纯粹非功利艺术以来的艺术观念的颠覆，使得艺术和生活的界限得以消弭，从而主动纡尊降贵让艺术生活化了。后者是大众阶层对自己日常生活的审美化追求导致的流行文化与流行艺术的盛行，使得生活和艺术的界限得以消弭，从而主动提高品位，让生活艺术化了。这两股潮流共同夹击，使得传统关于艺术定义的困境显露无遗。

第一节 先锋派：艺术的生活化

在传统的关于艺术的定义中，再现理论强调艺术虽然源于生活但又高于生活,表现理论强调情感虽然源于生活但又是被组织起来的理解性生活情感,形式理论本身就主张艺术与生活世界没有关系,而审美经验理论也主张审美经验具有与生活经验不同的特性。这表明,不管是再现、表现、形式还是审美经验,虽然都强调了与生活世界的关联,但同时又保持着一种与生活世界的边界。而先锋派的艺术实践恰恰是从挑战艺术与生活距离的这种边界线开始的。

一、先锋派艺术实验

作为一种艺术风格的比喻,先锋(avant-garde)一词至少可以追溯到文艺复兴时期。不过艺术史上的先锋派主要还是指 20 世纪初兴起、60 年代盛行的艺术新流派,"它不再是指某一种新流派,而是指所有的新流派,对过去的拒斥和对新事物的崇拜决定了这些新流派的美学纲领"。① 从这种意义上说,达达主义、波普艺术、观念艺术、行为艺术、大地艺术、偶发艺术、装置艺术、垃圾艺术等都可以看作是先锋派。这些以艺术家成员为主的艺术流派形成了一股强大的对传统艺术观念的冲击力,对传统艺术观念进行了彻底的解构。其中达达主义的马塞尔·杜尚(Marcel Duchamp)和波普艺术的安迪·沃霍尔(Andy Warhol)可以看作是这种挑战的代表人物。

1915 年,达达主义运动出现。这一流派的命名本身就带有极大的颠覆性。当一群叛逆的艺术家意图为他们的艺术新风格命名的时候,随手拿起一把裁纸刀插进了一本法德辞典。于是,裁纸刀指着的辞典中的那个平凡的词"dada",成为了这群艺术家的身份表征。这一被戏剧性、随意性命名出来的"达达主义"由此登上艺术史舞台,开启了一种全新的艺术革命运动。

达达主义中最富反叛精神和最有影响力的当属法国艺术家杜尚了,当时他已经因未来主义作品《走下楼梯的裸女》而有名气了。但真正让杜尚跻身艺术史成为著名人物的,还是源于他开创的"现成品"(ready-made)艺术。杜尚的"著名"有两层意思,喜欢他的人认为杜尚是真正领会艺术真谛的第一人,不喜欢他的人则认为他是"臭名昭著"。不管是褒是贬,杜尚都已经成为了现当代艺术中不得不讨论的焦点人物。

现成品艺术指通过直接挪用、组装或拼贴等手法,使得日常现成的用品

---

① [美]马泰·卡林内斯库:《现代性的五副面孔》,顾爱彬、李瑞华译,北京:商务印书馆,2002:126。

堂而皇之地进入艺术的殿堂。现成品艺术超越了毕加索立体主义的拼贴技法，对传统艺术的挑战达到了极致，其艺术创作的技法直接被简化为毫无技巧性的简单动作。杜尚说："我极力想确立的一个论点就是，对这些'现成品'的选择绝不能受到美学声明的制约。"①出于这种对传统美学的颠覆观念，《自行车轮》《泉》《断臂之前：雪铲》《L. H. O. O. Q》（有胡须的蒙娜·丽莎）等寻常之物都成为了杜尚的艺术材质并成为他的闻名之作。杜尚的现成品艺术早在1913年就已经出现，他曾把自行车的一只车轮装在厨房的凳子上面，命名为《自行车轮》；1915 年，杜尚曾买过一把铲雪的铁锹，并在上面写上"断臂之前"字样以命名该作品；杜尚还对经典的艺术品进行了颠覆和戏拟。1917年，杜尚在达·芬奇的名作《蒙娜·丽莎》的印刷品上，用铅笔画上山羊胡子，并且在下面写上了几个毫无意义、读起来很上口的字母"L·H·O·O·Q"。

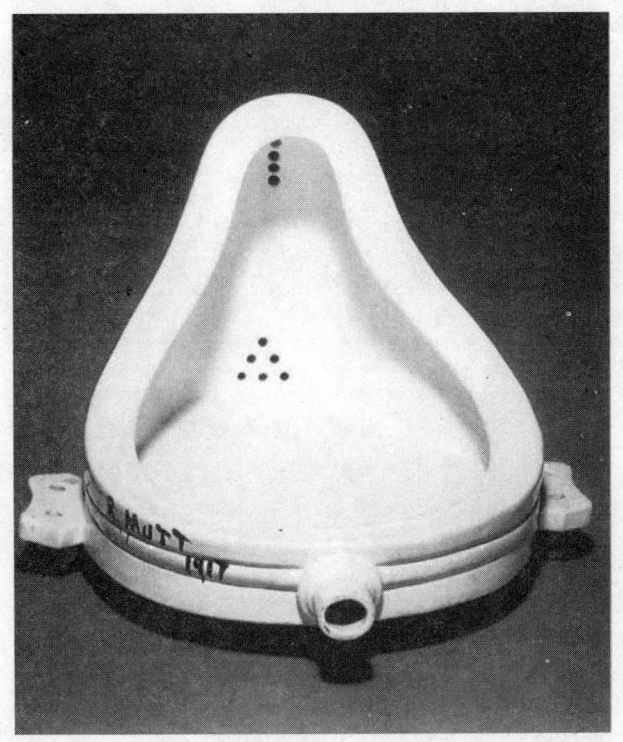

杜尚的现成品《泉》

---

① [美]丹托：《美的滥用》，王春辰译，南京：江苏人民出版社，2007：9。

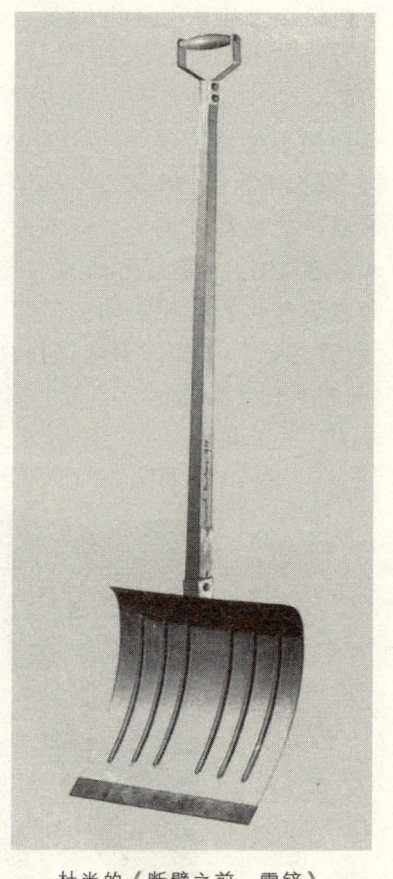

杜尚对达·芬奇作品进行戏仿的《L. H. O. O. Q.》　　　杜尚的《断臂之前：雪铲》

  自行车轮、木凳、小便池、雪铲、复制品这些平常普通的物件开始被展览、被放到博物馆、被人作为艺术品收藏。人们不禁要问：艺术品和日常用品界限到底在哪？

  当然，在艺术史上，引发讨论最多的当属杜尚的《泉》(*Fountain*)了。1917年，美国纽约独立艺术展邀请杜尚参展。杜尚在一家陶瓷器皿店里买了个小便池，在小便池底部签上了"R.MUTT，1917"的字样后托人把它送到了纽约展览会。Mutt由生产这个小便器莫特工厂的名字转讹而来，其意暗示了"丧家犬"。虽然这件作品最终没有被允许在展览会展出，但有关小便池到底是不是艺术品的争论却因此出现。有意味的是，2004年杜尚的《泉》在英美艺术界的一次评选活动中击败了毕加索和马蒂斯等人的作品，当选为 20

世纪最富影响力的作品。

除了杜尚的"现成品"艺术，波普艺术也对传统的艺术观念提出了强烈挑战。其实，在安迪·沃霍尔成名之前，美国本土抽象表现主义艺术家杰克逊·波洛克（Jackson Pollock）的行为艺术般的创作手法就已经掀起过轩然大波。波洛克以其在帆布上很随意地泼溅颜料的滴画技法而著名。他先把画布钉在地板上，然后让棍棒沾上颜料。随着画家的随意走动，颜料滴在帆布上便成就了一幅意识无法控制的滴流画。在波洛克那里，帆布上产生的不再是一幅图像，而是一种行为、一个事件。这里，艺术的本质、艺术与生活行动的差别已经受到了严正的挑战。20世纪50年代中期，罗伯特·劳申伯格（Robert Rauschenberg）把抽象表现主义推向了极致。1955年，劳申伯格把一张真正的床抹上颜料后挂到了墙上，并命名为作品《床》。《床》的意味既是对柏拉图哲学的颠覆，同时又把杜尚的现成品艺术观念发扬光大。

波普艺术在20世纪60年代就是当时典型的艺术风格，直到今日还风头旺盛。美国的安迪·沃霍尔应该是对当代艺术产生最大影响的波普艺术家。沃霍尔通过选择商业社会的代表性图像进行了反复制作从而奠定了自己的艺术风格。沃霍尔往往选择一些公众最为熟悉的东西作为自己绘画的题材，如罐头、可口可乐瓶、肥皂盒、明星偶像等。《坎贝尔汤罐》《绿色的可口可乐瓶》《玛丽莲·梦露印刷肖像连画》《布瑞洛盒子》都是他的闻名之作。这些实物的图像被千篇一律地画出来，批量复制，毫无个性。人们不禁要问：艺术品和日常印刷品的界限到底在哪儿？

沃霍尔的《布瑞洛盒子》（Brillo Box）和杜尚的《泉》一样在艺术史上留下了相似的争论。布瑞洛是美国市场去污产品的知名品牌，为一种肥皂盒商标。布瑞洛包装盒的设计图案由红白蓝三色完成，两条红色波状条纹像水一样分列上下两端，中间白色的带子上印着蓝红字母组成的商标"BRILLO"。盒子上面的字母写着产品的型号：大号（GIANT）和新（NEW）；盒子中间和下边各有一句广告语，中间的产品口号为"污渍抵抗者"（WITH RUST RESISTER），下边的则写着"很快擦得像铝一样闪亮"（SHINES ALUMINUM FAST）。1964年，沃霍尔从超级市场购买了印有"Brillo"商标图案的纸质肥皂盒，然后用胶合板和手工图案的"艺术"方式复制出了和市场上一模一样的肥皂盒，然后拿到了纽约曼哈顿的一家画廊里进行展览。虽然沃霍尔的《布瑞洛盒子》和市场销售的肥皂盒子从外表上看几乎无法分辨，但当年沃霍尔的盒子却能卖上几百美元，如今则超过了10万美元，而市场里的肥皂盒一旦拿掉肥皂后就分文不值了。人们不禁要问：到底是什么原因导致了两种几乎一模一样的东西遭受了天壤之别的待遇呢？

沃霍尔创制的与超市里的肥皂盒几乎一样的《布瑞洛盒子》

　　这些先锋前卫艺术带来的困惑实在太多了，以往的艺术理论在这里突然都失去了对话的可能性。这些作品没有创造性的再现、没有精神性的表现，甚至谈不上能引发人的审美经验，然而它确确实实地又进入了艺术史，并成为了艺术史上的经典作品。为什么器皿店里的小便池从来没有人把它看作是艺术品，而杜尚的却是呢？为什么超市里的肥皂盒把里面的东西拿去后就一文不值而沃霍尔制作的盒子的价格却扶摇直上呢？这些问题都成为了当代艺术哲学家关注的热点问题。

二、传统艺术观念的终结

　　先锋派的艺术实践以一种极端的手段彰显了艺术推陈出新、打破常规的本源生命力，它不断地解构着人们关于艺术的传统观念。严肃的哲学思考不能对这些现象不闻不问,必须从问题的症结处出发重新思考有关艺术的命题。

先锋派的推陈出新绝不能简单地看作是玩弄时髦或者玩世不恭,他们往往自己本身就属于精英的艺术家。他们的艺术实践应该是一种出于严肃的哲学思考后做出的,堪称一场反艺术的艺术运动。这种严肃的哲学思考恰恰是基于担心传统艺术观念的固化给艺术创新带来阻力,所以主动站出来,在艺术体制内部去颠覆艺术体制。正如卡林内斯库所说:"精英的概念隐含于先锋派的概念之中,但正如我们前面已经看到的,这种精英是致力于摧毁所有精英的,包括摧毁它自己。所有先锋派的真正代表人物都非常严肃地抱有这种观念。这就涉及对存在于生活各方面的等级原则的断然拒绝,而且很显然首先要拒绝的是艺术方面的等级原则。"①

先锋派的艺术面貌与古典和现代性艺术观念相比,有着极大的不同。传统的一系列艺术命题必须在面对先锋派艺术的基础上做出新的考量。美学家费舍尔针对杜尚的小便池带来的艺术观念挑战曾有过总结,他认为杜尚的作品瓦解了有关视觉艺术的最基本假定:① 艺术是手工制作的;② 艺术是独特的;③ 艺术应该看上去是美观的或美的;④ 艺术应该表现某种观点;⑤ 艺术应该需要技巧或技术。②与杜尚的作品相比照,这五点传统艺术特征好像都已失效。传统的艺术品往往经过了艺术家辛劳的手工创作,但杜尚的大量作品选用的是现成品。如果说手工制作的话,充其量就是签上了毫无意义的名字而已;传统的艺术品是独特和具有灵韵的,有着艺术家的不可复制的独特风格和精神内涵,但杜尚的现成品却唾手可得,打碎了可以重新再做一个,无法保证艺术的独特性;传统的艺术往往具有打动人心的形式美,但在杜尚的小便池前毫无审美可言;传统的艺术承载了艺术家独特的情感世界,但杜尚的作品看上去却是毫无意义的;传统的艺术品需要高超的艺术技巧,但杜尚的作品却谈不上任何的技术含量。诸多这些不同,都昭示了一个核心的艺术命题:到底什么是艺术品。

事实上,杜尚要做的工作恰恰就是在解构我们关于"到底什么是艺术品"的思虑。因为在杜尚看来,人们一旦有了关于什么是艺术品的成见,也就意味着艺术定型了,也就意味着艺术失去了其创新的冲动。杜尚无非在告诉世人,艺术无法运用理论来进行定义,艺术品也无法进行归类。这也就意味着

---

① 马泰·卡林内斯库:《现代性的五副面孔》,2002:155。
② 转引自周宪:《美学是什么》,北京:北京大学出版社,2002:85。

任何东西都可以是艺术品,任何人都能成为艺术家。由此,康德美学以来的艺术和日常生活的划界、艺术品和非艺术品的划界都失去了意义。而这恰恰是对后现代艺术以来的艺术面貌的概括。在此背景下,艺术已经终结的理论开始登上了历史舞台。

艺术的终结理论经 19 世纪的德国黑格尔开始到当代美国艺术家丹托(Arthur C. Danto)的发展,已经成为艺术哲学上的一个重要观念。黑格尔曾说:"就它的最高的职能来说,艺术对于我们现代人已是过去的事了。因此,它也已丧失了真正的真实和生命,已不复能维持它从前的在现实中的必需和崇高的地位,毋宁说,它已转移到我们的观念世界里去了。"[1]黑格尔虽然宣告了艺术的终结,但他是按照自己的哲学思辨逻辑而非从艺术实践上做出这种结论的。在黑格尔看来,绝对精神的运动是一个由具体向抽象不断上升的运动,所以精神在艺术上的运动必然突破艺术而进入一个更高层次的运动即进入宗教和哲学。因为作为感性形式的艺术是有局限的,而绝对精神是无限的,所以它会不断突破有限的感性形式而进入更高级的认识形式。黑格尔曾用这种方式对艺术类型的发展做出过说明:物质压倒精神的象征型艺术、物质精神和谐的古典型艺术、精神突破物质的浪漫型艺术。黑格尔认为精神的发展还必然会完全挣脱物质的束缚,最终进入宗教和更高的哲学。所以,在绝对精神的发展历程中,艺术最终会让位于宗教和哲学,艺术的历史因而终结。

事实上,黑格尔自己并没有否定艺术的存在性,其艺术终结论也只限于哲学体系的逻辑演绎,故并没有在艺术史上发生很大的影响。但 1984 年丹托的艺术终结论却是在对先锋前卫艺术实践的总结上得出的结论,因而成为一个影响深远的艺术命题。

丹托对沃霍尔的《布瑞洛盒子》情有独钟,在他的理论建构中,这个例子经常被他提及。在丹托看来,沃霍尔的《布瑞洛盒子》带来的一个深刻的问题是:"它们与超级市场储存室里的布里洛盒子之间所存在的差异,此时,它们之间的任何差异都不能解释现实与艺术之间的差异。"[2]也就是说,沃霍尔带给人的思考是没有一种艺术品必须是具有一种特殊的样子才能是艺术品,艺术已经摆脱了本质性的观念而进入到了一种多元论时期。当艺术走入

---

[1] 黑格尔:《美学》第一卷,1979:15。
[2] 丹托:《艺术的终结之后》,2007:39。

一个无法定义、艺术品无法归类、没有边界、什么都行的时代时，一方面艺术能穷尽它所有的可能性，另一方面艺术需要借助哲学才能完成自身的定位。由此，丹托认为，艺术发展第一方面导致的结果是艺术失去了方向和历史意义，第二方面则重复了黑格尔的命题，即哲学实现了对艺术的剥夺。而这两个方面都导向了一种结局，那就是艺术的终结。

挑战艺术媒介的罗伯特·史密森 1970 年在美国犹他州大盐湖创作的大地艺术《螺旋防波堤》。

事实上，艺术的终结并不是艺术的死亡，所以与其说的是艺术的终结，不如说是传统艺术观念的终结，特别是现代性以来的自律性艺术的终结。先锋前卫艺术以极端的形式挑战的是那种以纯粹非功利性审美态度和博物馆制度为主的现代性艺术理论。无论是杜尚还是沃霍尔，他们的艺术实践更多的是一种观念艺术的实践，是一种反对艺术建制的艺术活动而不一定能说他们的艺术就是艺术本身。正如丹托在评价《布瑞洛盒子》对艺术世界的影响时说的："这一寻常事物的变容，到头来并没有改变艺术世界中的任何东西。它仅仅让人们意识到了艺术的结构,毫无疑问,在那一隐喻成为现实的可能之前,这一艺术结构尚需一定时间的历史发展。一旦这种可能性成为了现实,类似布里洛包装盒这样的东西就是不可避免的,同时也是毫无意义的。"①他们给我们的启示就是艺术是具有无限可能性的,任何一种单一的艺术观念都将对艺术的发展是有局限的。如果我们能从先锋派艺术实践和艺术的终结理论中得出这种意识,那么艺术将以一种更广大深远的目标去呈现人生在世的诸多精彩面向。

第二节 流行文化:生活的艺术化

先锋派艺术实践是由前卫艺术家发起的一场艺术的"头脑风暴",它通过艺术向生活靠拢而打破了艺术和生活的边界。流行文化(popular culture)的兴盛则是由大众接纳的一种生活向艺术靠拢的"商业风暴"。艺术的生活化与生活的艺术化相互配合、相互借鉴开启了当前艺术与现实生活的互动。

一、流行文化的兴起

流行文化又称作大众文化,主要指的是伴随工业化进程和大众传媒而大量出现的供普通民众消费的文化产品。流行文化成为一种普遍的审美现象是和日常生活的审美化潮流联系在一起的。英国的迈克·费瑟斯通(Mike Featherstone)在《消费文化与后现代主义》中对这一现象做了精彩论述。费瑟斯通概述了日常生活审美化包含的三种意义:第一种意义指艺术的亚文化。这些包括达达主义、先锋派艺术和超现实主义运动在内的艺术亚文化消解艺术和日常生活之间的界限,认为大众文化中的琐碎之物、下贱的消费商品都可能是艺术。第二种意义指将生活转化为艺术作品的谋划。追求新品味与新感觉、追求标新立异的大众消费生活实际上把他们的生活方式变成了艺术的作品。第三种意义指充斥于当代社会日常生活之经纬的迅捷的符号与影像之流。无处不在的符号与影像使得现实审美幻觉化了。②

---

① [美]阿瑟·丹托:《寻常物的嬗变》,陈岸瑛译,南京:江苏人民出版社,2012:258-259。
② [英]费瑟斯通:《消费文化与后现代主义》,刘精明译,南京:译林出版社,2000:95-98。

可以说，正是这三种意义的相互联系共同促使了当代消费社会中日常生活审美化的形成，同时也促使了流行文化的兴盛。首先，前卫先锋派消解艺术和生活界限的艺术观念、艺术形式和技巧被流行文化借鉴和挪用；其次，艺术的不再高不可及带来了日常生活艺术化的可能；再次，这种生活的艺术化经由商业的运作成就了一种大众的艺术梦幻，各种感性形式的符号和影像构成了这种艺术梦幻的生活氛围。于是，曾经仅仅是精英阶层的艺术梦想转化为大众日常生活的品味和情调。

沃霍尔的"玛丽莲·梦露印刷肖像连画"

流行文化的兴起是和中产阶级、中等收入者或者文化媒介人（布迪厄语）的大规模存在相联系的，它是中产阶层对自身审美情趣的定位和理论表达。卡林内斯库就认为："流行文化基本上是在回应中产阶级的心理需求。"① 随着全球化的发展，几乎各国等出现了一个数量众多的中产阶层消费群的存在。而中产阶层的审美情趣在文化上的诉求就形成流行文化的审美特点，这是中产阶层群体对自身的一种身份定位。在一个经济和信息全球化的时代里放眼我国城市化进程，流行文化的兴盛已经成为了一个不争的事实。随着大众传媒、网络技术的普及，流行文化开始成为我国社会一道蔚为壮观的生活风景。流行文化开始与传统的精英文化、民间文化成为整个人类社会文化景象中的三足鼎立趋势。在大众/精英/民间的流变关系中，流行文化显示出了最为强劲的发展势头并不断地改变着三者的关系。

二、流行文化是艺术吗？

既然流行文化已经成为消费社会的一道强劲的风景，现在要问的是，它是艺术吗？对于多数理论家来说，虽然他们承认流行文化的普遍影响力，但认为要把它纳入艺术的家族恐怕还是轻率之举。

但是，在一个传统艺术观念受到解构的时代，否认流行文化是艺术的人无非还是骨子里的精英艺术观念在作怪。正如韦尔施对传统美学弊端一针见血所指出的："没有发展认识和解放感觉的策略，而是发展了控制感觉、消灭感觉和严格管理感觉的策略。这是传统美学最内在的悖论。"② 试想一下，当年莎士比亚的戏剧不也仅仅被当作茶余饭后的消遣，当年的《呼啸山庄》也曾被谴责为一种煽情的商业垃圾而与高贵典雅的艺术格格不入吗？如今，谁又能否认这些作品是伟大的艺术呢？如果从这种观念出发，流行文化又何尝不会成为第二个莎士比亚的作品呢？当然，要想流行文化成为艺术的家族新成员，可能还得从多数人接受的观念出发分析一下流行文化是否具有自身的艺术性。

目前，国内外对流行文化或大众文化的"文化研究"依然保持着热度。简略来说，存在着三种不同的学术立场。第一种可归纳为文化工业论，以英国早期的利维斯主义和法兰克福学派为代表。这种观点站在精英主义立场对

---

① 马泰·卡林内斯库：《现代性的五副面孔》，2002：260。
② [德]沃尔夫冈·韦尔施：《重构美学》，陆扬、张岩冰译，上海：上海译文出版社，2002：90。

大众文化的标准化和大众的无知与粗俗进行了强烈的批判；第二种可归纳为文化多元论，以 20 世纪 70 年代的伯明翰学派为代表。这种立场运用葛兰西的文化霸权理论分析了大众传媒的社会功能和撒切尔主义；第三种可归纳为文化生产论，以美国的 John. Fiske 为代表。费斯克认为大众在消费文化产品时并不是消极被动的，而是积极地参与到文化产品的再生产过程，从而获得一种反抗控制的意义和快感。这种对流行文化复杂的态度也表明了学界对流行文化现象的矛盾心绪。

在这三种学术立场下，对流行文化的评判也主要存在着三种不同的价值取向，一种是激烈的批评，一种是热烈的拥护，一种是审慎的认同。纯粹的欢呼是浅薄，纯粹的反对是虚伪。就目前的流行文化现状来说，持一种审慎的认同态度可能是明智的。这种态度就是一方面看到流行文化的弊端，另一方面又要看到它的合理性和审美性所在。在法兰克福学派那里，流行文化的弊端都已经被呈现出来了。相关的理论大致认为流行文化具有如下缺点：生产的标准化，没有个性的创造性、拼贴的手法，没有意义的稳定性、短暂的满足，没有历史的永恒性、虚假的满足，没有审美的真实性、肤浅和无需努力的享受，没有情感的深度性、情欲，特别是消费欲望的引发，没有理智性。确实，这些关于流行文化的批评有一些在某种程度上是很有道理的，特别是针对还正处于发展阶段的中国流行文化现状而言更是如此。如果仅仅单纯地沉迷于流行文化中，是可以导致审美个性的丧失、审美意蕴的削平、审美情感的式微等不利于人的审美能力全面发展的问题，而且也会使得较纯粹的艺术创作边缘化。

但另一方面，流行文化之所以流行，而且影响越来越深远，肯定不是因为意识形态的控制、大众的粗俗无知、虚假的满足等就能解释得通的。随着大众力量的成长，流行文化的消费主体恰恰是既具有一定的经济实力又具有一定的知识辨识力的中产阶层。如果说他们都缺乏辨识力，显然是不能成立的。相反地，文化产品设计者为了迎合这一特定阶层的情趣和需求，往往还需要颇费心思地去进行构思策划而非粗制滥造所能了事。"辩护通俗艺术最强烈和最迫切的理由是，它给我们（即使是我们知识分子）提供了太多的审美满足，以至于不能接受它被大规模地公然抨击为降低品味的、灭绝人性的以及在美学上非法的。"① 所以，流行文化一定具有自身的审美性，而这种审美

---

① 理查德·舒斯特曼：《实用主义美学》，2002：226。舒斯特曼在《实用主义美学》一书中曾对关于流行文化的相关批评论点一一进行了批驳，对流行文化进行了美学辩护，详见 236-266 页。

性恰好能满足消费者的情感需求，带来一种和传统艺术不同的审美经验。

　　流行文化作为商品，消费是其生产的动机和目的。只有在产品的迅速被遗弃和再生产的二元抵消模式下才能出现文化工业的繁荣景象。这样，流行文化注定是以数量取胜，以一种非深度的平面化表象在顷刻之间让读者进入文本而并不需要任何文化精英的诠释。流行文化以诱人的线条、抢眼的色彩等花哨的形式化法则和迎合大众精神要求的内容营造了一个引人瞩目的消费文本。而在对文本的消费过程中，人的阅读代替了思考，视觉代替了倾听，精神的运动也不再垂直进行而只需把握其表象（如人们对于休闲小品文、电视散文、MTV及X镜头书系等的消费）。在流行文化中，传统所谓的现象背后的本质，表层后面的深层，非本真隐匿的本真，能指指向的所指都不复存在，文本叙事的首中尾结构混沌一片，前景、中景和背景也模糊不清。在这样的消费文本中，精神的自娱表现为对意义的否定，对表象的迷恋以及对无深度的平面世界的逍遥游戏。流行文化正是以这样的轻松性、通俗性与大众消费的文化品味相互照应，使消费者乐于接受去缓解工作压力带来的心理紧张。

　　流行文化的另一消费特性则体现为消费文本的情感虚拟法则。虚拟一个情感氛围是文化快餐的重要促销手段。虚拟并非虚假，有时比真实还真实，所谓超真实，这就增添了情感的丰富性。消费文本的快乐或悲伤、深情或滑稽、苍凉或豪放等情绪都经由生产程序制造出来，迎合脆弱而多愁善感的现代都市人。这一点在流行歌曲里体现得尤为明显，我们与其说歌手在倾情于音乐不如说他们在演戏，而当你被他们的表演感动时，你也就完成了对自我情感的虚拟历程。随着网络虚拟技术的发展，这种虚拟的情感越来越和人的审美体验联系起来。虚拟是一种对非真实世界的模拟，但它却能给人一种如同真实感的体验，它是一种关于虚拟现实（virtual reality）的体验。人通过一种专用高速处理器现实引擎（reality engine）连接的头盔显示器和数据手套就可以进入虚拟的景观中去。在虚拟景观中，人不仅能有逼真的感受，还能够触摸虚拟物体，感受被触摸物的硬度和温度，甚至于光滑或粗糙程度等。美国迪斯尼公司和硅谷图形公司（SGI）共同开发了一种名为"坐魔毯"的动画片虚拟体验系统，人们只要头戴编入三维显示的头盔，坐在可动导轨座上手握控制杆，就可以进入每秒60帧的动画片情景中，坐着"魔毯"在影片中自由飞翔。这种虚拟体验正成为网络技术发展的方向，MUD（Multi-User Dungeons，多用户网络游戏）、虚拟电影等都在这方面进行了大量尝试。这种虚拟体验和以往的审美体验完全不同，它开创了一个异乎寻常的审美心理空间。现代人正是通过这种脆弱的虚拟情感体验逃避着自我体验的匮乏，打开想象力之门。

欲望化叙事法则也是流行文化的本性之一。流行歌曲里的情爱追逐，各种刊物的明星剧照，影视节目的半裸镜头，小说叙事的性爱描写等都对欲望化场景进行了强有力的表达。流行文化超越了现有的道德准则，追逐一种表达的快乐，强化观赏的效果，给大众群体提供了一幅感性满足的全景图画。一个极为保守压抑的国度，欲望就像所罗门瓶子里的妖魔，一旦放出就变得难以控制。人类最大的福祉是具有动物所没有的理性，而最大的悲哀也就在于过分地相信了理性。人的生命一直处于灵与肉（理性与感性、意识与潜意识、精神与本能）的冲突中，如何解决二者的关系是一个重大的课题。过去的历史往往把人的本质规定为理性，而人为地对人的本能给予了过多压制。在这个意义上说，大众的公开猎奇可以说是人对自己的又一次真实暴露。大众通过猎奇对对象不断解蔽，使人有可能更"自然"地生活，也使人更真实地面对自己。而这一猎奇心理也使得流行文化的欲望化法则合法化。

流行文化的盛行使得审美开始走向了一片广泛的日常生活空间，这一空间为美学的重新繁荣发展提供了一个契机。另外，流行文化所具有的一些审美特征也拓展了人的审美空间。如形式化法则使人的感性生活更加丰富化，虚拟性法则使人的想象空间更加多样化，欲望叙事法则使人的"力比多"能量找到了一条宣泄的途径。媒体对审美的大量介入也为一种可能的审美导向提供了基础，而用来消费的审美文化也为市场的繁荣和艺术的传播做出了贡献。

从艺术观念的转变和流行文化的美学合法性来说，把流行文化纳入艺术的家族应该是艺术哲学要正视的问题。不过，就目前中国的流行文化发展现状而言，其任重而道远。

三、传统艺术因素的转变

流行文化可以是艺术，但它和传统的艺术又是如此的不同。如果还要进一步去思考其艺术性问题，就应该对流行文化和传统艺术的差别有所把握。这种差别可以从艺术家、作品、欣赏者、世界四个因素的转变上看得最为明显。

传统艺术中的艺术家因其天才般的艺术才华而具有崇高的地位，但在流行文化中，成功的艺术家更多地转化为迎合市场，能抓住受众口味的策划者、生产者。这些策划者和生产者不再如传统艺术家那样为了艺术而艺术，而是为了市场的需求而创作。为了更大地打开市场，增加销售的利润，他们会在生产、宣传、流通等各个环节献出自己的智慧。正因如此，流行文化的生产者必须和读者保留密切的互动关系，必须了解受众的需求心理，必须根据受众的需求对自己的产品进行相应的调整，在必要的时候还必须允许受众参与到自己产品的创作中来。这种艺术家和读者的互动关系，在传统的艺术生产中是极为罕见的。在传统艺术的创作中，作家和读者的关系往往是割断的，他们之间的交流主要通过艺术品来实现。在罗兰·巴特"作者的文本"中，阅读是围绕着读者的主体性展开的。虽然文本赋予了读者一种角色和功能，让他们参与到文本的写作中来，但这种写作仍然局限在读者的想象力和对文本解读的多义性上，对于文本自身并没有形成冲击。读者和作者的直接交流依然存在困难。但在流行文化的艺术流程中，艺术的创作和欣赏关系相互沟通，从而使得艺术的生产和接受进入一个全新的空间。

如在网络文学中主要存在着两种形式的文学创作形式，一种是空中接龙式的文学创作，另一种是依赖网络技术特征并大量使用网络语言的文学创作。空中接龙式的文学创作由多个人在网上合作书写，接龙的人必须在前一位作者的文字基础上对作品进行续写，如此类推。实际上，每一个参加接龙的人既是读者又是作者，作为读者，他必须积极参与到前文作者的创作中去，作为作者，他又必须及时地反馈读者的想法。这种作者与读者的互动，很好地体现了审美的交互主体性。在第二种网络文学创作中，文学作品虽由一个人单独完成，但它往往不是一次性完成的。网络的即时性保证了作者能够在写出一部分后就能公之于众，而网民的阅读习惯也是不会静心地去阅读长篇巨著。所以很多中篇和长篇的网络文学都是一点一点写出来的。作者写完一部分张贴在网络上后，他能及时地从读者那里了解到对作品的评论和写作意见，这些读者的反馈意见会体现在他以后的写作当中。随着网络技术的发展，网络空间的审美交互主体性在电影、戏剧、音乐和绘画等多种艺术形式中越来越得到实现。以电影为例，从1997年最早的互动电影《黯淡》的推出为发端，影视界关于互动电影的实践就一直在进行中。由中国北京音像网策划、央视电影频道参与摄制的《天使的翅膀》，就是采取边拍摄、边播出、边反馈的方式进行拍摄的。制作方让每个网民都参与到影片的创作中，让他们对影片的故事、演员乃至对话提出各自的意见,从而实现了创作人员与传播对象全方位的实时互动。而互动式的"可选择电影"的推出则更加为观众提供了一个参与创作的空间,观众不再是电影院里被动的看客,他能按自己的意愿去决定故事的段落、时间的长度和情节的进展,甚至还能对原作进行再创造。

  传统独一无二的艺术品在流行文化中也转化为了可无限复制的产品。传统的艺术品具有独一无二性和本真性(authenticity)所带有的独特光韵。而机械复制的流行文化使得传统艺术品的独特光韵得以消解,这种可复制性使得仿像不存在原作与摹本的区分问题,而在以往的艺术作品中,始终存在一个原作的问题,而摹本的价值是远远低于原作的。但在流行文化中,摹本和原作已经没有区别。本雅明就认为,大众对艺术品的占有欲使得"通过占有一个对象的酷似物、摹本或占有她的复制品来占有这个对象的愿望与日俱增"。①在流行文化中,随着艺术品光韵的隐退而被"去魅化",这样,大众对艺术品也就不再具有膜拜心理,因而能用一种批判的眼光去审视这些艺术品,去发掘其中尚未实现的价值。

  传统艺术中的欣赏者在流行文化中也转化为了要占有产品"过把瘾就扔"的消费者。在传统艺术中,借助光韵,艺术品获得的是独特的魅力,它使人们沉浸于对艺术品的凝视和想象之中,但同时又使人们与作品本身保持着一种不可消除的隔阂与距离。在这种距离的静观中,非功利的审美原则使得人能够实现对现实世界的审美超越。传统审美心理理论主要是围绕着审美态度、审美感受、审美体验和审美超越四个方面展开论述的,其目的在于揭示获得审美/文化快感的具体过程。对于流行文化来说,审美心理达到的是一般的文化快感。对于优秀艺术品而言,审美心理达到的是一种与"道"合一的高峰体验。高峰体验是传统审美心理的重要特征。在这种高峰体验中,移情冲动可以让心灵得以持久净化,抽象冲动则让心灵得以安定和永恒,人与艺术品彼此交融并达到一种审美超越。人们常说的审美的终极关怀和艺术永恒性也正是在高峰体验中得到实现的。流行文化中,审美性与实用性、生理性、媒介文化、消费文化的紧密相连,使得审美已经不再是传统意义上的较为纯粹的活动了,而是成为了一种极具功利性的混合行为,极大地挑战了传统审美经验的概念。在情感满足中,大众情感在商品消费中注重的只是片刻的欢娱和轻松的享受。消费商品的平面模式使情感很容易进入也很轻易走出,

---

  ① [德]本雅明:《机械复制时代的艺术作品》,王才勇译,北京:中国城市出版社,2002:90。

呈现为一种瞬间化的情感倾注。大众不是通过对作品的静观凝视获得深度和永恒，而是在源源不断地瞬间体验里获得一种"永恒"的感觉。

　　传统艺术作品用以再现的世界在流行文化中也增添了新的内涵。一种新型的世界——仿像（simulacrum）开始进入了美学领域。"仿像"又被译作"类象""类像"和"拟像"，由鲍德里亚提出后得到了如齐格蒙·鲍曼（Zygmunt Bauman）、大卫·哈维（David Harvey）和弗里德里克·杰姆逊（Fredric Jameson）等一些人的积极响应而成为当代文化研究中的一个重要概念。在鲍德里亚那里，仿像指的是通过模拟（simulation）而产生的影像或符号。仿像奉行的模拟原则不再是对现实世界和真实物的模仿，而是通过技术手段所达成的对影像和符号自身的模拟。当影像和符号本身成为了模拟模型时，仿像也就与现实毫无关系，成为了一种超现实（hyperreality）。由于仿像不再与真实世界相连，它不再是真实世界的模仿和再现，传统美学中的模仿、再现、真实等概念都受到解构。仿像世界是虚拟的，它只在一个自足的符号空间自我合成的世界。如数码影视完全颠覆了巴赞关于电影表现真实的影视本体论思想，而沉迷于各种与真实无关的仿像中。《阿甘正传》里主人公与已故总统的握手、《空中大灌篮》里乔丹与卡通人物的同台较技、《泰坦尼克》里动人心魄的数字海水、《第五元素》里的太空幻境、《透明人》里的隐身技术以及《侏罗纪公园》里的仿真场景和数字恐龙都模糊了虚拟和真实的界限，令观众耳目一新。这种不再依托外在事物而对影像和符号随意加工合成的技术，使得足不出户就能在计算机前制作出整部电影成为现实。

　　可见，流行文化对传统艺术的冲击是极为有力的，如果还想借用传统的艺术观来衡量流行文化，其诸多的概念和命题将会失去自身解释的合理性。

　　审美的日常生活化和日常生活的审美化对艺术活动和艺术理论都提出了新的挑战。面对这种挑战，对艺术活动及其理论的判定就必须予以相应的调整，这将是下一章要讲述的内容。

第八章　何为艺术

> 显然，在实际生活中，当人们做出审美判断时，诸如"美的""好的"等审美的形容词，几乎不起什么作用。
>
> ——维特根斯坦：《美学讲演录》

艺术史上模仿、再现、表现、形式、审美经验等几种关于艺术的看法，为艺术的诸多形态提供了不同的定义方式与解释模式。虽然这些理论之花都有着要涵盖全部艺术的定义式冲动，但是经由前面的分析，可以看出，这些定义都无法充当一种普遍性的艺术定义。特别是先锋前卫艺术和流行艺术的冲击，使得这些关于艺术的解释模式本身都受到了质疑。而正是在这些质疑声中，关于艺术的追问和思考仍在继续。

在经过先锋前卫艺术和流行文化的挑战，关于艺术定义的思考主要奠定在反本质主义（anti-essentialism）和新本质主义（neo-essentialism）的争论上。虽然这种争论至今还没有获得一个定论，却打开了关于艺术定义的开放性视野。反本质主义对艺术的定义进行了拒绝，根本否认存在着一个普遍性的艺术本质或定义。新本质主义则认为艺术依然是可以定义的，只是要采取一种与传统本质主义艺术定义不同的新角度。

第一节　反本质主义：艺术是不可定义的

艺术上的反本质主义者以哲学家维特根斯坦及其追随者韦兹（Morris. Weitz）和肯尼克（William E. Kennick）等人为代表。

一、美是不可说的与"家族相似"论

虽然维特根斯坦并没有专门性的谈美和艺术类的著作，但他的分析哲学

思想却直接成为了反本质主义分析美学的理论基础。

早期维特根斯坦的思想集中在《逻辑哲学论》里。逻辑实证主义的维特根斯倾心于对日常语言的分析和清理。他把世界划分为可以言说和不可言说两部分，并认为只有可以言说的事实世界才是有意义的，而对于不可言说的神秘世界则应该保持沉默。维特根斯坦的前期哲学意图建立一种图像一样的逻辑语言，他在《逻辑哲学论》说道："一个名称代表一个事物，另一个名称代表另一个事物，而且它们是彼此组合起来的；这样它们整个地就像一幅活的画一样表现一个事态。"①在维特根斯坦看来，客体是由基本事态构成的，每一个命题都是"基本事态"对应的"图像"，是对事物或世界的描绘，是可以证实的。凡是有意义的命题都能够在世界中找到对应的"基本事态"，否则就是无意义的。按照这种逻辑证实的观点，美的命题由于无法在事实世界找到对应的图像，就被当作一个假命题而被维特根斯坦拒斥了。所以，维特根斯坦说："关于哲学问题所写的大多数命题和问题，不是假的就是无意义的。因此我们根本不能回答这类问题，而只能确定它们的无意义性。哲学家们的大多数命题和问题，都是因为我们不懂得我们语言的逻辑而产生的。（它们都是像善是否比美更为同一或者更不同一之类的问题。）因而用不着奇怪，一些最深刻的问题实际上却根本不是问题。"②既然美之类的问题是不能回答的，维特根斯坦认为对这类不能说的问题就应该保持沉默。因此，他说："很清楚，伦理是不可说的。伦理是超验的。（伦理与美学是同一个东西。）"③"美不是假的就是无意义的""美是根本不能回答的""美是不可说的"，这种反形而上学的观点直接成为了分析美学反本质主义对艺术和美的考察的基本定调。

后期在英国定居的维特根斯坦开始转向了对日常语言和生活世界的思考，与前期对美学问题的拒斥不同，他开始认为诸如美之类的命题并不能完全把它拒斥掉，它们在日常用语中依然具有自身的意义，这种意义主要是通过约定俗成的一种语言游戏的使用呈现出来的。在《哲学研究》中，维特根斯坦提出了著名的语言游戏说（language-game）和家族相似论（family resemblances）。

维特根斯坦在考察游戏时提出了一个问题，即棋类游戏、牌类游戏、球类游戏、角力游戏等中什么是共同的呢？在维特根斯坦看来，这些虽然都在

---

① ② ③ [奥]维特根斯坦：《逻辑哲学论》，贺绍甲译，北京：商务印书馆，1996：44、41、102。

语言中被称为游戏，但仔细去看的话，这些游戏却并不存在着对一切而言的共同的东西，而只能看到一些类似关系或者亲缘关系等。也就是说，试图在不同的游戏之间寻求普遍性的本质或共同的东西只能是徒劳的。维特根斯坦说："因为你睁着眼睛看，看不到所有这些活动有什么共同之处，但你会看到相似之处、亲缘关系，看到一整系列这样的东西。"①维特根斯坦认为，我们在棋类游戏中只能看到棋类之间各式各样的亲缘关系，但当把棋类游戏和牌类游戏比较时，我们却发现原来棋类游戏之间的很多共同点不见了，但又出现了另外一些共同点。如果依此类推，在各类游戏中都会存在着共同点不断流变的现象，也就是说会有种种相似之处浮现出来，又会消失不见。"这种考察的结果是这样的：我们看到了相似之处盘根错节的复杂网络——粗略精微的各种相似。"②不过，维特根斯坦认为，游戏虽然没有共同的特征和难以划界，但并不影响游戏的进行。意义即用法，游戏的意义即在游戏的过程中体现，其规则可以通过约定来进行。这也如同工具箱中的工具，虽然锤子、钳子、火柴、钉子、螺丝钉、扳子等工具是如此的不同，但它们在一个有多种用途的家庭中被使用着，并都被称为工具而放置在一起。

维特根斯坦把这种游戏之间的相似关系又称作家族相似性。正像一个家族的成员之间，他们在体形、相貌、眼睛的颜色、步姿、性情等方面也以同样方式互相重叠和交叉一样，语言游戏也形成一个家族，它没有共同的本质，而只有"家族相似性"。维特根斯坦说："因为家族成员之间的各式各样的相似性就是这样盘根错节的：身材、面相、眼睛的颜色、步姿、脾性，等等，等等。——我要说：各种'游戏'构成了一个家族。"③在一个家族成员中，成员 A 可能和成员 B 在眼睛上相像，而成员 B 和成员 C 却只是在鼻子上相像，如此类推。这样，家族成员之间并不存在一个所有成员完全相似的特征，而只存在一种成员间相互重叠、交叉，不断变动、游移的相似性特征。家族相似的概念一方面表明家族成员没有固定的本质，另一方面也表明家族没有固定的外延。所以，随着不断的推移，家族的两个成员间如美的建筑和美的眼睛一样，可能看不出显而易见的相似特征，但并不妨碍二者都是"美"这个大家族里的实际存在。

维特根斯坦的分析哲学直接影响到了当代反本质主义和新本质主义

---

①②③ [英]维特根斯坦：《哲学研究》，陈嘉映译，上海：上海人民出版社，2001：48、49、49。

的艺术定义之争,这种艺术定义的争论至少有三个观点直接源于维特根斯坦:一是艺术的普遍本质和共同特征是不存在的;二是各种艺术只是以一种"家族相似"的关系而存在着;三是各种艺术之间的相似性如同游戏和家庭成员之间的相似性一样,也处于一种流变之中,具有不断延展的开放性特征。

二、艺术是不可定义的

韦兹、肯尼克等新维特根斯坦主义者把维特根斯坦的哲学思想直接运用到艺术的分析上,成为了反本质主义分析美学艺术论的集中代表。分析美学转变了传统美学关于艺术的思考,他们不再去追问"什么是艺术的本质"的形而上学问题,而是运用维特根斯坦的"开放性概念"(open concept)和"家族相似性"理论来重新看待艺术问题。在他们那里,"开放性概念"和"家族相似性理论"是相辅相成的,前者以艺术的流变性解构了艺术的本质,后者以一种新的思维方式建构了艺术的归类问题。也就是说,虽然艺术不存在一个本质性的定义,但可以通过彼此之间的"家族相似"来进行有效的艺术归类以区分艺术与非艺术。

韦兹在《美学中理论的作用》[①]一文中认为:"美学的首要问题是对艺术概念在事实上的使用做出说明,是对艺术概念的事实用法给予逻辑上的描述,包括我们正确使用艺术概念和它的相关性的条件的描述。"[②]传统的关于艺术的模仿、再现、表现、形式、审美经验等定义都宣称是艺术的唯一正确定义,并把不符合自己定义的都排斥在艺术之外。而事实上,这些定义并不能涵盖所有的艺术现象。比如,《俄底浦斯王》、巴特农神殿、《伊里亚特》、沙特勒兹教堂、毕加索的《格尔尼卡》,它们之间的共同性究竟在什么地方呢?韦兹进一步把艺术的概念解析为总概念和亚概念(sub-concept)。韦兹认为艺术只是各种亚概念的家族相似,不存在艺术总概念的共同本质。韦兹认为不但艺术这一总概念没有共同本质,就连小说这种艺术总概念下的次属概念,其成员组成也像维特根斯坦的游戏组成一样,并不存在小说成员之间的共同本质或真实性,存在的只是悲剧、喜剧、歌剧等亚概念的真实性。所以,一个候选艺术品要获得艺术的身份,不能从艺术的定义出发,只能从它与大家公认

[①][②] Morris Weitz: *The Role of Theory in Aesthetics*, In: *The Philosophy of Art: Readings Ancient and Modern*, New York: McGraw-Hill, 1995: 183-192、187.

的典型艺术品（paradigmatic artworks）之间是否存在着"家族相似性"来进行考量。

毕加索对法西斯兽行进行谴责和抗议的《格尔尼卡》

所以，一种美学体系，一旦以为它能给艺术下定义，那么它首先就错了。艺术在于其创造性、叛逆性，而艺术的定义却让艺术封闭起来。一个封闭的定义是无法适应一个开放的、延展的、不断创新的艺术实践的。所以，只要有人提出一个定义，就会有艺术家成功地去推翻这个定义。由此，当我们去看我们称之为艺术的东西时，如维特根斯坦说的那样，我们找不到任何共同的属性而只能发现一些相似性。

基于此，韦兹认为对美和艺术的真正定义的追问，必须被当作逻辑上的不可能而予以放弃，因为没有被定义的共同本质。韦兹指出，某件东西要成其为艺术并不需要任何条件。而传统的艺术定义都试图去寻找关于艺术定义的必要条件和充分条件。但我们在断言某种东西是艺术作品的时候，可以拒绝承认这些条件中的任何一个条件。比如，人造性一直以来被作为艺术定义的必要条件受大多数人认可，但在韦兹看来，这一最基本的艺术品条件也是可以拒绝的，比如，我们可以说"这块漂浮木是件可爱的雕塑品"。从既要满足必要条件又要满足充分条件的角度看，艺术定义是不可能存在的，只是一种维特根斯坦意义上的家族相似。韦兹由此提出艺术是个开放性概念，认为任何一个单一的总体性术语对艺术进行限定都是不周延的。艺术的概念总是处在延伸之中，随着新的艺术形式和艺术运动的不断出现，我们要么扩展原来的定义，要么取消原来的定义，或者又提出新的一套定义。把艺术看作是开放性概念，就给新的艺术形式、新的艺术运动留下了可能性空间。

韦兹的主张曾经被诺埃尔·卡罗尔以一种归谬法进行了总结：
(1) 艺术能够被拓展。
(2) 因此，艺术必须一直对变革、拓展和新奇的可能性开放。
(3) 如果某物是艺术，那它必须一直对变革、拓展和新奇的可能性开放。
(4) 如果某物一直对变革、拓展和新奇的可能性开放，那它就不能被界定。
(5) 假设艺术能够被界定。
(6) 因此，艺术不能一直对变革、拓展和新奇的可能性开放。
(7) 因此，艺术不是艺术。[1]

从卡罗尔的归谬法可以看出，在韦兹那里，艺术能够被界定或被下定义的假设本身就是和艺术概念相互矛盾的。也就是说，如果艺术能被下定义，就会出现"艺术不是艺术"的谬论。既然艺术与下定义天生就是矛盾的，所以艺术是不能下定义的。

自然天成的留园大理石屏风：石面的色彩纹理自成水墨画！石表面中间部分隐隐约约群山环抱，悬壁重叠；下方流水潺潺，瀑布飞悬；最妙的是左上方流云婀娜中隐有一轮白月，好似空山新雨后、破云而出之月。故以宋人邵雍之诗"雨后静观山意思，风前闲看月精神"题联。

---

[1] [美]诺埃尔·卡罗尔编：《今日艺术理论》，殷曼楟、郑从容译，南京：南京大学出版社，2010：5-6。另见 Noël Carroll: *Philosophy of Art: A Contemporary Introduction*, 1999: 212.

肯尼克在《传统美学是否基于一个错误？》一文中也认为传统美学是建立在错误的基础之上的，其错误就是传统美学都有一个共同的假设，即认为存在着一个充分必要条件可以使得艺术和其他事物区别开来，从而能给出一个关于艺术的类别定义。肯尼克认为艺术的定义和简单的物的定义是完全不同的。对于"氦是什么"的问题，我们可以根据科学精确地下定义。但对于"空间是什么"或者"艺术是什么"的问题，虽然和前者具有相同的提问结构，但却无法得到满意的回答。因为"我们所寻找的东西就像赤道线或光谱上红色和橙色的界线一样，实际上并不在那里"。① 所以，并不存在艺术的共性，因此无法给艺术下定义。

在否认了艺术可以下定义后，肯尼克从两个方面进一步把维特根斯坦的哲学观点运用到了艺术的分析当中。

第一，肯尼克认为虽然艺术无法定义，但并不妨碍其在实际中的运用。继承维特根斯坦"意义即用法"的观念，肯尼克认为"艺术"或"艺术品"一词的意义不在于去下定义而在于对它的使用。"如果有人能在任何上下文中，在任何适当的场合，正确地使用'艺术'一词或'艺术品'一语，那么它就知道艺术是什么。"② 肯尼克举例说，如果你要一个搬运工到库房中（存放了如图画、交响乐乐谱、赞美诗、机器、船只、教堂、塑像、花瓶、诗集、服装、报纸、邮票、花卉树木等物品）去把里面的艺术品取出来，虽然他不知道艺术的定义，但实际上他能成功地完成任务。相反，如果你告诉他把库房中一切有意味的形式或者一切有所表现的物体搬出来，他反而不知所措。③ 通过这个例子，肯尼克认为艺术的定义实际上无助于我们对艺术的理解。

第二，肯尼克认为虽然各种艺术品之间没有共同点，但却存在着相似点。肯尼克从维特根斯坦的"不要想，而要看"的方法出发，认为如果我们眼睛眯缝起来时，有时就能看见平时未曾注意到的一件物体的某些特征和艺术之间的相似点。"这些相似点一旦为我们注意，就将促进我们对艺术的了解。"④ 所以，肯尼克主张作为创造性批评和创造性美学的任务之一就在于找到并指出这种相似之处以提升人的趣味和开拓新的欣赏方法，而不在于去找到适用于一切艺术品的标准和规范。

既然以往的一切有关艺术的定义都已失效，诸如"模仿""表现""有意

---

①②③④ [美]M. 李普曼编：《当代美学》，邓鹏译，北京：光明日报出版社，1986：224、225、225-226、228。

味的形式"等艺术定义是否一无是处呢？新维特根斯坦主义者并不是彻底的解构主义者。他们认为虽然以往的艺术定义失效，但依然可以在艺术批评中具有意义。例如，贝尔的"有意味的形式"无法担当起艺术定义的重任，但贝尔依然是一个好的批评家，因为贝尔通过"有意味的形式"告诉了人们在新的艺术运动面前我们应当去寻找什么以及把握什么才是有价值的东西。所以，虽然以往的定义失效，但并不妨碍这些概念在艺术批评中依然有用。

总体来说，反本质主义艺术观是对维特根斯坦哲学的援用，他们对于艺术的基本看法就是：艺术是不可定义的开放性概念、艺术的意义在于艺术这个概念是如何使用的、艺术类别是以一种"家族相似性"的方式而存在着。

第二节 新本质主义：艺术的重新定义

反本质主义针对传统美学的语言混乱，对艺术的哲学反思给当代人重新看待艺术打开了新的视野。但反本质主义对于艺术定义的否定也引起了很多人的不满。对于这些不满的人来说，拒绝给艺术下定义也许是最轻松地回避问题的方法，但对于严肃的哲学思考来说，却是不负责的方法。拿韦兹的"艺术不是艺术"的谬论来说，其实也不一定必然是不可解决的谬论，因为"艺术实践"和"艺术"概念是不同的，故艺术实践的不断变化并不必然就说艺术是不能界定的，如可以通过一个像"社会制度"之类的动态性概念来界定艺术就能与不断变化的艺术实践保持一致；拿肯尼克所举的例子来说，如果库房里还放存放了杜尚的小便池、沃霍尔的布瑞洛盒子以及一些垃圾艺术，真的让人去挑选出所有艺术品，显然也是不可能完成的任务。看来，给艺术下一个定义还是非常必需的。所以，在和反本质主义的争论中，新本质主义者在艺术不可定义的基础上重新去思考艺术的定义，纷纷提出了对于艺术定义的新看法。

一、艺术定义思维方式的转换

在反本质主义的压力冲击下，新本质主义实现了对艺术定义思维方式的转换。贝伊斯·高特（Berys Gaut）说："之所以还无法为艺术下定义，也有可能是因为定义者们以往使用的方法不对，他们总是试图找到艺术的某种内在本质来给艺术下定义,而不是采用关系的方法。"①归纳起来,新本质主义定义方法论的转换主要体现在显明属性定义转向隐藏关系属性定义、功能性定义转向程序性定义、静态性定义转向动态性定义。

第一,显明属性定义到隐藏关系属性定义的转向。

传统美学对艺术的定义都是在寻找艺术的显而易见的内在属性,诸如模仿、再现、表现、形式、审美经验等定义都是试图通过强调艺术要素的某一个要素条件来确证艺术的身份特征。其典型的定义方式就是运用"当且仅当(if and only if)"的逻辑术语来给艺术寻找充要条件。但随着反本质主义对艺术的这种充分或必要条件的否定,这种定义在面对所有艺术现象的时候显出了它的片面性。在反本质主义的理论背景下,新本质主义开始改变策略,不再试图通过可观察到的视觉性显明属性(manifest property)去给艺术定义,而是转向了寻求一种隐藏的关系属性(relational property)特征来给艺术下定义。

新本质主义的这种转向是通过对维特根斯坦的"家族相似"理论的不同解读而获得的。曼德鲍姆(Maurice Mandelbaum)在《家族相似和艺术的普遍性》一文中认为反本质主义对于维特根斯坦的"家族相似"概念的理解是有问题的。②曼德鲍姆首先拿维特根斯坦举的游戏的例子来反驳维特根斯坦的游戏无共同本质的论断。他认为,如果我们只从各类游戏间显而易见的特征入手的话,可能是很难找到游戏间的共同点。但如果去考察游戏的隐藏属性,我们就会发现游戏之所以为游戏恰是能给参与者或旁观者带来非功利或非实用的兴趣。

在此基础上,曼德鲍姆进一步对维特根斯坦的"家族相似"概念进行发难。他认为"家族相似"并不意味着家族成员之间没有任何的共同性,只是这种共同性不应该从一种显而易见的地方去寻找罢了。比如,如果你要从脸型、身材或者黑卷的头发上去寻找家族成员的共同性,这确实是徒劳的。但如果你从一些非显见的地方去寻找,可能发现一个家族之所以为一个家族正是因为他们具有一个共同的祖先或基因联系。曼德鲍姆认为虽然共同的祖先或基因不是家族成员相似的外部显明特征,但却能把属于这个家族的成员和

---

① 诺埃尔·卡罗尔编:《今日艺术理论》,2010: 31。
② Maurice Mandelbaum: *Family Resemblances and Generalizations Concerning the Arts*, In: *The Philosophy of Art: Readings Ancient and Modern*, New York: McGraw-Hill, 1995: 193-201.

其他人区分开来。举例说,两亲兄弟可能在外表上不存在相像的地方,但因共同的基因关系,他们依然属于同一家族;相反,两个没有血缘关系的人可能外表上比较相像,但依然无法属于同一家族。以此类比,艺术也应当具有一个这样的隐藏属性使得艺术和非艺术区别开来。所以,曼德鲍姆认为传统艺术定义的错误并不是如反本质主义认为的那样,而是在于找错了给艺术下定义的方面。新的艺术定义应该由那种显而易见的属性特征下定义的方式转向隐藏在艺术背后的非显明的属性特征,如关系属性等。

可以说,曼德鲍姆对维特根斯坦"家族相似"观念的反驳影响极为深远,几乎所有当代西方分析美学关于艺术定义的反思都从它那里获得了灵感。新维特根斯坦者希望通过"家族相似性"来解决艺术的归类问题,但这种理论依然把艺术的归类问题放置在与典型艺术品的视觉相似性上,在实践上可能面临着问题。正如卡罗尔指出的,由于新维特根斯坦者对一个候选艺术品到底应该在多大程度上与典型艺术品存在着相似并没有说明,故无法担当起艺术分类的方法重任。因为从逻辑上说,任何一个事情都与其他的另外一个事情在某些方面总存在着相似性。[①]也就是说,任何候选艺术品都会在某些方面与典型艺术品有着相似性,难道说任何东西都能被归类为艺术品吗?由此看来,"家族相似性"观念不但不能否定艺术存在着共同本质的问题,而且也不能用来作为辨识艺术身份的方法。

应该说,曼德鲍姆从肉眼看不到的隐藏关系属性入手寻找艺术定义的新路径奠定了大多数当今分析美学家关于艺术定义方式的基本思路。如丹托(Arthur C. Danto)的艺术界理论是从艺术和艺术史、艺术理论的关系入手来定位艺术的,乔治·迪基(George Dickie)的制度论是从艺术和社会文化制度的关系来定位艺术的,杰罗德·列文森(Jerrold Levinson)的历史理论是从当今艺术和历史艺术的关系上来定位艺术的。从关系属性入手重构艺术定义成为了当今西方分析美学家的一种普遍共识。

第二,功能性定义到程序性定义的转向。

传统美学的艺术定义都是通过对艺术功能或者从"什么是艺术的本质功能"上来定义艺术,如艺术再现生活、艺术表现情感、艺术呈现有意味的形式、艺术给人提供审美经验等。这些定义都是"功能性定义"(functional definition)。

---

① Noël Carroll: *Philosophy of Art: A Contemporary Introduction*, 1999: 222.

这种功能性定义主要是在寻求一种艺术的必要条件,即旨在说明艺术必须具备什么样的条件它才是艺术。正如反本质主义批评的那样,这种定义方式具有显见的片面性。虽然比尔兹利、斯特克(Robert Stecker)等人还在不断完善功能性定义,但总的来说,新本质主义关于艺术的定义多数都放弃了这种艺术的功能主义,而转向一种外在程序来界定艺术(procedural definition)。程序性定义判断一物成为艺术品依从的是一定的惯例而并非该物导致的结果或功能。它不再关注"艺术是什么"而是关注"是什么让它成为了艺术"。如列文森(Jerrold Levinson)的历史性定义艺术理论(historical definition of art)就是通过层层推进的程序步骤提出来的。[1]虽然列文森的历史性艺术定义在拥有权、意图等方面存在问题,但其在探寻艺术新定义的思路上还算是比较有新意的。列文森采取了多个不断补充推进的公式来定义艺术,其基本思路可简要表述如下:

> 初始步:在 T 时,已经有艺术品存在。
>
> 递归步:在 T 之前,X 被人们当作是艺术品。如果 T 时对 Y 有适当拥有权的某人或某些人看待 Y 的稳定性的意图和以前准确看待 X 的意图是一样的。那么,Y 在 T 时就是艺术品。[2]

列文森所设的初始步实际是为自己的历史性定义理论设立一个前提,即其理论是建立在历史上已经存在艺术品的这一事实基础上的。这样,列文森就回避了第一个艺术品如何出现的问题。因为,对迪基制度论的一个很大批评就在于它无法解释艺术制度未建立前艺术品是否存在的问题。在递归步中,列文森把看待艺术候选品的意图和以前看待作为范例的艺术品的意图关联起来,把当今艺术和过去艺术的历史关系结合起来,实际上他寻找到的是"如何看"的历史性程序。同样,卡罗尔(Noël Carroll)关于艺术的辨别性叙事(identifying narratives)也是通过讲述一个作品是如何与已被认可的艺术品之间关联的故事来确证其艺术资格。虽然卡罗尔不承认自己在给艺术下定义,但他通过历史性叙事来辨别艺术的方法依然行使着把候选品转化为艺术品的职能。卡罗尔认为,要辩护一部受到四面攻击、令观众疑惑的作品成为艺

---

[1] 戴维斯在《艺术的定义》(*Definitions of Art*)中把艺术理论的分类为功能主义、程序主义和历史主义,并把列文森的历史理论归为历史主义。笔者认为其实历史主义和程序主义并不矛盾,故列文森的历史理论也是一种程序主义艺术理论。

[2] Jerrold Levinson: *Defining Art Historically*, In: *The Philosophy of Art: Readings Ancient and Modern*, NewYork: McGraw-Hill, 1995: 235.

品,必须要通过"讲故事"的方式来让人理解它。他说:"如果这样的叙事通过令人满意的历史说明来讲述正在讨论的作品怎样易于理解地从以前的艺术性叙事中出现,从而把一部受到争议的作品与以前得到承认的艺术联系到一起,那么这部作品的捍卫者就已确立了它的艺术地位。"①可见,卡罗尔与列文森相似,寻找到的是"如何讲"的历史性程序。其他的如丹托的艺术界理论、迪基的制度论等都是在社会程序上立论,都为一种程序性定义。

第三,静态性定义到动态性定义的转向。

不管是再现主义、表现主义、形式主义还是功能主义的艺术定义,其对艺术定义的方式都是通过对艺术本身属性或功能的总结而抽象概括出来的,这种抽象概括出来的艺术定义往往是一个静态的、内在封闭的概念,它可能无法面对不断创新的艺术实践本身,缺乏应有的弹性。面对不断推陈出新的艺术实践,新本质主义关于艺术的思考在借鉴了维特根斯坦开放性概念基础上,更多倾向于以一种外在动态性的理论来定义艺术。

动态性实际上更多的是一种描述性的定义,它是通过引入艺术品属性之内或之外的因素来看待艺术的。这种定义用一种流变的理论观念来把握艺术,就很可能解决好艺术的历史演变给艺术观念带来的挑战问题。与新维特根斯坦者把开放性概念与本质性定义对立起来的看法不同,在新本质主义看来,动态性定义也可以是一种本质性定义,如制度性艺术理论。也就是说,虽然艺术实践是不断推陈出新、千变万化的,但并不意味着艺术无法定义。一个合格的艺术本质定义可能恰恰能从逻辑上解释不断革新的艺术实践。动态性定义的运用在当代艺术哲学中主要表现为两种形式,一种形式是开放性地看待艺术品内在属性,以贝伊斯·高特的"艺术簇概念"(art as a cluster concept)为代表,另一种则直接通过对艺术品外在因素的说明来给艺术下定义,以列文森、丹托、迪基等人的艺术定义为代表。

高特和其他新本质主义不同,他和新维特根斯坦者的观点相对比较接近。高特虽然并未完全取消维特根斯坦"家族相似"概念的可能性,但他并不因为"家族相似"概念就取消给艺术下定义的可能性,而是积极性地提出了一个簇概念来给艺术下定义。与传统本质主义只用一个属性去概括艺术本质不同,高特对艺术品的属性进行了归纳,提出了十项有关艺术品认定的主要候选标准:拥有优美、典雅、精致等能给人带来感官快乐的正面审美属性,

---

① 诺埃尔·卡罗尔:《超越美学》,2006:168。

具有情感表现力，在智力上有挑战性，在形式上既复杂又统一，能够表达错综复杂的含义，展现某种个人观点，具有创造想象力的发挥，需要运用高超技艺完成，属于某种已有的艺术类型，产生于某个创作艺术品的动机。高特认为，如果物品析取性地拥有这些属性则是艺术品，反之则不是。[①]同时，高特开放性地认为，如果还有艺术品脱离于上述十项标准之外，则可以对这个标准进行增添或修订。考虑到艺术的多元性，高特不认为这些候选标准就是艺术品的必要条件，而认为这些属性只能是艺术品成为艺术品的标准条件。也就是说，即使有些艺术不符合某个或某几个标准，但它肯定必须符合其余的某个或某几个标准。如一件硬边抽象画作品，可能它不具有情感表现力或形式统一的标准条件，但由于它属于已有的绘画艺术类型，我们仍然可以把它看作艺术品。再如杜尚的小便池，可能它不具有正面的审美属性和情感表现力，但它对既有观点和思维模式从智力上给人形成了挑战，展现了某种个人观点，我们仍然可以把它看作艺术品。从逻辑上看，高特实际是想通过列举出艺术家族的相似性方面来给艺术下定义。这种试图通过修正"家族相似性"理论来给艺术下定义的方法，虽然具有新意，但可能没有看到"家族相似性"理论与艺术定义（充要条件）之间的逻辑矛盾问题，只能看作是一个不完全定义（标准条件）。

动态性概念的另一种运用方式是直接通过对艺术品外在因素的说明来给艺术下定义，如列文森的历史性定义中艺术定义是和历史语境紧密关联的，丹托的艺术界理论中艺术定义是和艺术理论与艺术史紧密关联的，迪基的制度论中艺术定义是和社会制度紧密关联的，古德曼的艺术语言符号理论是和时间性紧密关联的，等等。不管是历史语境、艺术理论、艺术史、社会制度还是时间性，都是一种艺术品属性之外的因素，而且都有着开放性、历史性的特点。与此相关联的艺术定义，自然也成了一个开放性的概念。

虽然新本质主义对于艺术的界定都或多或少存在一些问题，但他们的理论思考却开启了我们面对艺术问题的思维方式的转变。寻求艺术定义方式的努力虽然受到了反本质主义的极大挑战，但这种挑战不但没有遏制人们去寻找艺术定义的冲动，反而激发了各种有建设性的艺术定义方案。当代艺术哲学家都已经开始认为，在判断一件艺术作品与另一件非艺术作品的分别时，作品本身的审美属性是不能够确定其分别的，而只能通过一些不能直接看到

[①] 诺埃尔·卡罗尔编：《今日艺术理论》，2010：34。

的东西并根据一定的程序去开放历史性地定位艺术身份。在这些因素中，最重要的莫过于构成作品创造背景的艺术史环境、理论氛围和社会文化制度。从这种思路出发，一些艺术哲学家放弃了从作品内涵或审美属性上来定义艺术品，而采取了一种外延式的思路，并从一般作品转化为艺术品的社会维度来定义艺术品身份的获得。这里最有名的当属阿瑟·丹托的艺术界理论和乔治·迪基的艺术制度理论。

二、丹托的艺术界理论

丹托的艺术界理论由 1964 年丹托的《艺术界》(*The Artworld*)》[1]一文提出。《艺术界》一文主要针对当时沃霍尔的《布瑞洛盒子》展览提出的。《布瑞洛盒子》的展出，留给丹托的一个问题就是，为什么沃霍尔的《布瑞洛盒子》是艺术品，而超市里的布瑞洛盒子却不是艺术品。到底是什么使得沃霍尔的盒子成为了艺术品呢？

在《艺术界》文章里，丹托首先对具有悠久历史传统的艺术模仿理论进行了批评。丹托认为模仿既不是"成为艺术"的充分条件也不是必要条件。丹托指出，摄影术的发明表明模仿不可能是"成为艺术"的充分条件，否则照片影像比任何艺术品更具艺术性；同样，康定斯基的抽象艺术运动也表明模仿不可能是"成为艺术"的必要条件，因为康定斯基那里看不到所谓的模仿。在丹托看来，模仿理论是力图创造真实物的幻觉，但后印象派艺术寻求的却是真实性(reality)。模仿论是与真实物形式相联系的，而真实性则是一种具有创造性的新形式。丹托认为用艺术模仿理论是无法解释后印象派艺术和沃霍尔等人的波普艺术的，而艺术的真实性理论则能比较成功地解释这些艺术现象。如梵·高的绘画《吃土豆的人》(*Potato Eaters*)，并不是对生活场景里吃土豆的人的模仿写真，但依然具有艺术的真实性。通过对艺术模仿理论和对艺术真实性理论的比较，丹托因此提出了艺术理论在界定艺术上的重要性："艺术理论的使用不仅帮助我们区别艺术和非艺术，而且还使艺术成为可能。"[2]

在此基础上，丹托提出了他的艺术界理论："为了把某物看作是艺术，要求某种肉眼所看不到的东西——一种艺术理论的氛围，一种艺术史的知识，也就是一个艺术界。"[3]可以看出，丹托的艺术界理论包括两个要素：艺

---

[1][2][3] Arthur C. Danto: *The Artworld,* In: *The Philosophy of Art: Readings Ancient and Modern*, NewYork: McGraw-Hill, 1995: 202-212, 203, 209.

术理论的氛围（atmosphere of artistic theory）和艺术史的知识。一个是理论，一个是历史，二者共同形成艺术界，而艺术理论又是最为主要的因素。丹托认为正是艺术界赋予了某物"成为艺术"，促使了平凡物转化为艺术品。这正如同教堂里牧师的誓词，它宣告了两个新人成为了夫妻。换句话说，正是艺术理论的阐释而使得某物"成为艺术"。所以，丹托在《艺术的终结》中又说："阐释实际上是个杠杆，用它把实物从现实世界移入艺术世界，在这里实物时常穿上想象不到的服装。只是由于与阐释联系在一起，实物这种材料才是艺术品。"①按照丹托的艺术界理论，可以解释滴在空罐头上的雨点为什么不是艺术，而莫扎特的某段交响乐的雨点声则是艺术。如果只从雨点声音上试图区分二者是不可能的。莫扎特的雨点声之所以是艺术是因为莫扎特的音乐在艺术史上的地位决定的，二者的区别必须深入到艺术史、艺术理论的氛围中才能得以把握。

梵·高的《吃土豆的人》。瘦骨嶙峋的躯体和布满皱纹的面孔使得画中的人物显得不真实，但却比实在的真实更真实。

---

① [美]丹托：《艺术的终结》，欧阳英译，南京：江苏人民出版社，2001：36。

根据艺术界理论，丹托进而回答了布瑞洛盒子的疑问：最终导致布瑞洛盒子和作为艺术品的布瑞洛盒子不同的是艺术理论，正是艺术理论把艺术品的布瑞洛盒子和作为现实物的布瑞洛盒子相区隔而进入了一个艺术的世界。①丹托认为，如果没有艺术理论，人们是不可能把沃霍尔的布瑞洛盒子看作艺术品的。因为二者一模一样，如果你说沃霍尔的盒子是美的，另一个就一定也美。丹托认为沃霍尔的布瑞洛盒子之所以成为艺术品，一方面离不开艺术理论的氛围，另一方面也离不开当时美国纽约绘画发展的历史。在丹托看来，就像中世纪不可能有航空保险一样，再倒退五十年的话，沃霍尔的盒子是无论如何也成不了艺术品的。所以，沃霍尔的布瑞洛盒子成为了艺术品，恰是和当代的艺术理论和当代的绘画发展历史所提供的可能性相关的。

虽然丹托本人并没有对艺术界理论进行完整的阐发，但丹托的艺术界理论把艺术定义的方向转到了艺术品内在属性之外的艺术史和艺术理论框架中，开启了一种新的艺术定义方式。

三、迪基的艺术制度论

乔治·迪基的艺术制度论（institutional theory，又被人译为"体制论""惯例论"）是对丹托艺术界理论的进一步发展，二者在理论上的相关性是显而易见的。卡罗尔就二人的理论关系总结道："丹托强调了艺术史和艺术理论对辨别艺术的重要性，而迪基则试图以描绘创造艺术所必需的社会语境的方式来找出这一可能性，我们或可称之为社会学的方式。如果丹托的艺术界是一个观念上的艺术界，那么迪基的艺术界则是一个由人组成的艺术界，即由艺术家及其公众所构成的一个艺术界。"②虽然迪基本人对本质主义一词颇有微词，但从积极为艺术寻求定义的方面来看，迪基本人依然可以看作是一个新本质主义者。迪基关于艺术定义的理论主张主要体现在的《艺术与审美》（1974年）和《艺术圈》（1984年）两书中。

迪基既对传统的模仿、表现等理论进行了否定，又对韦兹的反艺术定义进行了质疑。他虽然同意韦兹关于艺术亚概念是开放的论断没有问题，但却认为艺术的总概念是可以根据必要条件和充分条件来予以界定的。他的艺术制度论恰是试图避开传统艺术定义的道路开辟一条关于艺术定义的新路径。

---

① Arthur C. Danto: *The Artworld*, In: *The Philosophy of Art: Readings Ancient and Modern*, 1995: 210.
② 诺埃尔·卡罗尔编：《今日艺术理论》，2010：14。

虽然迪基反对韦兹关于艺术总概念是开放性的观点而认为艺术定义应该是封闭的，但从他的理论好像看不出这一点。制度论不是从艺术品内涵入手来界定艺术，而是从外延上，特别是某物成为艺术的社会制度、社会实践、社会关系上来界定艺术。事实上，一旦把艺术定义和社会制度结合起来，其定义就依然具有动态开放性的特征。

在《艺术与审美》中，迪基对艺术制度论进行了系统的总结。他从程序性定义出发，认为一件艺术品必须满足如下两个条件：

（1）一件人工制品；

（2）代表特定社会制度（艺术界）行动的一些人，授予它欣赏候选者地位的一系列特征。①

第一个条件表明，艺术品首先应该是人造品，特别是艺术家有意把它作为艺术品而制作的东西。在韦兹那里，艺术的人工性特征也被否定了，而迪基显然不同意这种激进的看法。在迪基看来，一块漂浮木之所以成为艺术品，它一定是和其他艺术品相类比而得出来的评价性的结论，因而依然具有人工性。这种人工性可能不是用工具进行加工意义上的人造性，但作为自然物的"漂浮木"要被推荐成为被人欣赏的艺术品，其间必须经过人工性这一环节。

第二个条件是迪基艺术制度论的核心内容。社会制度和丹托所说的艺术界是紧密联系的。丹托的艺术界主要还是指艺术理论氛围，但迪基的艺术界则包含的范围更广些，实际上包括了艺术理论、艺术家、公众、环境因素等社会网络。根据迪基的看法，艺术界的中坚力量是一批组织松散却又互相联系的人，这批人包括艺术家（亦即画家、作家、作曲家之类）、报纸记者、各种刊物上的批评家、艺术史学家、文艺理论家、美学家等。其中，艺术家为艺术界中最具有授予资格的人，他具有艺术方面的知识、理解力和审美经验，赋予了所制造出来的人工制品欣赏候选者地位。而赋予人工制品以艺术地位的制度则是由艺术界的实践活动来决定的，是经由这种常规实践活动形成的一种约定俗成的社会习俗，是每一门类系统为了使门类所属的艺术作品能够作为艺术作品来呈现的一种社会语境或框架结构。正是由于代表制度的一个人或者一些人（主要是艺术家）授予了某个物品是否具有供人欣赏的待选资格或是否成为艺术品。所以，在迪基看来，一件东西之所以成为艺术品是离不开当时的社会制度的，是一种文化建构和社会实践的产物。杜尚的作品如

---

① George Dickie: *Art and Aesthetic*, New York: Cornell University Press, 1974: 34.

果不是出自杜尚之手而是出自常人之手就不可能成为艺术品。同样，杜尚的作品在达·芬奇时代就不可能成为艺术作品，因为当时没有形成这些作品成为艺术品的社会制度和文化传统。

迪基的艺术制度论提出后，立即引起了广泛的争议。既有热烈的赞成者，又有强烈的批评者。面对有关其理论的循环定义、授予资格、非民主性等方面的批评声，迪基在后来的《艺术圈》一书中对自己的理论进行了一些修正和说明。在这本书中，迪基从艺术家、艺术品、公众、艺术界、艺术界体系五个方面对艺术制度论进行了系统论述：

（1）艺术家是理解性地参与制作艺术作品的人；
（2）艺术作品是被创造出来用以展现给艺术界公众的人工制品；
（3）公众是这样一类人，其成员在某种程度上准备好去理解展现给他们的对象；
（4）艺术界是所有艺术界系统的整体；
（5）艺术界体系指的是一种将艺术家的作品提供给艺术界公众的框架结构。①

应该说，这个关于艺术制度论的说明，是比较全面和具体的。这五个方面除了对前期制度论予以具体说明外，最大的一个修正是增加了艺术公众的内容。按照迪基的说法，艺术公众一般都具有对艺术观念和艺术媒介的理解力，因而有着艺术的判断力。这种修正理论把艺术品看作是展示给艺术界公众的而不是如前期理论所说的简单地由艺术界中的有权威的个人或某些人来授予地位。这种授予艺术品地位角色的转变表明迪基更倾向于把艺术品资格的获得放置到了更广泛的关系结构中来，以此来回应关于公正性问题的指责，使其理论更加具有灵活性。

可以看出，迪基的艺术制度论存在着一种循环式的论证（艺术圈）。循环论证并不都是恶性的，如果这种论证在循环过程中能提供更多的信息则属于良性循环。迪基艺术圈理论对艺术家的论证需要艺术品做条件，对艺术品的论证需要艺术公众和艺术界做条件，对艺术界的论证需要艺术家和艺术界体系做条件，对艺术界体系的论证需要艺术品和艺术公众做条件。按迪基的看法，正是在艺术家—艺术品—艺术公众—艺术界—艺术界体系的线性演变和五者必要的、良性的解释学循环中，艺术的相关框架得以呈现。

---

① George Dickie: *The Art Circle*, New York: Haven Publications, 1984: 80-82.

艺术制度论很好地解释了为什么有些东西虽然没有艺术价值，在其他方面也很糟糕，但却可能是艺术。这种理论也能较好地解决艺术哲学上的赝品问题、现成品问题。在真迹和赝品上，在现成品艺术和日常用品之间，由于二者之间是如此的相同，以至于通过对审美属性的审美判断是无法区别二者差异的。

艺术制度论似乎不能解释最早的艺术品。艺术制度具有历史形成的过程，只能在艺术制度形成后艺术品才可能产生。制度论坚持认为艺术是社会制度、社会实践、社会关系的产物，故不得不否认一万年前的绘画和雕塑是艺术，因为那时还没有艺术制度。另外，制度论还存在着如下几个问题：一是，艺术史上不乏一些艺术品在当时并没有得到艺术界的认可，但后来却成了经典的艺术品，也就是说，有些具有革命创新性的作品也许在当时不存在一个可供其被授予艺术品资格的艺术界，它是游离于当下艺术界的。二是，艺术界的资格由谁来保证呢？艺术界本身也是很混杂的，这种混杂性不一定保证他们评判具有公正性。虽然迪基的修正版制度论对这一问题有所回应，但艺术界的混杂性这个问题依然存在。三是，艺术制度是否和法律制度一样具有明确的标准呢？法律制度基于公众的同意具有官方的严肃性，但艺术制度相对松散只是一种惯例与习俗。但不管怎么说，迪基的艺术制度论算是当代美学对艺术思考的一个重大成果，特别是它把艺术品的认定问题放置到一个关系结构和文化实践中，很值得我们重视和思考。

第三节　开放语境中的艺术框架

在艺术的变迁和当代艺术的挑战中，在当代反本质主义和新本质主义的理论背景中，如何言说艺术似乎成了一个"不可能的任务"。但是，面对如此精彩丰富的艺术面貌，仅仅听任"什么都是艺术，人人都是艺术家"的论调喧嚣直上，显然是哲学沉思不可容忍的。现在要面对的问题就是，如何在不能下定义的惊醒中给艺术下定义。

通过当代艺术哲学家的争论，得出的一个结论就是：要给艺术下一个准确的一劳永逸的定义确实是难上加难。但这个结论并不意味着人一定要去放弃一种给艺术下定义的理论冲动，因为理论的冲动本身就是哲学的意义所在。但现在如果要给艺术下定义，可能只能是一种非严格意义上的定义。如果一种非严格意义上的理论定义能够在艺术生活中起到自身的作用,能行使基本的艺术辨识功能,能廓清面对光怪陆离的艺术现象的一些疑惑,那么这种定义就是称职的。基于此,对于何为艺术的问题,本书试图借鉴当代艺术哲学家的思考,在一种开放语境中去呈现艺术之为艺术的理论框架。这种理论框架不能被看作是对艺术的严格定义,而仅是艺术能得以呈现的网络结构。

既然不是一个严格的艺术定义,那它就不可能围绕着艺术文本(text)和概念分析本身展开,而只能在一种历史性、文化性的艺术语境(context)中来进行运思。虽然这种运思难以逃避循环定义的责难,但必要的解释学循环是能够接受的,因为关于艺术的思索本来就是面对过往的、现在的、未来的艺术现象的。本书希望能在多重语境中,让一个能兼容各种艺术现象和并蓄各种艺术理论的艺术框架得以出场。如果说这一框架是一种关于艺术本质的言说,那这一言说不可能是一种传统本质主义的言说,而是一种开放性的新本质主义言说。

一、历史语境

艺术是离不开历史的,任何艺术都是在一定的历史时空中产生并被一定历史时空中的人来欣赏。所谓永恒的艺术也只是在一定历史时期抓住了人类的普遍精神,而被后世不断传唱而已。超越时空之外的隽永的艺术韵味离不开对时空之内的艺术的把握,所谓的"当下即永恒"的哲理也一定是和当下的历史情境、具体的生命感悟息息相关的。中国古代的"以形写神""境生于象外",都并没有完全割弃艺术本身的历史性存在。所以,要定位艺术,必须要具有一种历史语境,特别是艺术自身的历史。只有在艺术史中,人们才会知道每一种新的艺术运动实际都是在对原先艺术运动的创新,也才能把握人类艺术精神的演变历程。缺乏艺术史的知识,我们将无法理解文艺复兴时期的"复兴"所指何在,更无法对杜尚艺术的意义做出判断。艺术史提供给我们的实际是人类感性生活的开拓领域,只有立足于已经开拓的领域才能进一步开拓新的领域,让人类的感性生活更加完满化。

实际上,"艺术"这个词本身就是一个历史事件,它是从日常技能(art)历史性地转化为独特感性领域的艺术的(fine art)的。不管是西方还是中国,艺术一词都是和人类生存的技艺联系在一起的。在西方,art 意谓技能、技艺、工艺,指的是所有凭借专门知识而掌握的技巧和能力,也指人类有目的地运用一定的技巧所生产出来的一切产品。如荷马把行吟诗人与预言家、外科医生和工匠并列。梭伦把诗人、农民、工匠、算命先生和外科医生归为一类。柏拉图把艺术划分为运用对象的艺术、制造对象的艺术和模仿对象的艺术。渔、猎属于运用对象的艺术；纺织、制鞋和建筑属于制造对象的艺术；绘画、诗、音乐、舞蹈属于模仿对象的艺术。亚里士多德从艺术与自然的关系上把艺术分作两类：一类是以自然所不能做的东西去补充自然，如制鞋、纺织等。一类是模仿自然的东西，即"模仿艺术"，绘画、雕塑、诗歌和部分音乐。中世纪则把艺术分为机械的艺术和自由的艺术两类。机械的艺术包括"烹饪术""剪裁术""造屋术"，治疗疾患的"医药术"，交换商品技巧的"经商术"以及带兵作战的"攻防术"共七种。自由的艺术包括语法、修辞、逻辑、算学、几何学、天文学以及音乐。直到1747年，法国美学家查理斯·巴托在《论美的艺术的界限与共性原理》一书中，把艺术分为三类，一类是美的艺术，它以引起人们的愉快为特征；一类是机械的艺术，它以满足人们的实用为目的，如编织、铸造、木工等；一类是既有实用价值又令人愉快的艺术，建筑与雄辩术就是这类艺术。由此，艺术史上关于 art 的言说转化为 fine art 的言说，当时巴托列举的五种"美的艺术"（beaux arts）指的是：绘画、雕刻、音乐、诗歌、舞蹈。

在中国，许慎《说文解字》就把艺释为"种"，即种植。《周礼·地官·保氏》中提出"六艺"，为礼、乐、射、御、书、数六种技能。《后汉书》中，艺术仍泛指各种技术、技能。"艺为书、数、射、御，术为医、方、卜、筮"，合谓"艺术"。《晋书·艺术传序》："艺术之兴，由来尚矣，先王以是犹豫，定吉凶，审存亡，省祸福。"这里的"艺术"，即术教、技艺，谓阴阳、占候、卜筮幻化之术。清代刘熙载《艺概》中，除讲八股文的《经义概》仍承汉初"艺"之古义外，列出《文概》《诗概》《赋概》《词曲概》《书概》，已经接近我们今天所说的艺术这一概念的含义。鲁迅1913年发表的《拟播布美术意见书》一文中说："'美术'为词，中国古所不道，此之所用，译自英之爱忒（art or fine art）。"在美术之类别里，鲁迅列出雕塑、绘画、音乐、文章、建筑。

各种艺术形态及其风格的演变也是和人类生活史相关的。艺术作为人类生活和生命精神的载体，它始终通过感性符号的形式承载着、探寻着、反抗着人类现实生存的命运。艺术面貌的每一次创新和变化都是和人类生活世界的变化息息相关的。要创造、欣赏、阐释艺术，都离不开对人的生活史的把握。比如，要理解西方艺术面貌的变迁，就必须深入到人和自然、社会的生存关系中才能够做到。在古典优美的艺术中，人和自然、社会和谐亲近的历史面貌历历在目。不管是"高贵的单纯，静穆的伟大"的古希腊艺术，还是"清水出芙蓉，天然去雕饰"的中国文人艺术，呈现的都是人类和自然、社会有机统一那段历史。而在近代的崇高艺术中，人和自然、社会的有机统一史开始转化为人类主体征服自然的历史。在西方现代的丑的艺术中，骚动、狂躁不安的线条呈现了人和自然、社会关系的破裂。这是一个自然破碎、理性坍塌的历史时期。

毕加索的《亚维农少女》，拼组的躯体，扭曲的人形，传达了现代艺术"丑"的审美经验。

这表明了艺术与人的生存关系具有历史的原发性。所以，对艺术史和生活史语境的重视，就能改变分析哲学单纯的语言哲学运思，而把艺术与人类活泼泼的生活历史联系起来，而不至于仅仅成为一个思维的逻辑游戏。所以，艺术在历史中呈现。

二、艺术理论语境

虽然艺术现象本身是先于理论的，但自从理论介入艺术起，艺术的发展则与理论相伴随行。亚里士多德的《诗学》就如此重要地影响了整个西方的艺术形态，而中国的《毛诗序》则几乎成了中国诗学的经典解释学。特别是在当代的艺术实践中，无不和艺术理论密切相关。每一种新的艺术实践都与一种新的艺术宣言相联系，也正是在艺术理论的表达中，艺术展示了自身的多面性。

模仿论再现了人类生存的现实世界，它把艺术和外在世界的关系紧密联系起来。这种艺术理论显现出了人类艺术精神对外在世界的美化构造，寄托了人类的审美理想。虽然今天的艺术已经发生了很大的变化，但"美的艺术"依然是令人向往的审美理想。所以，模仿论特别是再现和象征论依然有着理论的有效性，它不仅可以用来理解古代的模仿艺术，而且也能用来理解今天的相关艺术。

如果说模仿论显现的艺术折射人类生存世界的话，表现论显现的则是人类的主观生命精神世界。表现说把人类的生命精神世界传达在艺术品中，达成一种生命精神世界的交流和感通。只要人类存在，生命精神的交流和感通就会存在，表现说也就具自身的生命力。它对我们理解已经存在和未来仍然存在的以生命精神为主的艺术形态将依然行之有效。

形式论着眼于艺术品本身的形式因素，让我们更多地关注艺术品自身的点、线、面、体和色彩。由于艺术的存在是离不开形式的，形式论也有着其合理性的方面。不过，我认为对于艺术形式的理解是应和内容结合在一起的。

艺术的出现最终是必须与人联系在一起的，审美经验论显现的正是艺术创作和欣赏过程中的人的心理状态。通过审美经验理论的描述，人类可以通过艺术更好地理解自己、领悟生命存在自身。不过，对审美经验的范围应界定为一个包含纯粹审美经验、辩证审美经验和具有功利性的审美经验在内的"家族"，其中辩证审美经验是最主要的经验形态。

艺术界理论和制度论从程序性的角度对艺术是如何形成的方式进行了

描述。这种艺术理论有效地解释了先锋前卫艺术、波普艺术等当代艺术形态。所以,不管是模仿、表现、形式审美经验还是艺术界和艺术制度理论,都是艺术某个领域得以显现的途径和方式。艺术,正是在这种艺术理论中使自身呈现。

各种艺术理论都具有各自的合理性,但又并不是艺术的全部。每种理论呈现的都仅是艺术的某一领域,如果仅仅限于这一领域势必又会导致对艺术真理的遮蔽。所以,要正确地对待艺术理论,应该具有两种基本的态度。

第一种态度是,艺术理论之间的关系并不是那种后者取代前者、包容前者的线性关系,而是一种各自都有着存在合理性的结构关系,都是不同时期的艺术共同体或艺术界达成的共识和相同的艺术行为方式。这一特点和科学哲学家托马斯·库恩提出的"范式"理论比较相似。艺术不是可以用进化论来解释的,只是不同理论范式转换的结果。当旧的艺术理论无法解释新的艺术实践时,一种新的艺术理论就会出现。但新的艺术理论出现并不意味着旧的艺术理论就是谬误。

德拉克罗瓦集再现、表现和形式于一体的《自由引导人民》。作品以纪念碑式的构图再现了1830年法国"七月革命"的场景,表现了作者义愤填膺的激情,给人以激动人心的力量。

第二种态度是，艺术理论之间并不是绝缘的关系。不同的艺术理论往往呈现艺术的不同主要方面，但并不意味着一种理论中不具备另一种理论呈现的方面。在模仿理论中，虽然主要呈现的是外在世界的方面，但生动迷幻的模仿是和形式相关的，而创造性的再现往往又是和表现论相关的；在表现论中，虽然主要呈现的是生命精神世界的方面，但变形依然还是一种形式，而变形的物体依然还是一种物体；在形式论中，虽然主要呈现的是艺术品自身的形式，但形式是源于对外在世界形式的概括和抽象，而形式也还是具有情感内容的形式；在审美经验中，虽然主要呈现的是人的心理状态，但经验也是对外在世界、艺术形式、内心情感的经验。同样，艺术界理论和艺术制度论也是围绕着艺术家、艺术品、艺术公众等因素展开的。可见，不同的艺术理论形成了一种相互关联的理论语境，而正是在这种理论语境中，艺术的诸多面向通过这个多棱镜或主要或次要地被展现出来。所以，艺术在艺术理论中呈现。

三、文化语境

艺术总是和特定的文化背景联系的。不同的文化往往形成不同的文化审美心态和不同的艺术行为方式。艺术的这种文化语境可以从两个方面来理解：一方面是不同的文化类型下不同的艺术呈现方式，另一方面是同一文化类型下不同阶段的艺术呈现方式。后者和艺术的历史语境具有重叠的地方。这里仅谈一下前者。

本尼迪克特在《文化模式》一书中说："在文化中我们也应该设想出这样一个巨大的弧，上面排列着或是由于人的年龄圈，或是由于环境，或是由于人的各种各样的活动所形成的各式各样的可能的旨趣。"[①]这句话说的即是不同文化类型具有不同的艺术观念，也就是文化类型中艺术和美的多样性。不同的文化类型具有不同的艺术和审美观念，我们不能以一种单一的标准去衡量艺术。不但过去的埃及、中东的美索不达米亚、美洲的奥尔梅克和玛雅文化中具有不同的艺术行为方式，而且目前在全球化背景下存在的中国、西方、印度、伊斯兰文化依然也具有不同的艺术行为方式。只有把文化语境带进艺术的理解中，才能更好地把握不同文化类型下艺术的特点。不过，这里要特别表明的是，对

---

① [美]露丝·本尼迪克特：《文化模式》，王炜等译，北京：生活·读书·新知三联书店，1988：26。

文化语境的注重并不必然意味着文化相对主义。各大文化差异对艺术确实有着很大的影响，但这种差异性的影响之中，又都有着一种关于"艺术"理解的共同旨趣。文化因素是理解艺术的很重要语境，但不是唯一语境。

在中国文化中，道是最具有文化特色的哲学概念。"艺者，道之形也。"中国艺术的目的就是用形而下之器去达成形而上之道，而中国艺术意境也正是在器道通途中获得的。"一隐一显之谓道"，中国文化中的道又往往是与其显现状态"气"联系在一起的。通过"气"，形而上之道、人伦之道、艺术之道三者相互彰显，获得一种中国独特的天人之际的艺术精神。对中国艺术的理解，是离不开对中国文化的理解的。绘画上的气韵生动境界、书法上的"书肇自然"、舞蹈上的节奏韵律、建筑上的有无相生等都与中国文化道之哲学概念紧密结合。在这种独特的道之衍化中，万物都以生生不息的生命力融入整个宇宙之中，形成一个气化流行、运转不息的宇宙大生命。

在西方文化中，逻各斯是最具有文化类型特色的一个概念。这种对理性的追求直接影响了西方的艺术形式。逻各斯中心追求的是人自身的理性能力对宇宙的把握，在艺术形式上注重的则是理性之下的比例和谐。如西方建筑艺术的和谐就体现在建筑个体的美的线型、美的比例上，体现在建筑个体的数的和谐上。这种美的比例又是人站在一个理想定点观察而得的，这个定点就是视觉焦点。焦点透视体现了一种典型的理性精神，它遵循科学的空间法则。焦点透视形成了西方人取景框式的审美视线：人在一个理想定点观察，客体呈现为一种科学几何式的近大远小三维立体空间。不管是比例和谐，还是焦点透视，都是逻各斯中心在艺术上的体现。

在印度文化中，哲学即宗教，宗教即哲学。印度宗教哲学的宇宙结构、化身特性、业报轮回等造就了印度艺术之美。天、地、空三界构成了印度文化的宇宙结构，对空的注重为印度文化特色。印度以"梵"为宇宙本体。梵没有任何形体而又存在于一切形体之中，所以梵又是空。梵为空，源于他的千变万化，化身就成为印度文化的一个重要特质。化身源于一种业报轮回观念，要摆脱轮回之苦永远停留在永恒的幸福之中，就需要解脱。所以，整个印度哲学就是解决如何解脱而达到梵我同一的精神世界。要达成这种梵我合一的境界需要的是直觉和体验。正是在这种文化语境中，印度艺术就是如何从有限走向无限，从现实走向超脱。如印度教艺术通过象征和意象来表达超验的存在，力图通过变形和化身去表现不能表现的东西。印度雕塑、绘画艺术通过灵活多变的动态，以高度扭曲、夸张、变形的形象表现那种激越式的运动，释放出印度教观念中蕴含的巨大能量。

在伊斯兰文化中，"万物非主，唯有安拉"是其文化箴言。伊斯兰文化认为，真主安拉是世界万物的创造者。安拉作为美的本体永生不灭，并以自身的永恒性维护万物，维系着万物所具有的美。万物之美在安拉的永恒维护下，具有一种和谐性和秩序性。人与安拉、人与人、人与自然都处于一种统一和谐之中。伊斯兰艺术以一种和谐美感去达成对真主安拉的体认，伊斯兰的建筑艺术、图案装饰艺术和书法都出于一种对真主安拉的体认而存在。真主安拉是无形的，所以伊斯兰艺术中反对具象崇拜。所以，伊斯兰艺术不但没有神的塑像，就连所有的装饰也都是图案性和抽象性的。

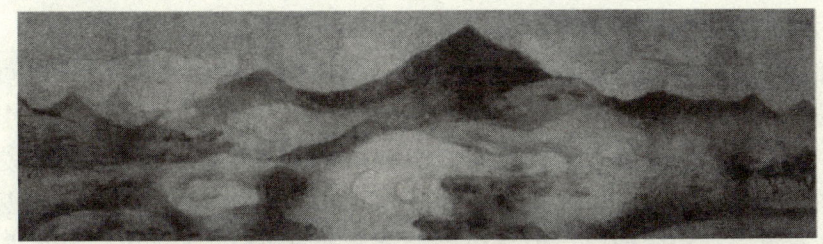

米友仁的《潇湘奇观图》气象氤氲，是中国气化宇宙观的具象化。

变形的印度湿婆，是印度"梵"宇宙本体的具象化。

可以看出，不同的文化类型下艺术的呈现方式是具有很大差异性的。这种差异性不能简单地以高低优劣来进行评价。它们之间以一种"和而不同"的多样性同时以交互性并存于全球化的艺术空间中，共同筑建了人类丰富多彩的艺术景观，并在相互的交流理解中不断拓展"何为艺术"的理论内涵。所以，艺术在文化语境中呈现。

四、交互性语境

交互性语境是指艺术呈现方式中各因素的复杂性关系。这种交互性不但体现在前面所说的各艺术理论之间的交互性和不同文化类型之间的交互性上，而且主要体现在艺术的各要素之间的交互性关系上。

在艾布拉姆斯那里，世界、艺术品、艺术家和欣赏者四个要素之间的关系还是处于一种以艺术品为中介的单一性的关系，并没有揭示出诸如作者和读者、读者和世界之类的复杂关系。所以，艾布拉姆斯的艺术四因素说还是奠定在传统艺术的视野中，这种主体—客体模式与主体—中介—客体模式使得主体在审美活动中能以一种"距离"感来对待各种艺术作品，从而获得审美感受。具体到艺术活动中，这种模式又分化为作者—作品的创作关系以及读者—作品的欣赏关系。这里，作者与读者之间的交流是相当少的。而在交互性语境中，艺术的四要素之间都处于一种复杂的网络关系之中。交互性或叫主体间性，经胡塞尔、海德格尔等现象学大师阐发后成为哲学领域里一个非常重要的概念。它表明的是一种新型的人我关系的确立。交互性理论与传统主客模式理论不同，它以一种主体—主体模式与主体—中介—主体模式来确立人与人的交往关系。具体到艺术现象中形成的就是一种作者与读者紧密关联的模式：作者—读者模式与作者—作品—读者模式。这种理论使得艺术的创作和欣赏关系相互沟通，从而使得艺术的创作和接受进入一个全新的空间。

同时，艾布拉姆斯艺术的四要素还仅仅是着眼于艺术的显明性属性、功能性属性方面来看待艺术，并且是以一种静态的眼光呈现艺术的结构，并没有引入艺术呈现的多重语境。所以，要重新开放性的理解艺术的呈现方式，我们应扩大艺术四要素的内涵。就世界因素来说，经验世界、超验世界、虚拟世界都应该囊括在内；就艺术家来说，传统的艺术家和当代与流行艺术关联的生产者也应该包含在内；就艺术品而言，当代艺术实践的现成品、大地艺术、流行文化等都应该包含在内；就欣赏者而言，艺术公众、艺术消费者等也应该包含在内。同时，艺术的呈现方式应该由四要素增加为五要素，即要把历史、文化和艺术理论语境作为一个开放性的要素添加进去。

所以，虽然艾布拉姆斯的艺术要素图式给我们提供了一个很好地进入艺术哲学问题的思考框架，但要更好地说明艺术现象，还有调整的必要性。刘若愚就对艺术四要素之间的相互关系进行了一种相互影响的调整。他认为艺术四个要素之间不是单线型的关系，而是一种相互影响的关系，这种相互影响构成了整个艺术过程的四个阶段："在艺术的第一阶段，宇宙影响、感发作家，作家对之作出反应。由于这种反应，作家创作出作品，这就是艺术过程的第二阶段。作品与读者见面，立即对他产生影响，这是艺术过程的第三阶段。在艺术过程的最后阶段，读者因阅读作品的经验而对宇宙的反应有所调整改变。这样，整个艺术过程就构成一个完整的圆圈。"[①]也就是说，艺术的四个要素相互影响，彼此制约，形成了艺术过程的四个阶段：世界或宇宙的感发阶段、创作阶段、阅读阶段、作品影响阶段。刘悦笛通过对分析美学的考察后提出了以文化间性、主体间性、复合间性、文本间性为联系的"艺术世界全息图景"。[②]叶维廉则在这四个相互影响的要素上加上了语言（包括文化历史因素）要素，并认为一部作品的产生需要五个必要的因素：作者、世界、作品、读者、文化历史。叶维廉认为，正是在这五个要素的相互影响、不断循环中形成了文艺理论的六个方面：观感运思程式理论、由心象到艺术呈现的理论、传达与接收系统的理论、读者对象的理论、作品自主的理论以及文化历史环境决定的理论。[③]虽然叶维廉的艺术第五因素不是经由对当代艺术现象和艺术理论的考察得出的，但确实有着极大的借鉴性。

基于上述考察，把艺术得以呈现的文化语境、历史语境和艺术理论语境作为艺术的第五要素加入艺术得以产生的循环图式中是完全必要的。正是在这五种要素的交互性的网络框架中，艺术得以呈现。这种艺术框架如图 8.1 所示。

[①] 刘若愚：《中国的文学理论》，成都：四川人民出版社，1987：14-17。
[②] 刘悦笛：《生活美学与艺术经验——审美即生活，艺术即经验》，南京：南京出版社，2007：305。
[③] 叶维廉：《比较文学丛书总序》，转引自胡经之、王岳川主编：《文艺学美学方法论》，北京：北京大学出版社，1994：6。

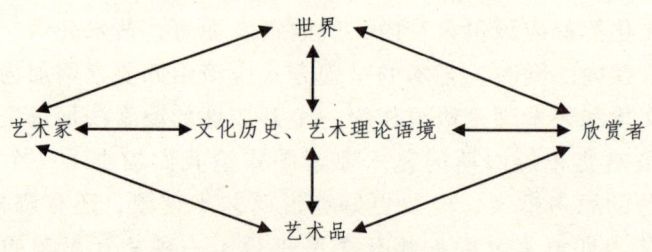

图 8.1　艺术框架

在这个开放性的艺术框架中，传统和当代的各种艺术理论都能找到各自对应的位置。如在多重开放性的语境中，根据世界来定义艺术的模仿论，根据艺术家来定义的表现论或意图论，根据艺术品来定义的形式论，根据欣赏者来定义的审美经验论，根据艺术品、艺术家、欣赏者总和来定义的艺术界和艺术制度论，根据艺术历史来定义的历史性定义，等等，都能找到自身的位置。

在这个开放性的艺术框架中，各个要素之间产生一种错综复杂的关系而并非简单的线型关系。这个图式中的每个要素都与其他要素紧密相关，如艺术家在创作艺术时，他和世界、和欣赏者、和作品本身的形式结构、和文化历史乃至艺术理论都紧密结合。而读者在欣赏作品时，则不但有着自己关于世界的感观，有着对自己心灵的感观，有着对作品的感观，有着对艺术家的感观，也有着对自己所处文化历史、自己所接受的艺术理论的感观等。正是在这种复杂而开放性的艺术时空框架中，艺术的整体面貌得以呈现。也许，我们只有置身于一种多重语境的艺术框架中，才能对过去、现在乃至未来的艺术候选品有着一种较为清醒的艺术辨识力。

所以，"何为艺术"的问题最终转化为"艺术是如何呈现"的问题。这种转化虽然没有给艺术的定义提供一个绝对稳定的、明确的答复，但却给艺术定义打开了一个可能言说的开放性场域。正是在这种网络状的艺术框架中，艺术因自身特定的语境（包括何时、何地、何种创作者、何物、何种欣赏公众、何种理论、何种文化）而得以出场，有着被辨识的可能。

第九章　艺术何为

> 人的生存在根本上是在金钱和流行价值的变化中使其本性冒险。作为这种永久的交易人和中间人，人是"商人"。人不断地衡量和度量，但并不知道事物真正的重量。
>
> ——海德格尔：《诗　语言　思》

艺术何以对人是如此的重要？如果没有艺术，人生是否是可以想象的？这些疑问实际包含的就是"艺术何为"的问题。

"艺术何为"的问题实际上包含两个层面，第一个层面指的是艺术有什么实际的功用，为一种外在价值（extrinsic value）。外在价值表明某物之所以有价值，是因为它与其他事物发生联系的结果。这个问题在"为艺术而艺术"的艺术家和理论家那里是个不存在的问题。因为在他们看来艺术是和实际功用绝缘的，而艺术一旦去关心外在的目的，就沦落为一种商业的、政治的、道德的工具或附庸。所以，艺术本身只是"无用"。第二个层面指的是艺术对人生有什么意义。这个问题讲的是艺术本身存在的内在价值（intrinsic value）问题。内在价值表明的是某物自身所具有的一种价值，这种价值是缘于事物自身固有因素而产生的。这种价值可能并不与实际的功用直接结合，但对人生却有着非凡的意义。

从艺术史来看，"艺术何为"第一层面的问题从来就没有退出过历史舞台。认知价值、社会价值、教育价值、历史价值、宗教价值、经济价值、政治价值等都可以是艺术得以存在的价值方式。从西方柏拉图对道德性诗歌的强调到中国《诗大序》的"经夫妇，成孝敬，厚人伦，美教化，移风俗"的表述都注重了艺术的实际功用或外在价值。从现实来看，现代商业社会中，艺术和经济效用的结合更是一个普遍的现象。在日常生活审美化的时代潮流中，一切商品都把自己装扮成艺术品在货架上兜售。审美价值成为了商品极为重要的一种附加值。所以,艺术史和现实都推翻了艺术不具有实际功用的"唯美主义"论调。要指出的是,虽然我不否认"为认识而艺术""为道德而艺术""为政治而艺术""为利润而艺术"等艺术实际功用性的存在,但并不想把它作为一个学术问题来进行宣扬,因为这种艺术观点相对来说是比较粗鄙的。我更关注的是,在一个艺术实际功用被过分注重的时代中,艺术本身是否还具有值得弘扬的内在价值。

这样,"艺术何为"的问题主要指的就是艺术本身对人生存的意义问题。鲁迅《摩罗诗力说》中就说艺术应该:"能宣彼妙音,传其灵觉,以美善吾人之性情,崇大吾人之思理者。"我认为,艺术看似无用,但实际乃人生的大用。这正契合了老子哲学中"道常无为而无不为"①的人生智慧。这种"无为而无不为"的艺术意蕴实际是以艺术自身为鹄的而开显出的宇宙与人生的价值。

第一节 以美启真:艺术对生命真理的显现

生命真理与符合论的科学真理不同,它回答的是人如何活着的问题。"生年不满百,常怀千岁忧",人作为一个有死者总有一种叩问人生意义的形而上冲动。生命真理正是基于对人生的反思和审慎而提出来的。尽管人们生活在同一个大千世界,同样面临生老病死等人生问题,但是对于宇宙人生的"觉解"是有差异的,因而形成不同的人生境界。冯友兰先生在《新原人》中将人生境界区别为"自然境界""功利境界""道德境界""天地境界"四种类型。面对这些人生的境界,哪个才是人生的真理呢?

也许人的一生要时时刻刻生存在尽善尽美的天地境界是十分艰巨的,但如果人的一生哪怕是片刻也未体验过这种境界又何尝不是一种遗憾。人生在世,忙忙碌碌,行进在自己的生存世界中,有时候忘却了停下脚步稍作逗留。在技术化、功利化的世界中,人在自然欲望和功利追求的驱使下,刻板木然地面对着自己的生命而忘记了思索自己活着的意义。"起床,乘电车,在办公室或工厂工作四小时,午饭,又乘电车,四小时工作,吃饭,睡觉;星期一、

---

① 老子:《道德经》第三十七章。

二、三、四、五、六,总是一个节奏,在绝大部分时间里很容易沿循这条道路。"①幸好还有艺术,它时刻地提醒行色匆匆的人们去打破日常生活的沉闷,去探寻生命的本真状态,去开启一种诗意的生存。在这种际遇中,艺术以自身的价值点亮了生命之灯,显现了生命的真理。

艺术对生命真理的显现,在中西艺术史上都一直是个亘古常新的命题。语言文化的差异,中西艺术理论在言说这一命题时具有不同的路径,但百虑一致、殊途同归,二者都回答了艺术是如何呈现人生真际的问题。

一、艺术表象道境

中国文化中,道往往被看作宇宙人生的终极根源,是生命的真际状态。老子《道德经》二十一章云:"道之为物……其精甚真",《道德经》五十四章亦云:"修之于身,其德乃真"。可见,在老子那里,真不是西方式的符合论真理观,而是一种以道和禀道而存在的人的本真状态。人只有在道之根源和真理中,才能找到生命的意义来源,才能获得一种终极性的关怀。这种文化秉性导致了中国艺术独特的面貌。"形而上者谓之道,形而下者谓之器",中国文化通过"象"来体认宇宙和人生的真际,故象成为沟通道和器的桥梁。由此,中国文化精神实际上是一种艺术精神。

宗白华先生智慧性地指出:"中国哲学是就'生命本身'体悟'道'的节奏。'道'具象于生活、礼乐制度。道尤表象于'艺'。灿烂的'艺'赋予'道'以形象和生命,'道'给予'艺'以深度和灵魂。"②艺术正以自身的形象展现着宇宙人生之道,让人领略到生命的本真状态。要说明中国艺术对生命真理展现的内在价值,需要从理论上回答两个问题:第一个问题就是道境缘何必须要经由艺术来表象;第二个问题是艺术表象了一种什么样的易被日常生活遮蔽的生命样态。前者说明了艺术对生命真理显现的必要性,后者说明了艺术对生命真理显现的具体方式。

在中国文化中,艺术却对道境的显现有着天然的优越性和必要性,这说明了艺术对于人生真理开启的极端重要性。"道可道,非常道。"③生命的本真状态是不可言说的人生真际,但确实又可以令人信服。所以,老子又

---

① [法]加缪:《西西弗的神话》,杜小真译,北京:生活·读书·新知三联书店,1987:15。
② 宗白华:《美学散步》,1981:80。
③ 老子:《道德经》第一章。

说:"道之为物,惟恍惟惚。惚兮恍兮,其中有象,恍兮惚兮,其中有物。窈兮冥兮,其中有精,其精甚真,其中有信。"[1]道虽然是恍惚窈冥、深不可测的,但又是精微可信的。道作为形而上的实存者,它创生万物,同时含蕴在万物之中并构成了万物的本体;同时,道还通过万物形象让自身能被人体验到。这样,道这个形而上的难以捉摸的恍惚之物就隐匿同时又显现于天地万物的形象之中。所以,要想体悟道的真实存在性,人不能限于对物象的外在形式而必须深入到物象本质性的"象外之象"领域。把握了物象的本质性领域也就能体悟道,体悟了道也就能使自身生命超入与道契合的美妙化境。

老子关于道不可言说又精微可信的语言困境在《易传》中以一种"立象以尽意"的方式得到了进一步的解决。一般的日常语言(逻辑语言)往往被引向意识活动之对象和客观性一端,而无法去达成对道境的知解。《易传》清醒地认识到了言的这种局限性和遮蔽性:"书不尽言,言不尽意。"[2]既然日常语言无法尽意,《易传》于是提出了尽意的另一种方式:"圣人立象以尽意,设卦以尽情伪,系辞焉以尽其言,变而通之以尽利,鼓之舞之以尽神。"[3]王弼《周易略例·明象》云:"夫象者,出意者也;言者,明象者也。尽意莫若象,尽象莫若言。言生于象,故可寻言以观象;象生于意,故可寻象以观意。意以象尽,象以言著。"所以,《易传》的言、象、意关系说的就是卦辞、爻辞作为言不是直陈表述于"意"而是关涉于"象",而"象"则关涉于"意"。《系辞传下》云:"是故易者,象也。"刘勰《文心雕龙》云:"人文之元,肇自太极,幽赞神明,《易》象惟先。"王夫之亦云:"《易》之全体在象。"[4]所以,对天地人生之道境的了悟关键是"象"。

这种"立象以尽意"的对天地人生之道的开显方式,因其对"言—象—意"的独特性看法,特别是它对形象直观、生动流变的"象"的注重,使得它极具有艺术性。这就为后世把"易象"转化为艺术"意象"奠定了哲学基础。王微《叙画》中引颜延之话说:"图画非止艺行,成当与《易》象同体。"章学诚在《文史通义·内篇一·易教下》也云:"《易》象虽包六艺,与《诗》之比兴,尤为表里。"艺术意象和"易象"有着异曲同工之妙,或者可以说,

---

[1] 老子:《道德经》第二十一章。
[2][3]《易传·系辞传上》。
[4] 〔清〕王夫之:《船山全书》第一册,长沙:岳麓书社,1988:587。

艺术意象本来就是沿"易象"而发展出的一种特殊形式。中国文人的审美精神恰是要通过对物象（包括山水、人体、艺术品等）"澄怀味象"的审美直观，超越于物象的外在形式去追寻一种形而上的审美境界，所谓"超以象外，得其环中"。"传神写照""气韵生动""神逸""远""韵"等中国后世著名的美学命题实际都在追求一种形而上的艺术境界。这种形而上的艺术境界既离不开具体的艺术意象又超越于意象之外。这样，在显现道境方面，艺术就有着其他形式所无法替代的优越性和必要性。

如庄子寓言中的庖丁解牛、轮扁斫轮、痀偻者承蜩、津人操舟、吕梁丈夫蹈水、梓庆削木为鐻、工倕旋、运斤成风、大马之捶钩者等高超技艺无不都是顺应生命本性而发出的鬼斧神工之举。这种身体技艺并不凭借外在的功利机巧，它任性而发，故这种身体技艺能和道境相通相合，把不可言说的道境具体呈现出来。"技艺几微就是介于有（显）和无（隐）之间的发生机制。中西的古人之所以总将它与艺术、手艺、技巧联系起来，就是因为在这些无法依靠观念表象的技艺活动中，人获得了一种无形而可信的认知态势，从而进入了一个更廓大的、充溢着原发意义的境域。这活动与境域相互引发、相互维持，使得新的生命从中绵绵生出而不绝。"[①]如梓庆削木为鐻的过程中，首先涵养的也是自己的心性。"未尝敢以耗气""齐以静心""不敢怀庆赏爵禄"、"不敢怀非誉巧拙""辄然忘吾有四枝形体也""无公朝，其巧专而外滑消"说的都是艺术创作过程中要超越日常经验活动，保有一颗超然物外的非功利的艺术性情。在《庄子》看来，只有具有了不为物累的艺术性情，才能做到"天机自张"。梓庆依此精神状态进入山林，则能"观天性"，然后"成见鐻"。"成见鐻"，即指在性命之情的观照下，外物以其本然天性面貌呈现出来。这就是"以神遇而不以目视""以天合天"的艺术创作过程。于此依乎天理、顺应物性的创作状态中，外物才能被不丧失本质之貌脱然而出，成就"疑神"之作；人也于此创作状态中回归性情深处，以超然物外的平淡之情得体道境，成就自由境界的生命本身。所谓"诗者，天地之心也""乐者，天地之和也""以一管之笔，拟太虚之体"都强调的是艺术对道境的呈现。

既然艺术具有表象道境的功能，那么，艺术可以呈现一种什么样的生命样态呢？日常生活的刻意呆板、功利忙碌，让人忘却了对自我生命的反思和

[①] 张祥龙：《海德格尔思想与中国天道》，北京：生活·读书·新知三联书店，1996：408。

审视。然而，人生命的本真状态本应该是活泼泼的生命化境。艺术恰恰以自身的形象展示出一片鸢飞鱼跃、通透玲珑的生命境界而打开诗意的生存空间。所以，艺术有如一道澄明的闪光，它以自身的诗情画意辟开了混沌氤氲的生命创化之元，让自然和人的本真状态得以显现。有限的个体生命在此艺术之境中得以超越，化入无限的天地宇宙中。故石涛在《画语录》中写道："在墨海中立定精神，笔锋下决出生活，尺幅上换去毛骨，混沌里放出光明。"艺术对生命道境的表象，就是要在宇宙大化中让人的感性生命放射出最耀眼的光芒，照彻那一段段绚烂的人生旅途。

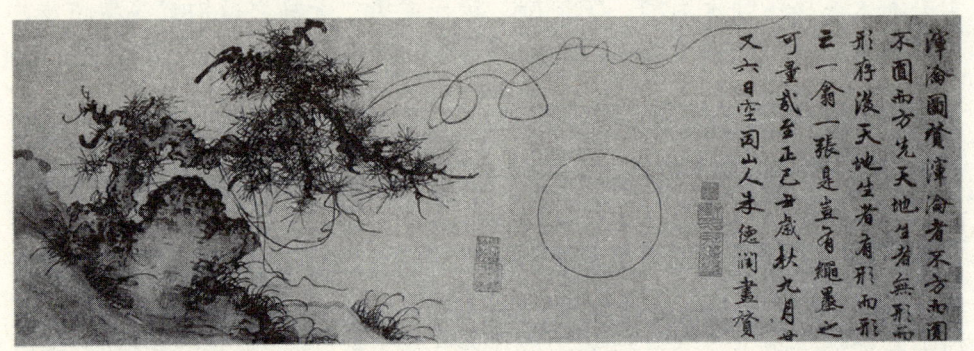

元朱德润恍惚窈冥的《浑沦图》。其题画云：浑沦者，不方而圆，不圆而方。先天地生者，无形而形存。后天地生者，有形而形亡。一禽一张是，岂有绳墨之可量哉。

在中国文化中，人的存在意义来源于宇宙。有什么样的天道就应该有什么样的人道。宇宙之道在人身上的落实，就造就人生之道。不管是中国道家还是儒家，对宇宙都持一种生命有机观。老子《道德经》中就有"周行而不殆""大曰逝，逝曰远，远曰反""反者道之动""道生一，一生二，二生三，三生万物"等对宇宙生命精神的表述。儒家《易传·系辞》中更是有"刚柔相推，变在其中矣""天地之大德曰生""天地细缊，万物化醇。男女构精，万物化生"等语句。这些动态描述彰显的是一个阴阳变易、气韵生动、万物化生的宇宙。可见，在中国古人心目中，宇宙本身就是一个气化流行、生气灌注的宇宙，自然万物禀受元气的滋养呈现一派此起彼伏、生机勃勃的万千气象。

同时，在中国文化看来，动态的宇宙又不是盲目的物质冲动，而是具有秩序节奏和规律可循的。只有动态没有秩序和节奏的宇宙终归只能是混沌无美的宇宙；只有秩序和节奏的宇宙只能是机械乏美的宇宙。既有秩序和节奏又有不可测度之神妙的宇宙，才是神功独运，妙不可言、美不胜收的宇宙。此等生生之美的宇宙，既能把玩其秩序和节奏，又能体悟其妙化之生机。一草一木皆成格调，流水落花亦属多情。元气充盈的世界，实际上使中国人生活在一个诗化的审美生存空间。人禀道而生，理所当然地也是处于一个流变、飘摇和充溢的生命状态之中。然而，由于世间很多人往往被琐细所局限、所遮蔽，执着于干进利禄，在一种忙（亡心）和盲（亡目）交织的日常生活中，没有或很少去体验生命的本真样态。而艺术的存在意义恰是把人重新带入一种生存道境之中，让人的性命真情去感通宇宙和人生的气韵节奏，去玩味生命的情调，重拾精神的家园。

清禹之鼎《幽篁坐啸图卷》。艺术让人逃离世俗的尘事、日常的喧嚣，体验生命的无限永恒之境。正乃"独坐幽篁里，弹琴复长啸"之王维诗意。

古人最高的艺术和人生理想正是通过艺术作品去追求一种"象外之象""韵外之致"的虚灵境界，去趋于一种形而上的对宇宙和生命的深情领悟。它通过"文"之秩序和节奏，化入宇宙大化生机之中，通过构图、布局、显隐、开合、有无、节奏、旋律等艺术空间，通过气韵生动、色相变幻的艺术时间，通过所感所思的生命情怀展现着人生的道境，从而"赞天地之化育"，"上下与天地同流"，领略着生命的真谛。中国艺术"文以明道"的例子可谓俯拾即是。刘勰《文心雕龙·原道》云："故知道沿圣以垂文，圣因文以明道，旁通而无滞，日用而不匮。《易》曰：'鼓天下之动者存乎辞。'

辞之所以能鼓天下者,乃道之文也。"这是说文学。宗炳《画山水序》云:"圣人含道暎物,贤者澄怀味像 …… 夫圣人以神法道,而贤者通;山水以形媚道,而仁者乐。"这是说绘画。《世说新语·容止》载桓温称谢尚:"企脚北窗下弹琵琶,故自有天际真人想。"这是说音乐。唐《李冰阳上采访李大夫论古篆书》云:"随手万变,任心所成,可谓通三才之品汇,备万物之情状矣。"这是说书法。谢灵运《石壁立招提精舍》云:"绝溜飞庭前,高林映窗里。禅室栖空观,讲宇析妙理。"这是说建筑。晋蔡洪《围棋赋》云:"秉二仪之极要,握众巧之至权。若八卦之初兆,逐消息乎天文。"这是说棋艺。

"盖文章,经国之大业,不朽之盛事。年寿有时而尽,荣乐止乎其身,二者必至之常期,未若文章之无穷。"[①]正是在这种艺术的展现中,人逃离了世俗的尘事、日常的喧嚣,超越了生命的有限性而进入到了一种体验生命真理的无限永恒之境。而这恰是艺术自身存在的崇高价值。

二、艺术开启存在

海德格尔在《存在与时间》中,重新对世人所遗忘的存在进行了研究。海德格尔认为,过去的哲学更多的关注存在者的研究,但是对存在者的讨论必须奠定在对存在的基础上才能有所领会。存在的敞开即真理,正是存在真理规定了存在者。海德格尔对传统符合论真理观进行了批评,他转而从存在论的角度提出自己的真理观。

在海德格尔看来,存在者的真理是一种本然意义的真,它离不开"此在"这样一个特殊的存在者,它是经"此在"自身的开展、展示而显现出来的。"此在是一种存在者,但并不仅仅是置于众存在者之中的一种存在者。从存在者层次上看,其与众不同之处在于:这个存在者在它的存在中与这个存在本身发生交涉。"[②]也就是说,"此在"是一种能够对存在发问、进行领会的存在者,更具体地说就是特指作为存在意义追寻者和回答者的我们自己。海德格尔认为:"只有通过此在的展开状态才能达到最源始的真理现象。"[③]所以,通过此在的澄明,存在的意义就体现为一个自身显现、自身敞开、自身领悟的过程。这种存在的意义实际上是一种诗意的真理。这种

---

① 〔魏〕曹丕:《典论·论文》。
②③ [德]海德格尔:《存在与时间》(修订译本),陈嘉映、王庆节合译,北京:生活·读书·新知三联书店,2000:14、254。

诗意的真理在"此在"诗意的栖居方式中得以维护，而艺术恰是这种诗意栖居方式的典型活动。因此，艺术以自身的独特方式开启着存在的真理，让人守护着诗意的家园。

海德格尔在《艺术作品的本源》中集中探讨了艺术是如何开启存在的。海德格尔认为艺术本质是真理在作品中的自行置入："在艺术品中，存在者的真理将自身置入作品。'设入'此处意味着，即置放在显要位置上，一个存在者，一双农鞋，进入作品，处于其存在的光亮之中，存在者的存在的显现恒定下来。"①海德格尔从诗歌、绘画、建筑等方面以独特的方式将艺术和真理的关系予以了揭示，特别是他关于梵·高油画"农鞋"的解读更是成为哲学史和艺术史备受瞩目的话题。

梵·高的《鞋》

梵·高曾经画过很多的鞋子，这些鞋子到底是梵·高自己的鞋还是农妇的鞋在艺术界有过争论。1968年，美术史家梅耶·夏皮罗就通过考证指出梵·高画笔下的鞋都是梵·高自己的。虽然如此，这并不妨碍海德格尔对

---

① [德]海德格尔：《诗 语言 思》，彭富春译，北京：文化艺术出版社，1991：37。

梵·高"农鞋"的存在主义解读。对于海德格尔来说,梵·高的"农鞋"究竟是一位普通农妇的还是梵·高自己的是无关紧要的。海德格尔感兴趣的只是这幅画,而这幅画的关键是:"这幅画告诉了一切,在作品的亲近中,我们突然处于另一天地,与我们平常习惯的存在迥然不同。"①

海德格尔对梵·高笔下的"农鞋"充满诗意的解读道:

> 从农鞋磨损的内部那黑洞洞的敞口中,劳动者艰辛的步履显现出来。这硬邦邦、沉甸甸的破旧农鞋里,聚集着她在寒风料峭中迈动在一望无际永远单调的田垄上步履的坚韧和滞缓。鞋皮上粘着湿润而肥沃的泥土。夜幕降临,这双鞋底在田野小径上踽踽而行。在这农鞋里,回响着大地无声的召唤,成熟谷物宁静馈赠及其在冬野的休闲荒漠中的无法阐释的冬冥。这器具聚集着对面包稳固性无怨无艾的焦虑,以及那再次战胜了贫困的无言的喜悦,隐含着分娩时阵痛的哆嗦和死亡逼近的战栗。这器具归属大地,并在农妇的世界得到保存。②

海德格尔区分了农鞋的有用性和可靠性。在海德格尔看来,农妇日常用的农鞋作为器具虽然凭借自身的有用性托起了农妇的整个世界,但农妇却是凭借这一器具的可靠性把握了自己的存在方式。有用性会被消耗殆尽,而可靠性却长久地保存了农鞋的原初本性。但是,平常的习惯性却往往只看到了器具的功用性、质料、形式等方面而忘却了农鞋的原初本性。梵·高笔下的"农鞋"使得农鞋从普通的用具转为了经典的艺术品,这种艺术的转化呈现出来的正是有用性的消失而使得农鞋的存在本性得到了真正的展现,从而使得农鞋"从它无蔽的存在中凸显出来"。这种凸显,带来的是艺术蕴含的真理,是生命存在的本真状态。"农鞋"凝聚了农妇的生命,显现了农妇生活世界的时间历程和空间展开。

对于海德格尔来说,世界的本然面貌就是诗意的,但真理的遮蔽使得人更多生活在日常的沉沦状态。贫乏时代的人们很少去认识和承受自身的短暂性,"时代的贫乏在于痛苦、死亡和爱情的本性没有显现。贫乏是自身贫乏,这是因为痛苦、死亡和爱情同属一起的存在领域隐蔽着"③。在这个贫乏的时代中,艺术作品则以真理自行置入的方式惊醒日常麻木的生活经验而把人带入一种真理显现的世界。艺术作品通过对真理的显现和开启提

---

①②③ 海德格尔:《诗 语言 思》,1991:36、35、88。

供了一种诗意的生存方式。"诗意地栖居"既是对日常沉沦状态的反转又是对本然生活状态的回归,是一种世界本来面目"是其所是"的栖居。正因为艺术的价值,海德格尔要求其他人必须学会倾听诗人的言说,并期望艺术家通过他们的艺术作品去显现真理以拯救这个世界并开启一个诗意栖居的世界。

第二节 以美激善:艺术对生命道德的体证

如果说,真主要指人生在世本真面貌的话,善则主要指人生在世的人文意义世界。艺术不但能开启生命的真际,而且能体证生命的道德力量。

艺术和道德的关系曾经是古典中西美学的理论重点,随着现代性美学和艺术体系的建立,这一古老的论题开始淡出了很多艺术和美学理论著作的视野。今天,如果我要再去谈艺术和道德的关系似乎会给人一种老套而不合时宜的感觉。但事实上,当我们面对艺术进行哲学反思时,我们不可能对艺术和道德或者美和善的关系予以漠视。与国内学人的研究旨趣相反,当代国外很多美学研究者对这一古老论题又予以了重新的关注。韦尔什(Wolfgang Welsh)、卡罗尔(Noël Carroll)、谢泼德(Anne Sheppard)、高特(Berys Gaut)、舍勒肯斯(Elizabeth Schellekens)等人都使得艺术与道德、美学与伦理学的关系重新获得了曾经有过的重要性。[①]事实上,艺术和道德都作为关涉生命存在的文化成就,二者在深层次的根源和最高境界上都是一致的。所以,美善关系应成为反思当前艺术存在价值的应有之义。

一、艺术与道德的三种关联模式

在以往的理论中,艺术与道德的关系一般被呈现为相一致和相分离两种模式。美善相一致的模式一般为中西古典美学和艺术理论所首肯,而美善相分离则一般为现代美学和艺术理论所推崇。

在西方美学和艺术理论中,美善相一致的说法可谓由来已久。苏格拉底

[①] 可参看 J. Levinson 主编的《美学与伦理学》(*Aesthetics and Ethics*,1998)、J. L. Bermudez 和 S. Gardner 主编的《艺术与道德》(*Art and Morality*,2003)、Elizabeth Schellekens 的《美学与道德》(*Aesthetics and Morality*,2008)等著作。

就曾说:"任何一件东西如果它能很好地实现它在功用方面的目的,它就同时是善的又是美的,否则它就同时是恶的又是丑的。"①柏拉图更从政治和道德的角度出发,在其《理想国》中旗帜鲜明地给多数艺术家下了逐客令,除掉颂神和赞美好人的诗歌外,其他有可能败坏道德的诗人则请他到旁的城邦去,再不准他们闯入国境。柏拉图的这种用道德来利用艺术、审查艺术的风气在西方社会得到了很多人的响应。欧洲中世纪的艺术成为了宗教宣传的手段,近代福楼拜的《包法利夫人》和波德莱尔的《恶之花》都受到过法国政府的检举,现代乔伊斯和劳伦斯的著作也被英国政府列为禁书……这种对艺术和道德关系的看法正如同列夫·托尔斯泰所说的:"艺术——或者说,艺术所传达的感情——的价值是根据人们对生活意义的理解而加以评价的,是根据人们借以辨明生活中的善与恶的那些东西而加以评定的。"②这种把道德价值直接等同于审美价值的激进道德主义以道德扼杀艺术的观念使得艺术的创作失去了极大的自主权和自由性。

在中国美学和艺术理论中,同样出现过相似的看法。汉代儒家出于经学解释的需要,对中国文化中极为灿烂辉煌的《诗三百》进行了道德诠释的嫁接,使得本来情趣盎然的《诗经·国风》生硬地扣上了"淫奔之诗""道德风化"的帽子被影响了近两千年。如《诗经·郑风·狡童》写道:"彼狡童兮,不与我言兮;维子之故,使我不能餐兮!彼狡童兮,不与我食兮;维子之故,使我不能息兮!"翻译成现代白话就是:"你这个家伙,怎么不和我说话了呀;都是因为你,让我吃不下饭!你这个家伙,怎么不和我吃饭了呀;都是因为你,让我歇息不好!"这首诗写的无非就是男女青年之间打情骂俏的思念之情,而在《毛诗小序》中则解说为"不能与贤人图事,权臣擅命也"之类的胡话瞎话,可谓贻害不浅。用道德的方式生硬地对艺术进行创作和进行评价都是对艺术本身的扼杀,根本不符合艺术的发展规律。具有好的道德内容的艺术作品必然引人向善和具有暴力内容的艺术作品必然引人向恶的观念是令人怀疑的,因为道德说教内容的艺术作品也会导致人的反感和颠覆,而具有暴力内容的艺术作品也会令人讨厌暴力。

这种美善一致的看法其实是一种以道德来统治和奴役艺术的办法,它把

---

① 北京大学哲学系美学教研室编:《西方美学家论美和美感》,北京:商务印书馆,1980:19。
② 伍蠡甫、胡经之主编:《西方文艺理论名著选编》(中卷),1986:415-416。

道德看作是艺术的外在目的，其注重的核心是道德而非艺术，虽然其在艺术实践上历来就存有，但从理论方面来说则显得比较粗俗。

正是在对这种美善关系的攻击中，艺术理论发展史上出现了美善分离的"为艺术而艺术"的观点，这可以看作是艺术和道德关系的第二种模式。

法国唯美主义艺术家布格罗的《年青牧羊女》，充满乡村情调和田园风味，给人美好和纯洁的视觉享受。

这种美善分离的观点正是意图把艺术从道德的束缚下解放出来，而把艺术的独立价值高扬起来。19世纪，西方浪漫主义的兴起就是以情感的大胆想象冲击着重视道德理性的传统美善观，而开启了"为艺术而艺术"的审美观。戈蒂耶就曾说："我们相信艺术的独立自主。艺术对于我们不是一种工具，它自身就是一种鹄的。在我们看，一个艺术家如果关心到美以外的事，就失其为艺术家了。"① 西方"唯美主义"和现代主义艺术也都摆脱了道德的束缚而开掘了审美的新天地。现代主义美学代言人克罗齐就说："善良的意志能造就一个诚实的人，却不见得能造就一个艺术家。既然艺术并不是意志活动的结果，所以艺术便避开了一切道德的区分，倒不是因为艺术有什么豁免权，而是因为道德的区分根本就不能用于艺术。"② 中国文化虽然一直注重美善合一的艺术创作和欣赏理念，但主张艺术独立性的人也不在少数。如嵇康的"音声有自然之和，而无系于人情"、李贽的"童心常存，则道理不行"、汤显祖的"情有者，理必无；理有者，情必无"、袁宏道的"独抒性灵，不拘格套"等都是在寻求艺术自身的独立价值。

　　美善分离的观点确乎看到了艺术和道德的不同之处，因为确实存在着一些艺术作品是与道德没有关系的，如抽象绘画和纯粹音乐；但美善分离说完全隔绝艺术和道德的关系并认为所有的艺术都无关道德则似乎走得有点过远。当一个作品在审美形式上极端成功，但思想内容却极端腐朽时，很难说这个作品的艺术性是多么的强。如莱妮·里芬斯塔尔拍摄的《意志的胜利》，这是一部关于希特勒1934年纳粹党集会的纪录片。从艺术上说，这部纪录片具有很高的美学水准，但由于这部影片对希特勒进行了政治宣传，违背了基本的伦理，故其只能是一部臭名昭著的影片。

　　美善相一致和美善相分离两种模式，要么把道德看作是艺术的外在目的，要么把道德看作是和艺术毫不相干的，两种模式实际都把道德看作是外在于艺术自身的（外在目的或者外在之物），故都持一种艺术与道德的外在关联说。问题是，艺术作品关涉人的生命存在，它在最终的意蕴上应该是关乎人性的，因而在很大程度上它脱离不了和道德的关联。以往的美善相一致的观点的问题不在于它强调了美和善的关系，而应在于没有妥善地处理好美善关系。"我们细看历史，就可以发现在一种文化兴旺的时候，健康的人生观和

---

① 朱光潜：《文艺心理学》，1996：104。
② 克罗齐：《美学原理/美学纲要》，1983：213。

自由的艺术总是并行不悖，古希腊史诗和悲剧时代、中国的西汉和盛唐时代以及英国莎士比亚时代可以为证；一种文化到衰败的时候，才有狭隘的道德观和狭隘的'为艺术而艺术'主义出现，道德和文艺才互相冲突，结果不但道德只存空壳，文艺也走入颓废的路，古希腊三世纪以后，中国齐梁时代以及欧洲十九世纪后半期可以为证。"①不过，朱光潜先生虽然注意到了美善关系的统一，但他是以一种把善看作美的前因后果的方式来统一二者关系的。朱光潜先生认为，在审美欣赏前，道德会作为欣赏者的切入背景而影响到审美直觉的走向因而对艺术发生关联；同时，在审美经验后，会产生一种道德效果从而使得道德和艺术发生关联。对于审美经验本身，朱光潜先生则认为："就美感经验本身说，我们赞成形式派的结论，否认美感与道德观有关系。"②可见，朱光潜先生在处理美善关系的时候，依然把善是排斥在美之外的，或者至少是排斥在美感之外的。我要问的是，就审美经验本身来说，美感和道德真的没有关系吗？

可以看出，在美善关系的处理上，既不能让道德来统治和奴役艺术，也不能让艺术完全无关乎道德，那究竟应如何来处理美善关系呢？德国美学家韦尔施说："我将尝试发掘审美自身的伦理潜质，并指出由此而来的某些伦理学后果。'伦理/美学'（aesthet/hics）这个生造词由'美学'和'伦理学'缩约而成，它旨在意指美学中那些'本身'包含了伦理学因素的部分。"③韦尔施通过审美自身去发掘伦理潜质的看法应对我们重新理解艺术和道德的关系提供启示。

我认为，艺术和道德的关联应该还存在第三种模式，即艺术不是道德的奴婢，但艺术又是在根源上关涉道德的。这种美善模式不是把道德看作文艺的外在目的或前因后果，而是把道德看作文艺的内在目的，是一种美善关系的内在目的论。在这种模式中，艺术审美价值的获得是渗透了道德价值的；反过来，道德价值的评价同时又在某种程度上影响着审美价值的评价。就艺术价值而言，它可以分为外在价值和内在价值两方面。外在价值是艺术品因与其他事物发生联系而具有的价值，如艺术和政治、艺术和金钱等。内在价值则是指艺术品独立于其他事物自身所固有的价值。就审美价值和道德价值的关联而言，道德价值可以成为艺术的外在价值，如艺术的目的为了宣教或者为了宣教而进行艺术创作等；同时，道德价值也可以成为艺术的内在价值，

---

①② 朱光潜：《文艺心理学》，1983：114、122。
③ 沃尔夫冈·韦尔施：《重构美学》，2002：79-80。

如道德价值促进或提升了艺术体验。道德价值到底是内在的还是外在的,关键在于这种道德价值的引入是提升了还是削弱了人对艺术的体验。卡罗尔把这种艺术和道德的关系称为"温和的道德论":"事实是某些艺术品,如叙事性艺术品,指向道德理解的方式确实能提高作品的审美价值。因为提供丰富的道德经验而受到我们赞赏的艺术品有时会出于同样的原因而受到审美方面的赞赏。这就是温和的道德论。"①也就是说,一件艺术品很可能在道德方面是有缺陷的,但这种缺陷并不必然影响其审美价值,只有当这种道德缺陷影响到了我们的情感回馈,即导致我们去赞同这种道德缺陷时,这种道德缺陷才同时也成为一种美学缺陷。可见,温和的道德论以有限度的、温和的方式认同了道德评价对审美评价的影响性,即道德评价不是粗暴地植入作品,而是与作品的审美欣赏相结合。如果道德的缺陷阻碍了我们的审美欣赏或者道德的优点提升了我们的审美欣赏,则作品的道德性与艺术的审美性是相互一致的。

美善关系的内在目的论模式借鉴的是黑格尔关于目的论的辩证性看法。黑格尔说:"一说到目的,一般人心目中总以为只是指外在的合目的性而言。依这种看法,事物不具有自身的使命,只是被使用或被利用来作为工具,或实现一个在自身以外的目的。这就是一般的实用的观点。"②黑格尔批评的正是一种外在目的论的流行观点,而这种观点恰是把道德看作是艺术目的的美善相一致说。与外在目的论不同,黑格尔提出了内在目的论观:"目的是一种能动的概念,一种自身决定而又能决定他物的共相。同时康德又排斥了外在目的或有限目的,因为在有限目的里,目的仅是所欲借以实现其自身的工具和材料的外在形式。反之,在有机体中,目的乃是其材料的内在的规定和推动,而且有机体的所有各环节都是彼此互为手段,互为目的。"③

可以看出,外在目的论是一种机械的审美功利主义,而内在目的论则是一种有机整体理论。外在目的论把人的生命整体分割成知情意三结构,然后分别对应于真善美三价值,从而要么得出艺术之美是道德之善的工具的观点,要么得出艺术之美无关乎道德之善的形式主义观点。但是,生命是一个有机整体,知情意统摄于生命整体之中。故艺术的呈现不能简单理解为情感结构的对应物,而应该是以情感为中枢的整体生命的对应物。按照这种内在目的论来看待艺术的话,美和善乃是共存于艺术有机体中的。在艺术的有机体中,道德不是外在力量强加给艺术的,而是艺术本身内在的规定和推动。如同一

---

① 卡罗尔:《超越美学》,2006:487。
②③ 黑格尔:《小逻辑》,1980:390、145-146。

棵树木，长出叶子、结出果实不是树的外在目的，而是树木有机体自身生长的内在必然性。白居易《与元九书》就云："诗者，根情，苗言，华声，实义。"情、言、声、义都应该是诗这棵有机树木上的必然性。所以，真正意义上的道德根本不需要人为的强加，在优秀的艺术中自身就包含了内在的道德性。

如孔子对《韶》乐的评价为"尽美矣，又尽善矣"。《八佾》云："子谓《韶》：'尽美矣，又尽善也。'谓《武》：'尽美矣，未尽善也。'"这句话典型地代表了孔子对于艺术品的美学评价方式，其中包含如下要点：①《武》乐在审美价值上是完备的，其具有道德价值，只是还不完备；[①]②《韶》乐在审美价值和道德价值上都是完善的；③《韶》乐的艺术价值高于《武》乐。

在孔子看来，《韶》乐之所以要比《武》乐更好，并不在于二者审美价值的差异，事实上二者各有千秋，都已"尽美"。但由于《韶》乐在道德价值上要胜过《武》乐，故《韶》乐在艺术价值上比《武》乐更高。显然，这里的道德价值是艺术价值的有机组成部分，它的高低直接影响了艺术品价值的高低。正因如此，《述而》载："子在齐闻《韶》，三月不知肉味。曰：'不图为乐之至于斯也！'"肉味实为一种生理愉悦，而审美价值和道德价值完备结合的《韶》乐恰恰能让人不流于这种生理愉悦，而是超脱短暂的生理快感而进入一种情理圆融的持久的艺术高峰体验。这里，如果仅仅把《韶》乐中的道德价值以"实用的观点"判为外在价值并抽离出艺术内在价值，是无法解释这种高峰体验的获得的。

所以，孔子"美善关系"的结合是一种内在价值的结合，或者说是一种艺术价值内部道德价值和审美价值内在目的性的结合。这里的善不是一种外在目的的善，而是《韶》乐自身就包含的善。孔子对《韶》乐"三月不知肉味"的艺术体验包含了审美价值的体验，同时包含了道德价值的体验。二者共同构成了对艺术品的艺术体验。如果说艺术体验到的价值都归于艺术内在价值的话，审美价值和道德价值构成了艺术价值的内在价值。美和善是内在于艺术的价值，都属于艺术价值的内在构成而非外在构成，这里，善不是艺术的外在目的。正如杜维明先生说的："从儒家的观点看，社会效用并不能决定道德的内在价值。毋宁说，正是道德规定了社会价值

[①] "未尽善"只是说"善"不够完备，而不是说没有道德内容。事实上，孔子对《武》乐的道德内容是有评价的。孔子对《武》乐审美价值和道德价值更具体详实的评价可以参看《乐记·宾牟贾篇》。

的终极功效。"①

这种内在的道德性和外在目的论的道德性不同,它不是基于某些人的利益或规范而被硬性地呈现在艺术作品之中,而是出于一种生存意义上的价值承担,是生命在世的普遍性的道德律令。正因为这种道德价值是内在于艺术中的,所以它的呈现往往也是比较微妙或间接的。"文学家当其写作之际,并非希冀先寻出一个'道'来,然后将之装放在作品之中。道蕴含在写作活动本身,其活动应如自然的律动那样自由与自动自然。"②这种内在道德性可以体现为艺术以微妙或间接的方式来表达对人类命运的担忧,对个人生命的感慨,对真情实感的抒发,对理想生活的向往等。正如安妮·谢泼德所说的:"如果我们通过说文学作品既可以提供有关他人的洞见,也可以提供有关我们自己的洞见来修正他们的说明,我们就可以认识到从审美角度来看优秀的文学作品也具有道德价值。"③

二、艺术与道德的圆融

道德价值内在于艺术之中,需要回答的一个难题是有些艺术可能在道德上看起来似乎不尽如人意,但确实又被称为是优秀的艺术作品。我们应该如何看待这样的作品呢?事实上,像弗拉基米尔·纳博科夫的《洛丽塔》这样的作品,给人揭示了一种恋童癖的不伦之爱。而正是作品在道德上的罪恶给这部作品带来了极高的艺术评价。其实,这种作品中的不道德性的呈现与《意志的胜利》中那种大肆为暴力鼓吹呐喊并不相同,后者引发的道德反应是令人愤怒的,而前者引发的道德反应则并不与读者的道德感相悖,其作品表面上看起来的不道德属性恰恰揭示了人性在一定情境下的道德困境。也就是说,一部好的作品虽然具有不道德的内容,但它导向的并不是不道德本身,反而激发的是受众去反思这种不道德行为,其最终依然是道德的。所以,《洛丽塔》中的道德价值并不是我们在作品表面看到的道德罪恶,而是对这种道德罪恶所呈现出来的人性道德反思。由此而言,某些优秀的艺术品虽然在道德上看似令人反感厌恶,并不能否定艺术与道德的内在关联性,恰恰反证了道德价值与审美价值的复杂关联性。

---

① [美]杜维明:《〈中庸〉洞见》,北京:人民出版社,2008:85。
② [美]叶维廉:《中国诗学》,北京:生活·读书·新知三联书店,1992:103。
③ 安妮·谢泼德:《美学:艺术哲学引论》,1998:226。

既然道德价值是内在于艺术中的，那么在艺术的创作和欣赏中，这种道德价值是如何以微妙的审美体验方式被体现和被体证的呢？

先看艺术的创作过程。艺术的创作往往是艺术家先在头脑中形成一个意象，然后经由赋形活动而创作作品。人作为一个现实世界中生命的有机体，承载着人生在世的生命体验。这种糅合现实世界、宗教信仰、道德规范、情感历程的诸多生命体验会对艺术意象的形成起到作用，并微妙地渗透到艺术的赋形活动之中。这种影响不仅体现在艺术家创作的切入背景中，而且也直接体现在艺术创作活动本身中。我们借助于艺术家的作品不但开阔了视野，而且丰富了生命的情感体验。通过李白的诗歌，我们体验到了生命的洒脱和正气；通过杜甫的诗歌，我们体验到了人世的艰辛和深情；通过王维的诗歌，我们体验到了生命的空寂自在。正如朱光潜先生说的："艺术家比较常人优胜，就在于他们的情感比较真挚，感觉比较敏锐，观察比较深刻，想象比较丰富。他们不但能见到比较广大的世界，而且引导我们一般人到较广大的世界里去观赏。"① 所以，艺术的创作过程是融合了人生的道德价值的。"为艺术而艺术"的观念或形式论美学恰是忽视了意象形成的这种复杂性。

从另一个角度说，艺术创作作为审美情感的抒发往往建立在一种真情实感的基础上。故《乐记》云："唯乐不可以为伪。"黑格尔亦说："音乐凭声音的运动直接渗透到一切心灵运动的内在的发源地。"② 这种发自内心深处的真情实感往往本身就具有一种道德价值。"情生于性"，按照中国儒家心性论的看法，"情"是源自人的本质的，是发自生命根源之地的。"天命之谓性"，在儒家的性善论视野中，作为人的本质的"性"本身就具有道德内涵，是禀受天命而成就的人之为人的本质。"情生于性""道始于情"，艺术的真情实感本身就具有道德的内涵。或者说，在生命的根源部位，艺术情感和道德内涵本身就是圆融一体的。这正如徐复观先生所说："随情之向内沉潜，情便与此更根源之处的良心，于不知不觉之中，融合在一起。此良心与'情'融合在一起，通过音乐的形式，随同由音乐而来的'气盛'而气盛。于是此时的人生，是由音乐而艺术化了，同时也由音乐而道德化了。这种道德化，是直接由生命深处所透出的'艺术之情'，凑泊上良心而来，化得无形无迹，所以便可称之为'化神'……由心所发的乐，在其所自发的根源之地，已把道德与情欲，

---

① 朱光潜：《文艺心理学》，1996：126。
② 黑格尔：《美学》第三卷上，1980：349。

融合在一起;情欲因此而得到了安顿,道德也因此而得到了支持;此时情欲与道德,圆融不分,于是道德便以情绪的态度而流出。"①

可见,艺术和道德在深层次上实际是合一的。成功的艺术作品必然融合了艺术家对于生命道德的体验:"它伸展同情,扩充想象,增加对于人情物理的深广真确的认识。这三件事是一切真正道德的基础。"②

席里柯怀着强烈的道德感创作的《梅杜萨之筏》

再看艺术的欣赏过程。艺术的欣赏往往是欣赏者以一种审美态度去面对艺术作品。前面第五章已经论述过,欣赏者的审美经验实际是间接渗透了道德观念的。所以,在艺术的欣赏过程中,人生在世的诸多体验恰是在艺术的审美享受和感染中沉潜摩荡,最终升华到一种生命的天地境界。相对于单纯的道德说教而言,艺术以其丰富细腻的敏感度更好地扩展了我们对环境的整体注意力,它以一种审美介入的过程磨炼了我们对一些道德准则的判断能力,提升了我们的道德反省力,因而具有相对于抽象道德说教更为有效的道德教育意义。正如卡罗尔说的:"艺术作品——尤其是叙述性艺术作品——形成

---

① 徐复观:《中国艺术精神》,沈阳:春风文艺出版社,1987:24。
② 朱光潜:《文艺心理学》,1996:127。

的情感是我们的同情（sympathies）。在这点上，艺术作品具有扩大我们同情的力量——引出我们对那些我们在其他方面会忽视的人们的关心，比如其他种族、性别、民族、国家的人们，其他性取向的人们，其他身体或精神上残疾的人们，以及老人，等等。"①应该说，这种道德教育意义的获得不是强制灌输而是经由审美情感的体验中引发出来的。

这一点可以通过孔子"兴于诗"的理论得到说明。兴是立足于诗的抒情性上的。"兴"在甲骨文中像四手共举一物，为打夯时发出的举重劝力之歌，类同今天的劳动号子，它渲染的是一种情绪。同时，兴又是"引譬连类"和"感发意志"。这表明"兴于诗"是指立足于艺术基础上的内在道德感发。朱熹在《四书集注》中对"兴于诗"注解云："兴，起也。诗本性情，有邪有正，其为言既易知，而吟咏之间，抑扬反覆，其感人又易入。故学者之初，所以兴起其好善恶恶之心，而不能自已者，必于此而得之。"②艺术的欣赏过程恰是在情感的抑扬反覆中，在想象力的扩充中，一种好善恶恶之心油然而生，最终达至对生命道德的体证。"兴在有意无意之间"，这种艺术欣赏中道德的出现不是强加上去的，而是在审美欣赏自身过程中自然而然产生的，是使人"自动"的，是在一种审美情感氛围中生命整体的和盘托出。正如明朝杨慎《升庵诗话》云："《三百篇》皆约情合性，而归之道德也，然未尝有道德性情句也。《二南》者，修身齐家其旨也，然其言琴瑟钟鼓、荇菜芣苢、夭桃秾李、雀角鼠牙，何尝有修身齐家字耶？皆意在言外，使人自悟。"王夫之《古诗评选》也说道："风雅之道，言在而使人自动，则无不动者。恃我动人，亦孰令动之哉！"李泽厚就这一点曾指出："它不是外在的强制，而是内在的引导；它不是与自然性、感性相对峙或敌对，不是从外面来主宰、约束感性、自然性的理性和社会性，而是就在感性、自然性中来建立起理性、社会性。"③

王夫之亦云："能兴即谓之豪杰。兴者，性之生乎气者也。拖沓委顺，当世之然而然，不然而不然，终日劳而不能度越于禄位田宅妻子之中，数米计薪，日以挫其气，仰视天而不知其高，俯视地而不知其厚，虽觉如梦，虽视如盲，虽勤动其四体而心不灵，惟不兴故也。圣人以《诗》教荡涤其浊心，

---

① 彼得·基维主编：《美学指南》，2008：111。
② 〔宋〕朱熹：《四书章句集注》，北京：中华书局，1983：104-105。
③ 李泽厚：《美学三书》，1999：235。

震其暮气，纳之于豪杰而后期之以圣贤，此救人道于乱世之大权也。"①人世日常的生活容易让人陷入功利的牢笼，最终过着眼界狭隘、利禄熏心、暮气沉沉的生活。正是艺术给人带来了朝气，涤荡了灵魂，让人达于一种生机盎然、顶天立地的人生境界，所谓"胸次悠然，直与天地万物上下同流，各得其所之妙"也。②

所以，不但在艺术的根源部位，在艺术的最高境界中，其实呈现的都是一种美善圆融的境地，这种境界是一种不言之"绝对的善""大善"，同时又是一种不言之"绝对的美""大美"。这种境地同样也是人生的真际。这种真美善圆融相乐的中和境地在孔子那里正是他极力颂扬的"尽善尽美""游于艺""成于乐""从心所欲不逾矩""吾与点也"的最高人生境界。这种最高人生境界既不全是道德的形而上境界，也非全是审美的形而上境界，毋宁说是在审美和道德圆融中再次升腾超越的抵达生命真理的天地境界。这种大全的人生境界体现了一种圆融无滞、浑然天成的生命精神，同时又能使生命得以超越，与天地同流各得其所之妙。也正是在这里，真善美达到了最高境地的合一。

牟宗三先生说："儒家的精神是孔子所说的'兴于诗，立于礼，成于乐'。经过严整的道德意识之支柱（立于礼），最后亦是'乐'的境界，谐和艺术的境界（成于乐）。但这必须是性体、心体、自由、意志之因果性彻底呈现后所达到的纯圆熟的化的境界、平平的境界，而不是以独立的美的判断去沟通意志因果性与自然因果性。践仁尽性到化的境界、'成于乐'的境界，道德意志之有向的目的性之凸出便自然融化到'自然'上来而不见其'有向性'，而亦成为无向之目的，无目的之目的，而'自然'，亦不复是那知识系统所展开的自然，而是全部融化于道德意义中的'自然'，为道德性体心体所通澈了的'自然'：此就是真美善之真实的合一，而美则只是由这化的境界而显出，而不是一独立的机能。"③徐复观先生亦说："乐与仁的会同统一，即是艺术与道德，在其最深的根底中，同时，也即是在其最高的境界中，会得到自然而然的融合统一。"④此二论可谓精辟而深邃之极！

人的生命在本源意义上是真善美的融合统一，而人生在世的日常经验往

---

① 王夫之：《船山全书》第十二册，1988：479。
② 朱熹：《四书章句集注》，1983：130。
③ 牟宗三：《心体与性体》（上），上海：上海古籍出版社，1999：152。
④ 徐复观：《中国艺术精神》，1987：15。

往让人离开了他生命的本源。人生在世，能重新回到生命的本源应该是一件多么令人惊喜的事。老子云："致虚极，守静笃。万物并作，吾以观复。夫物芸芸，各归其根。归根曰静，静曰复命，复命曰常。"[①]在老子看来，世间万物纷纷芸芸，但最终都应该复归它那虚静无为的本根，只有在人生的那个本源境地才能超越纷扰达至永恒。虽然，道家的境界和儒家的境界在内容上存在差异，但其生命的超越之路"殊途而同归"。难能的是，并不是每个人都是圣者，要时常领悟并践行这种生命境界可谓困顿重重。"反者道之动"，幸好我们还有饱蘸深情的艺术，并有艺术带来的"虚极静笃"经验，它让我们带着永恒的乡愁能不时地回望那失落的家园，让我们在真善美圆融的最高境界中重新体验到了生命得以弥合的自由与欢畅。

---

① 老子：《道德经》第十六章。

参考文献

[1] 朱光潜. 文艺心理学[M]. 合肥：安徽教育出版社，1996.

[2] 宗白华. 美学散步[M]. 上海：上海人民出版社，1981.

[3] 李泽厚. 美学三书[M]. 合肥：安徽文艺出版社，1999.

[4] 徐复观. 中国艺术精神[M]. 沈阳：春风文艺出版社，1987.

[5] 张光直. 中国青铜时代[M]. 北京：生活·读书·新知三联书店，1999.

[6] 叶朗. 美学原理[M]. 北京：北京大学出版社，2009.

[7] 张法. 美学导论[M]. 2版. 北京：中国人民大学出版社，2004.

[8] 周宪. 美学是什么[M]. 北京：北京大学出版社，2002.

[9] 彭锋. 美学的意蕴[M]. 北京，中国人民大学出版社，2000.

[10] 刘悦笛. 分析美学史[M]. 北京：北京大学出版社，2009.

[11] 布洛克. 现代艺术哲学[M]. 成都：四川人民出版社，1998.

[12] 安妮·谢泼德. 美学：艺术哲学引论[M]. 沈阳：辽宁教育出版社，1998.

[13] 康德. 判断力批判[M]. 北京：人民出版社，2002.

[14] 黑格尔. 美学[M]. 北京：商务印书馆，1979.

[15] 艾布拉姆斯. 镜与灯：浪漫主义文论及批评传统[M]. 北京：北京大学出版社，1989.

[16] 贡布里希. 艺术与错觉[M]. 长沙：湖南科学技术出版社，1999.

[17] 阿恩海姆. 艺术与视知觉[M]. 成都：四川人民出版社，1998.

[18] 阿瑟·C. 丹托. 艺术的终结之后[M]. 南京：江苏人民出版社，2007.

[19] 理查德·舒斯特曼. 实用主义美学[M]. 北京：商务印书馆，2002.

[20] 彼得·基维. 美学指南[M]. 南京：南京大学出版社，2008.

[21] ALEX NEIL, AARON RIDLEY. The philosophy of art: readings ancient and modern[M]. New York: McGraw-Hill, Inc., 1995.

[22] NOËL CARROLL. Philosophy of art: a contemporary introduction[M]. London: Routledge, 1999.

[23] GEORGE DICKIE. Introduction to aesthetics: an analytic approach[M]. New York: Oxford University Press, 1997.

后　记

　　这本书的内容是我在多年来给中国人民大学本科生开设"艺术哲学"课程的讲稿基础上写成的，其中的部分内容也曾不同程度地在研究生课程上讲述并讨论过。讲课是相对轻松的，但写作起来却费了一些力气。因为授课有时可以凭借激情做大胆的假设，但写作却要求凭借理性做小心的求证。

　　在英美分析哲学学术系统中，美学实际指的就是艺术哲学。在分析哲学看来，美没有指涉的对象，是无法确证的，但艺术却至少有着艺术品这一指涉物，因而对美的研究只能转化为对艺术的分析。在艺术的分析中，英美主流学术系统都倾向于对艺术批评话语进行语言分析，以此来澄清日常艺术话语的使用，廓清一些似是而非的语言论调。我认为，这种对艺术话语的语言分析手法是极为必要的，它有助于厘清我们日常语言的混乱和批评术语的滥用，有助于我们更好地审思艺术这一人类文明的生命符号现象。特别是面对当代中西方艺术的先锋派实践，这种语言分析式的思考对于澄清有关艺术现象的困惑具有极大的意义。

　　但是，这种仅关注语言分析手法的艺术哲学的弊端也是显而易见的。一方面，分析美学家由于过于强调艺术概念的实证性，往往倾向于用一个事例就否定了概念本身的合法性。殊不知，艺术概念本身都是有其理论的有效性范围，不能因为它无法解释某些现象就因噎废食地宣判这个概念的死刑。另一方面，分析美学家往往用逻辑性语言分析的艺术哲学完全来取代美学维度研究的艺术哲学，造成了艺术哲学研究中生命体悟成分的缺失。艺术哲学只能是美学的一个分支，它既无法替代对人类丰富多彩的审美现象进行研究的美学，也无法只诉诸概念的分析。所以，艺术哲学的研究除了语言分析的维度外，还应该保持着美学的维度。艺术哲学中的美学研究维度要求对艺术研究在语言分析之外还有生命体悟的诗意成分。否则的话，艺术哲学就可能只剩下干瘪的理论骨架而缺乏血肉的丰满，最终导致的是艺术与生命经验的疏离。

因此，我认为，艺术的哲思既需要理性的分析，又需要生命诗意的感悟。写作过程中，在吸收国内外相关研究基础上，我意图对自己学力所及的能够说清楚的事情，尽量地运用理性的语言把它说清楚。所以，一方面，对艺术哲学中的诸多核心关键词的批判性考察，我采用分析美学的套路对之进行了一番"剖析"式的思考；另一方面，对诸如审美幻觉、象征艺术、审美经验、艺术品鉴、艺术价值等不大能够说清楚的事情，则在理性论证的同时依然保留了个人的感悟式描述。当然，要很好地做到这一点是非常困难的。由于本人学识有限，其中的不当之处，还敬请各位方家批评指正。

感谢西南交通大学出版社的编辑郭发仔先生，是他的信任才使得这本书得以问世。感谢选修本课程的历届中国人民大学本科生，感谢中国人民大学哲学院美学专业的研究生，感谢美学与文化创意产业班的同学们，正是你们的相伴与反馈，给了我讲述这门课程的力量与热情。